인류에게
박물관이
왜 필요했을까?

Why Did

Humankind

Need

Museums?

인류에게
왜 박물관이
필요했을까?

(사) 한국박물관학회
편

최종호	서원주	박윤옥	류정아
김현경	이은기	박윤덕	하세봉
권혁희	오일환	국성하	신상철
이연식	김미형	이보아	최석영

민 속 원

한국박물관학회가 1998년 7월 10일에 그 탄성을 울렸으니 올해로 열다섯 살이 되었다. 그리고 사단법인이 된 지 두 해가 되었다. 15년 전 바로 이 때에 박물관학이라는 이름으로 학회를 만드려는 움직임이 있었다는 사실은 한국 박물관 역사에서 중요한 의미를 갖는다. 박물관학이라는 이름이 그 이전에 없었던 것은 아니다. 1972년 11월에 박물관학이라는 이름으로 이난영 선생의 『박물관학 입문』이 출간되었기 때문에 전문가들이나 일반인들에 사이에 적어도 박물관학이라는 단어는 회자가 되고 있었다고 보아야 할 것이다.

다른 한편으로 한국박물관의 역사를 되돌아보면 1909년 11월 1일에 일반인에게 공개된 '제실박물관' 또는 '창경원박물관'의 개관을 근대 박물관의 '시작'으로 본다면 거의 90년이 지난 시점의 1998년 7월 10일 한국박물관학회가 생긴 것이니 그 탄생이 늦은 감도 없지는 않다. 이러한 현상이 왜 생겨났나를 생각해 보면 식민지 정책의 틀에서 개관된 일제강점기의 박물관, 대표적으로 조선총독부박물관이 당시 중요한 과제였던 고적발굴사업과 깊은 관계를 맺고 개관되어 식민지적으로 운영되었고 이를 광복 이후에 '수술'을 하지 않았던 데에서 우선 이유를 찾을 수 있지 않을까.

박물관하면 일반인에게 그렇게 생소하지 않지만 여기에 '학'을 붙여 박물관학이라고 하면 물음표를 많이 붙인다. 박물관학은 서구에서 근대 국가의 탄생과 함께 박물관이 개설되어 인간학적인 접근에서 박물관 이용자들을 대상으로 박물관 이용형태, 반응 및 행동에 대한 고찰을 하면서 시작되었으며 그 연구영역은 인류의 유형·무형 유산을 수집 및 보존 처리, 전시 기법, 박물관 건축 등 기술적인 요소를 포함하고 있다.

인류와 인류의 환경에 관한 유형·무형 유산들을 어떻게 수집하느냐의 문제는 역사학, 인류학, 고고학 등의 분야에 한정되는 것이 아니라 인간학 전체와 관련이 되어 있다. 또한 유형·무형 유산들을 어떻게 처리하여 보존할 것인지의 문제는 자연과학은 물론 인문학적인 접근이 필요한 것으로 학제간 작업이 요구되는 영역이다. 특히 문화유산의 보존처리는 물리·화학적인 작업으로 끝나는 것이 아니며 그 문화유산을 둘러싼 인문학적인 배경을 이해하지 않는 한 보존처리는 완성될 수 없다.

이러한 유형·무형 유산들을 어떻게 전시할 것인가 하는 문제는 예술적인 영역 이외에도 교육학, 심리학 등의 영역이 되기도 한다. 전시는 시대적 맥락에서 해당 유형·무형 유산의 의미와 역할을 인류사적으로 보여주고 관람자들이 이에 대해 생각 또는 해석하도록 하는 것이다.

한국박물관학회가 사단법인으로 그 모습을 탈바꿈한 후 지나치게 경직된 분위기의 학회 이미지에서 벗어나려고 노력하고 있다. 부드러운 학회, 즐기면서 배우는 학회, 다시 말하면 박물관교육이 '즐겁고 유익해야' 하듯이 박물관학회도 그러한 방향으로 자리 매김을 해 나가야 한다. 이 『총서』도 일반인들에게 따뜻하고 가볍고 즐겁게 다가가고자 하는 사단법인 한국박물관학회의 첫 작품이 된다. 본 총서를 발간하기 위하여 '간행추진위원회'와 '간행위원회'를 두었다. 간행추진위원회는 본인을 위원장으로 하여 본 학회의 임원들로 구성하였다. 간행추진위원회의 부위원장은 최종호 한국전통문화대학교 교수, 박선주 영은미술관 관장, 박종만 왈츠와닥터만커피박물관 관장, 서명애 한국전통문화대학교 겸임교수, 천진기 국립민속박물관 관장으로 하고 추진위원으로는 이융조 한국선사문화연구원 이사장, 김종규 삼성출판박물관 관장, 최정필 세종대박물관 관장, 이종선 동서해저문화재연구원 원장, 오명숙 새롭게보는박물관학교 대표, 장인경 철박물관 관장, 조한희 계룡산자연사박물관 관장을 모셨고 간사는 오일환 경희대학교 교수가 맡았다. 박물관학 총서 간행위원회는 최석영 국립극장 공연예술박물관장을 위원장, 서명애 한국전통문화대학교 겸임교수를 부위원장으로 하고 서원주 성공회대학교 외래교수, 오명숙 새롭게보는박물관학교 대표, 황규진 한국학예사협동조합 이사, 배정일 본

학회 간사를 간행위원으로 하며 서영진 국립고궁박물관 연구원과 차고니 국립문화재연구소 연구원을 간사로 하여 구성하였다. 이 총서는 박물관학을 일반인들에게 쉽게 접근시켜 널리 알리자는 취지에서 가볍고 부피가 많지 않은 책의 모양을 갖추는 방향으로 기획되었다. 집필진도 이미 일반인들에게 어느 정도 알려진, 다시 말하면 대중적인 책을 집필해 본 경험이 있거나 활동이 많은 전문가들로 선정했다. 그리고 전문적인 이미지를 풍기는 각주와 지나치게 어려운 용어 등은 피하고 휴대하면서 읽을 수 있도록 책의 크기도 줄였다.

이번 제2판을 진심으로 축하드리며 간행에 이르기까지 바쁜 업무 중에도 많은 시간과 노력 등으로 봉사를 해 주신 간행위원회 위원들, 주제에 부합되도록 유익한 글을 주신 집필 선생님, 그리고 멋진 편집과 디자인을 해 주신 민속원 관계자에게 심심한 감사의 말씀을 드린다.

2014년 11월
(사)한국박물관학회 회장
경희대학교 혜정박물관 관장
김 혜 정

차례

발간사 _ 김혜정   4

프롤로그 : 무엇을 박물관museum이라고 하는가 ‖ 최종호 / 13
  1. 무엇을 박물관museum이라고 하는가? ·· 13
  2. 박물관museum의 시원始原과 진화 ·· 16
  3. 문예부흥과 근대 박물관modern museum)의 출현 ······························ 21
  4. 아시아 각국과 우리나라의 근대 박물관 도입 ·································· 26
  5. 박물관museum의 설립과 운영에 대한 전망 ······································ 32

동서양 '박물관博物館(museum)' 명칭의 어원과 용례 ‖ 서원주 / 39
  1. 서양박물관의 명칭 ·· 41
  2. 동양박물관의 명칭 ·· 47

세계 각 지역에서 박물관 기능을 한 기관들 ‖ 박윤옥 / 65
  1. 시작하는 말 ·· 65
  2. 유럽과 비서구 지역의 수집 관행 ·· 66
  3. 맺는 말 ·· 80

수집행위의 인류학적 기원과 상징적 가치 ∥ 류정아·김현경 / 85

1. 정열의 동기와 원인으로서의 사물 그리고 '수집' ·········· 86
2. 생존방식으로서의 모으기, '수렵과 채집' ·········· 89
3. 도구의 사용과 소유를 위한 '수집의 시작' ·········· 91
4. 교환과 권력의 등장, '수집의 정치사' ·········· 94
5. 과시와 상징 그리고 예술을 위한 '수집' ·········· 97
6. '또 다른 수집물'의 탄생 ·········· 100
7. 수집, 소비에서 소유로의 진화의 결과 ·········· 101

지리상의 발견과 유럽의 수집문화 ∥ 이은기 / 105

1. 경이의 시대 ·········· 105
2. 지도의 방 ·········· 107
3. 진기한 자연물 ·········· 114
4. 진기한 인공물 ·········· 116
5. 인공물의 정점, 예술품 ·········· 119

시민혁명과 박물관 ∥ 박윤덕 / 125

1. 들어가는 말 ·········· 125
2. 절대왕정의 박물관 프로젝트 ·········· 129
3. 프랑스 혁명과 박물관 ·········· 134
4. 맺음말 ·········· 138

동아시아의 박람회와 박물관 ∥ 하세봉 / 141

1. 모델로서의 서구 ·········· 141
2. 박람회적 박물관 ·········· 144
3. 박물관과 박람회의 분화 ·········· 147
4. 박람회와 박물관의 사이 ·········· 150

일본의 박람회와 박물관 ‖ 권혁희 / 153

1. 일본의 근대화와 박람회 ··· 153
2. 박람회에서 박물관으로 ·· 156

중국의 박물관과 박물관학 ‖ 오일환 / 159

1. 근대화와 혁명시기의 중국 박물관 ································· 159
2. 개혁개방과 현대화의 중국 박물관 ································· 161
3. 조화로운 사회건설과 중국 박물관 ································· 163
4. 21세기 미래의 중국 박물관 ·· 165
5. 중국의 박물관학 ·· 167

제국주의와 식민지 한국의 박물관 ‖ 국성하 / 171

1. 제국주의 그리고 식민주의 ·· 171
2. 조선총독부박물관 : 숨어있는 이야기 ···························· 173
3. 고적조사사업 : 문화 원류의 기초 다지기와 체계화 ········· 175
4. 이왕가박물관에서 이왕가미술관으로, 예술적인 범주의 재구성 ··· 176
5. 제국주의와 식민주의의 계속 ·· 179

제국주의와 영국 및 인도의 박물관 ‖ 서원주 / 181

1. 계몽주의와 근대 박물관의 탄생 ···································· 182
2. 제국주의의 등장과 영국 국립박물관의 역할 ·················· 186
3. 대영제국과 식민지 인도의 박물관 ································ 192

제국주의 시대의 프랑스 박물관 ‖ 신상철 / 201

1. 계몽주의 사상과 종합 박물관의 설립 ····························· 201
2. 근대 시기 전문 박물관의 출현과 지식의 확산 ··············· 203
3. 제국주의 시기 민족학박물관의 역할 ······························ 206

미술품의 위작과 도난 ‖ 이연식 / 211

1. 들어가며 ……………………………………………………………… 211
2. 판 메이헤런Han van Meegeren(1889~1947) ……………………… 212
3. 엘미르 드 호리Elmyr de Hory(1906~1976) ……………………… 216
4. 톰 키팅Tom Keating(1917~1984) ………………………………… 219
5. 에릭 헵번Eric Hebborn(1934~1996) ……………………………… 221
6. 미술품 도난의 양상 ………………………………………………… 224
7. 베르메르 작품 도난 사건 …………………………………………… 227
8. 〈모나리자〉 도난 사건 ……………………………………………… 231

도굴 미술품의 불법 여정 ‖ 김미형 / 237

1. 몇 가지 전제들 ……………………………………………………… 238
2. 미디어 수사 ………………………………………………………… 242
3. 도굴과 미술품 불법거래 네트워크 ……………………………… 246
4. 불법거래의 종착지 ………………………………………………… 248

박물관과 문화재 반환 ‖ 이보아 / 267

1. 문화재 불법 반출에 대한 통사적 고찰 ………………………… 267
2. 문화재 보호 및 반환에 대한 국제법적 고찰(국제법 현황) ……… 273
3. 문화재 반환에 대한 관한 문화재보유국과 반환요청국의 당위성 …… 277

에필로그 ‖ 최석영 / 297

찾아보기   319
필자소개   344

프롤로그
무엇을 박물관museum이라고 하는가
‖ 최종호 ‖

1. 무엇을 박물관museum이라고 하는가?

　박물관의 의미는 시간의 흐름에 따라 그리고 박물관이 존재하는 그 나라의 사회·문화적 환경에 따라 그 의미가 다르다. 박물관이 무엇인가 알고 싶다면 현행 법률 제10367호(일부개정 2010. 06. 10) 박물관 및 미술관 진흥법 제2조 정의(개정 2007. 7. 27, 2009. 3. 5) [시행일 2009. 6. 6] 1항에, " '박물관'이란 문화·예술·학문의 발전과 일반 공중의 문화향유 증진에 이바지하기 위하여 역사·고고考古·인류·민속·예술·동물·식물·광물·과학·기술·산업 등에 관한 자료를 수집·관리·보존·조사·연구·전시·교육하는 시설을 말한다." 그러나 2007년 8월 27일 오스트리아 비엔나에서 개최된 22차 국제박물관협의회ICOM 총회에서 승인된 정관 제3조 1항에, "뮤지엄museum은 사회와 사회의 발전에 이바지하는 비영리의 항구적 기관으로서 공중에게 개방하고, 교육과 학습, 위락을 목적으로 인류와 인류의 환경에 관한 유형·무형의 유산을 수집, 보존, 연구, 교류, 전시한다."고 정의되어 있다(ICOM, 2007). 국제박물관협의회의 박물관 정의를 참고하여 우리나라 박물관 및 미술관 진흥법에 보완해야 할 사항은 "교육과 학습, 위락을 목적으로 인류와 인류의 환경에 관한 유형·무형의 유산을" … "교류한다"는 내용이다.

박물관의 선진국이라 할 수 있는 유럽과 북미, 호주, 일본 등은 박물관을 평생교육 기관으로 규정하고 있는 반면에 우리나라에서는 박물관을 문화기반시설의 하나로 규정하고 있다. 박물관 및 미술관을 지휘 감독하고 진흥 지원하고 있는 문화체육관광부의 입장에서 박물관과 미술관은 문화기반시설이지만, 교육부 관점에서 박물관, 미술관 등은 지역사회를 위한 비정규 평생교육 기관이라고 할 수 있다.

"넓은 의미의 박물관museum은 삼라만상森羅萬象의 요지경瑤池鏡이자 만휘군상萬彙群象의 타임갭슐time capsule이라고 할 수 있다. 미술관art museum은 삶과 죽음의 프리즘prism이자 창의적인 활동의 결정체結晶體라고 할 수 있고, 과학관science museum은 현상과 원리의 저장소reservoir이자 문명의 보육기incubator라고 할 수 있다."(최종호, 2010 : 33). 필자를 포함한 한국박물관학는 한국 박물관 개관 100년인 2009년부터 박물관과 미술관, 기념비, 유적, 동·식물원, 수족관, 표본 전시관, 과학관, 천문관, 비영리의 갤러리, 자연보전지역, 유·무형 문화센터 등을 포괄하는 넓은 의미의 박물관museum을 학술용어로 채택하여 사용하고 있다. 박물관museum의 정체성에 대하여 미국의 리차드 그로베Richard Grove는 "박물관은 거의 독특한 특성체이다. 병원은 병원이다. 도서관은 도서관이다. 장미는 장미이다."(Grove, Richard, 1968 : 재인용 최종호, 2000 : 17)고 하였다. 한마디로 박물관museum은 박물관museum이다. 국제박물관협의회ICOM 정관에 규정된 박물관의 정체성의 핵심은 첫째 비영리의 항구적 기관으로서, 둘째 사회와 사회의 발전에 이바지하고, 셋째 공중에게 개방되는 것을 핵심가치로 교육과 학습, 위락을 목적으로 인류와 인류의 환경에 관한 유형·무형의 유산을 수집, 보존, 연구, 교류, 전시하는 것을 박물관의 역할과 기능의 목표로 삼고 있다.

박물관museum의 정체성과 역할 및 기능에 대한 정의는 박물관학 전공학자들의 전공영역에 따라, 박물관학 연구풍토와 박물관 사업성과 및 활동방식에 따라 논쟁의 깊이와 폭이 다르고, 학술용어의 의미와 해석에 차이가 있고, 박물관사업 및 활동에 대한 평가 또한 상당히 다를 수 있다. 오늘날 국제적으로 박물관학 학술활동을 주도하고, 박물관 전문인력을 양성하고, 박물관 활동을 이끌어가는 국제박물관협의회ICOM 산하의 국제박물관학위원회ICOFOM와 국제인력훈련위원회ICTOP, 신박물관학국제운동MINOM 등이 있고, 유네스코UNESCO 문화부문과 뮤지엄 인터내셔널 Museum International, 국제문화재보존복구연구센터ICCROM 등이 동반자 관계로 활동하고 있다.

2. 박물관museum의 시원始原과 진화

채집과 수집, 기억과 기록, 보전과 활용에 대한 인류의 원초적 본능이 유산과 기록, 구전 등을 통해서 남아 있다. 인류가 남긴 삶의 흔적 속에서 찾아 볼 수 있는 가장 원초적인 형태의 미술은 구석기시대의 인류들에 의해서 그려진 프랑스의 라스꼬Lascaux 동굴벽화와 그들이 남긴 유적의 구석기와 주술적인 의미가 내포된 조각상 등에서 찾아 볼 수 있다. 인류가 기록유산을 원본original으로 수집한 가장 오랜 역사는 "기원전 3,200년 경 고대 이집트의 파피루스 도서관들papyrus libraries"(최종호, 2003 : 11)의 파피루스 수집에서 찾아 볼 수 있고, 또한 "기원전 3,000년 경 수메르의 메소포타미아에 있던 에블라 국가기록원Ebla State Archives의 문서수집"에서 기록을 찾아 볼 수 있다(Lewis, G.D., 1984 : 7). 가장 이른 시기의 역사자료의 활용에 대한 최초의 기록은 기원전 2,000년 경 메소포타미아의 라르사Larsa에 있던 학교에서 사용한 초기의 문자와 부본albeit copies에서 찾아 볼 수 있다(Woolley, L. and Mallowan, M.E.L., 1962, 재인용 Lewis, G.D., 1994 : 6).

개인의 수장품은 이집트의 제 18왕조 투쓰모시스Tuthmosis III세(기원전 1504~1450년)가 노획물로 가져온 아시아의 동식물 수집품이 좋은 사례가 될 수 있고, 아메노피스Amenophis III세(기원전 1417~1379년)는 푸른 에나멜의 수집가였다(Lewis, G., 1994 : 5).

바빌로니아 제국의 네부차드레짜르Nebuchadrezzar(기원전 605~562년)왕과 나보니두스Nabonidus(기원전 555~539년)왕이 찰디스Chaldees의 우르Ur지역 한 부분에서 발굴된 그리고 복원된 골동품을 수집하였다. 나보니두스의 딸

〈사진 1〉 아테네시민들의 보고
Treasury of the Athenians at Delphi
출처 : *The Museum Age*

엔니갈디 난나En-nigaldi-Nanna에 의해서 그곳이 최초의 학교박물관으로 창
설되었다는 고고학적인 증거를 찾게 되었고, 아마르 수에나Amar Suena(기
원전 19세기)의 도편문자 부본이 박물관명찰museum label로 사용되었음을
알게 되었다(Lewis, G., 1994 : 6).

고대 그리스 역사가 헤로도투스Herodotus에 의하면, 기원전 508년 그리
스의 델포이(Delpoi / Delphi)에서 아테네의 신에게 바친 봉납품을 넣어 두
는 보고Treasury of the Athenians를 세웠고, 기원전 490년 마라톤Marathon전
투의 승리를 기념하기 위해서 아테네인들이 봉납한 물품을 특별히 허락
된 사람에게 공개하였다고 한다.

미술품의 보호와 전시의 원초적인 형태는 기원전 432년에 건립된 그리

스 아테네 아크로폴리스의 피나코테카Pinacotheca에서 찾아 볼 수 있다. 최초의 피나코테카는 파르테논 신전과 니케신전 사이에 있던 프로필래아 Propylaea의 왼쪽 건물에 있었는데 오늘날 회랑 전시장의 원초적인 형태라고 할 수 있다. 피나코테카의 벽면에는 봉헌상이 모셔져 있었고, 그림을 보호하는 덮개가 있었으며 미술품은 그리스 시민들에게 공개되었다 (Bazin, G., 1967 : 14).

이에 반하여 기원전 305년 알렉산더 대왕이 이집트의 알렉산드리아에서 죽은 후, 이집트 왕으로 즉위한 프톨레미 I세 소테르Ptolemy I Soter가 아리스토텔레스 학파의 데메트리우스Demetrius에게 명하여 알렉산드리아를 세계 지식의 수도로 만들기 위하여 기원전 295년 알렉산드리아 항구 인근에 뮤제이온(고대 그리스어 Μουσεῖον τῆς Ἀλεξανδρείας)을 창건하였다 (Serageldin, Ismail, 2007 : 13). 기원전 284년 프톨레미 I세 소테르가 죽은 후, 프톨레미 II세 필라델푸스Ptolemy II Philadelphus에 의해 완공된 알렉산드리아의 뮤제이온Mouseion of Alexandria은 원초적 형태의 박물관(라틴어 Musaeum : Museum)으로서 제우스신과 므네모시네(Mnemosyne : Memory)의 여신 사이에 태어난 아홉 자매여신들인 무사(Mousa : Muses)의 전당이자 신전으로, 그리고 필라델푸스Philadelphus(철학자)들의 명상 장소로서, 그곳에서 그들은 그리스의 문예, 미술, 철학 등을 연구하고, 창작하고, 담론하고, 회화, 조각 등의 조형예술품과 서적을 수집하여 소장하였으며, 진기한 동식물들을 사육하고 재배하였으며, 공연예술을 펼쳤다(최종호, 2000 : 9~10).

이집트 알렉산드리아의 뮤제이옹Mouseion Alexandrina에 모셔진 뮤사 Mousa / 모이사Moisa 아홉 자매 여신들은 고대 그리스-로마Greco-Roman의 종교와 신화에 나오는 캐랄이어피Calliope는 웅변・서사시의 여신(종종 글 쓰는 서책을 들고 있음), 클라이오Clio는 역사의 여신(종종 두루마리를 잡고 있음), 에러토우Erato는 서정과 연애시의 여신(종종 수금竪琴을 타고 있음), 유터어피 Euterpe는 음악・피리의 여신(종종 피리를 불고 있음), 멜포머니Melpomene는 비극의 여신(종종 비극의 가면을 잡고 있음), 폴리힘니어polyhymnia는 성시聖 詩・흉내예술의 여신(종종 애조 띤 모습을 보여 줌), 터어프시커리Terpsichore는 합창과 춤의 여신(종종 춤추는 것을 보여주고 수금竪琴을 잡고 있음), 써라이어 Thalia는 희극의 여신(종종 희극 가면을 잡고 있음), 유레이니어Urania는 천문의 여신(종종 천체를 잡고 있음) 아홉 여신 가운데 클라이오 여신Muse of Clio이 박물관활동과 매우 밀접한 재능과 외모를 지니고 있다.

고대 로마의 그리스인 철학자 플루타르코스Plutarchos에 의하면, 알렉산 드리아의 뮤제이온 건물은 기원전 48년 로마황제 율리우스 카이사르Gaius Julius Caesar의 알렉산드리아 방문 때 선박에 붙은 불이 항구로 번져 뮤제 이온 건물이 불탔다(Serageldin, Ismail, 2007 : 15). 그 후 알렉산드리아의 뮤제 이온은 서기 270년 팔미라Palmira(오늘날 시리아지역)의 여왕 셉티미아 제노 비아Septimia Zenobia에 의해서 건물이 파괴되었고, 서기 391년에 로마정교 교회로 바뀌었지만 서기 415년까지 그곳에서 플라톤 철학을 가르쳤던 여 성 철학자 히파티아Hypatia와 몇몇 학자들이 십자군들에게 체포되어 죽임 을 당할 때까지 뮤제이옹의 역할과 기능은 지속되었다(최종호, 2003 : 12).

이집트 역사학자 모스타파 엘압바디Mostafa El-Abbdi 박사의 제안으로 (Serageldin, Ismail, 2007 : 16), 알렉산드리아의 뮤제이온Mouseion Alexandrina이 파괴된 지 약 1,600여 년이 지난 1987년 이집트 대통령 호스니 무바라크

Muhammad Hosni Mubarak의 요청으로 유네스코가 세계에 호소하여 1990년 국제적인 지원을 통해서 뮤제이옹의 자리에 알렉산드리아 도서관BA(The Bibliotheca Alexandrina)을 재건하여 2002년 10월 16일 개관하였다(최종호, 2003 : 12). 알렉산드리아 도서관BA은 태양을 상징하는 원통형 건물로 직경 160미터 높이 33미터 11층 건물의 연면적 85,405㎡의 대형건물에는 시각 장애인을 위한 도서관과 젊은이를 위한 도서관, 대형 컨벤션 센터, 천문관, 4개의 박물관(과학, 고서화, 고문서, 고고학), 국제정보연구학교, 희귀본과 문서 보존을 위한 센터, 연구센터 그리고 전시장이 있고, 초현대식 도서관 답게 연구실, 개인열람실, 그룹 열람실을 비롯하여 어린이열람실과 청소년열람실, 멀티미디어실과 음악도서실 등의 총 200여 열람실에 2,000대의 컴퓨터가 설치되어 있고, 8백만권의 도서와 4,000권의 정기간행물, 50,000 점의 고문서와 희귀본, 50,000권의 지도 등이 갖춰져 있고, 도서관 자체적으로 공연예술을 위해 오케스트라 교향악단을 운영하고 있어(Serageldin, Ismail, 2007 : 20~30) 고대 뮤제이온의 역할과 기능을 짐작케 한다.

알렉산더 대왕(B.C.356~336년 재임) 이 죽은 후 약 3세기 동안 지속된 헬레니즘 시대에 미술품의 수집과 예술에 대한 관심이 높아져 페르가뭄왕국(B.C.241~133)의 앗탈로스Attalos I세는 페가메논의 아크로폴리스를 위해 많은 양의 헬레니즘 조각과 그림을 수집하였다. 기원전 2세기경에 이르러 고대 그리스 제국이 쇠락하면서 로마의 정복자들은 헬레니즘의 미술품과 고대 유물을 약탈하였고, 전리품으로 그것을 자신들의 신전에 봉납하거나 개인 소장품으로 갖게 되었다. 헬레니즘의 미술품과 고대 유물을 더 이상 약탈할 수 없는 지경에 이르자 로마인들은 자신의 부富와 교양을 과시하기 위해서 그리스의 명작을 복제하여 소장하게 되었고, 고기물古器物 거래가 이루어지기 시작하였다.

로마제국의 하드리안Hadrian황제(재위 117~138A.D.)는 로마 동쪽 28km 지점에 위치한 티볼리Tivoli 가까운 곳에 있는 자신의 별장에 야외박물관을 연상하는 시설물을 세우기 위해서 자신이 여행했던 지역의 구조물을 복제물을 세우게 하였고, 회화작품을 위해서는 그것이 놓여 있는 곳이 관심을 끌 수 있도록 특별 전시실을 세웠고, 회화작품의 보호를 위해서 북향의 빛을 받을 수 있도록 건물의 방향을 배치하였다(Bazin, G., 1967 재인용 Lewis, G.D., 1984 : 8).

로마제국(B.C.27~395A.D.) 시대에 이르러 세속적인 관심으로 인하여 미술품의 복제가 극성기를 맞았으며, 서로마제국(395~479년)이 멸망하면서 중세시대가 도래하자 미술품은 더 이상 세속적인 가치나 탐미의 대상이 아니라 종교적인 성격을 띤 '교회의 보물'이 되었다. 미술품은 오로지 신을 예배하고 찬미하는 수단으로서 제작되었고, 성보함cabinet of sacred object에 보관되었다.

3. 문예부흥과 근대 박물관modern museum의 출현

중세시대(5세기~15세기)와는 대조적으로 문예부흥기의 인문주의자들은 그들의 문화적 근원을 찾기 위해서 고전주의 예술에 대해 주목했고, 고대 유물에 대해 열광적으로 탐구하기 시작하였다. 라틴 파생어인 뮤지엄

museum이란 용어는 15세기 이전까지 주로 철학의 토론 장소로서 사용되었으나, 이탈리아 피렌체英 Florence의 상인이자 골동품 수집가인 코시모 드 메디치Cosimo de' Medici(1389~1464)의 손자 로렌초 드 메디치Lorenzo de' Medici의 '진기한 수집품'을 의미하는 것으로 사용되기 시작하였다. 바로 이 시기에 이탈리아 피렌체의 신흥 부르조아 로렌초 드 메디치Lorenz de' Medici가 미술품의 수집뿐만 아니라 새로운 작품 생산을 위해 1474년경 최초의 근대적인 미술학교라 할 수 있는 아카데미아 플라토니카를 창설하였다(세계사연표, 1994 : 36). 코시모 I세 드 메디치Cosimo I de' Medici에 의해서 1560년에 베키오궁Palazo Vecchio이 건립되어 메디치가에서 소장하고 있던 미술품을 배치하여 감상할 수 있게 하였다. 미술품에 대한 신흥 부르조아들의 관심은 예술작업에 대한 후원으로 이어져 미술가의 사회적 지위 향상에 이바지하였고, 자신들의 소장품을 관리하기 위해서 저명한 미술가를 초빙하여 조언자 겸 관리인으로 고용하기도 하였다.

코시모 I세 드 메디치Cosimo I de' Medici의 요청에 의해서 미술사학자 바사리Vasari가 우피치Uffizi(정부청사)의 자료목록을 바탕으로 1581년 정부청사의 최상층을 전시실의 채광을 고려해서 우피치 갤러리아Uffizi Galleria로 개수하였고, 1591년부터 관람객들이 요청을 하면 관람을 할 수 있게 하였고, 1765년부터 정식으로 일반에게 공개되었다(The Official Guide Uffizi, 1999 : 7).

이탈리아를 중심으로 16세기경부터 미술품 수집에 대한 전문적인 논문이 나왔으며, 이탈리아는 17세기에 들어서면서 미술품 거래의 중심지가 되었고, 각국의 외교관들이 그 중개인 역할을 하였다. 메리엄-웹스터의 대학사전Merriam-Webster's Collegiate Dictionary에 의하면 뮤지엄museum은 1672년부터 관심이나 가치가 지속되는 물건을 획득하고 관리, 연구, 전시하는 데 이바지 하는 시설 또는 물건이 전시되어 있는 장소를 지칭하는 용어로 사용되기 시작하였다.

1656년 영국 람베쓰Lambeth의 존 트라데스칸트John Tradescant가 과학수집품을 공개하면서 수집품목록Musaeum Tradescantianum을 출판하면서 박물관은 '체계적인 수집품'을 의미하였고, 1683년 영국의 엘리어스 애쉬모울Elias Ashmole이 수집 · 기증한 자료를 바탕으로 옥스퍼드Oxford 대학에서 설립한 애쉬몰리언 박물관Ashmolean Museum이 공중에게 공개되면서 박물관은 '수집품을 보관 · 전시하는 건물'을 뜻하는 것으로 의미가 확대되었다.

프랑스의 경우에는 루이 14세 시기에 재무상 꼴베르Minister Colbert에 의해서 기획되고, 루이 14세가 프랑스 아카데미 회원에게 매년 전람회salon를 개최할 것을 제안하여 1667년 4월 9일부터 4월 27일까지 루브르궁 대살롱Grand Salon에서 '프랑스 아카데미 전람회'가 개최되었다(이난영, 1993 : 191). 최초의 전람회가 열린 루브르궁의 회랑이 프랑스어로 갤러리Galerie인 까닭에 그 후로 사람들은 미술품 전시장을 갤러리로 부르고 있고 그 의미로 쓰고 있다.

1694년 브장송시가 프랑스 최초의 공공미술관을 개관하였고, 1747년 라퐁 뒤 생 예니Lafont de Saint-Yenne가 루브르에 국립미술관을 건립하자는 주장을 한 후에 오를레앙 가문의 소장품만 로얄궁Palais Royal의 갤러리galerie에 전시하다가 1750년부터 국왕 걸작품 100점을 뤽상부르그궁의 4

개 살롱에서 전시함으로써 빠리에 세워진 최초의 공공미술관이 되었다(안소연, 1995 : 89).

루이 14세가 루브르궁에서 베르사유궁으로 옮기면서 1788년 3월 루브르궁을 미술관으로 개관하는 공식적인 인가를 하였고, 1793년 파리 국민회의의 결의에 의하여 루브르궁을 중앙미술관이란 명칭으로 일반대중에게 공개하였다. 루브르미술관의 기초 자료는 루이 14세가 베르사유궁으로 옮기면서 루브르궁에 남겨 둔 회화가 그 기반이 되었으며, 1803년 나폴레옹이 해외원정에서 갖고 온 미술품과 전리품, 약탈품 등이었다.

17세기 유럽 절대군주들의 관심으로 고조되었던 미술품 수집열은 18세기 산업혁명으로 등장한 신흥 자본가들에 의해서 계승되었고, 산업혁명에 성공한 영국이 미술품 거래의 천국이 되었으며 크리스티Christie와 소더비Sotheby 같은 경매장이 생겨나고 위작fake과 모작replica 등이 미술시장에서 거래되었다.

1845년 영국의 박물관령Museum Act of 1845이 공포된 이후로 근대적 의미의 박물관에 대한 인식이 점차 확산되었고, 인구 1만 명 이상의 전국의 시의회Town Council에 박물관 설치 권한을 주고 1파운드당 반 페니의 지방세 징수를 승인함으로써 박물관 설립을 진흥하였다.

1851년 런던 수정궁박람회Crystal Palace Exposition가 끝난 후 여기에 수집된 자료를 활용하여 1852년에 제조박물관Manufacture Museum을 개관하였고, 1857년 사우쓰켄싱톤박물관Southkensington Museum으로 개칭되었고, 1909년 빅토리아 앤드 알버트 박물관Victoria and Albert Museum으로 개칭되었다(이난영, 1993 : 228).

독일의 경우 빌헬름 2세Wilhelm Ⅱ에 의해서 1797년 베를린에 고대박물관Altes Museum 건립이 추진되면서부터 유럽의 시대별 대표적 명작을 수집하기 위해서 전문가를 각지에 파견하였고, 이탈리아의 미술품 구입에도 관심을 기울였고, 박물관의 시설 연구에도 이바지하였으며 1830년에 박물관이 완성되었다. 장기적이고 계획적인 박물관 건립계획안은 독일의 힐트Hilt 교수에 의해서 제안되었고, 그는 박물관 건축물의 내용에서 불필요한 장식을 제거하고 효과적인 조명을 해야 한다는 점을 역설하였다. 이를 계기로 유럽에서 박물관의 과학적인 설립과 운영에 대한 관심이 높아지기 시작하였다.

이러한 관심 속에 1856년 게르만박물관Germanish Museum은 낭만주의의 영향으로 게르만 문화를 선양하려는 목적으로 박물관 설립을 기획하여 고대부터 근대까지 문화, 생활, 종교, 과학을 알기 쉽게 시대별 전시실로 구성하였고, 이 무렵부터 박물관기술학museography에 대한 관심이 더욱 많아지기 시작하였다.

미국의 경우 1773년 미국에서 최초로 찰스톤박물관Charleston Museum이 설립되었고, 1805년에 미국 최초의 근대적인 미술관, 펜실바니아 아카데미 아츠Pensylvania Academy Arts가 일반대중에게 공개되었다. 1832년에 설립된 예일대학의 트럼벨미술관Trumbell Gallery이 미국에서는 처음으로 미술관을 뜻하는 갤러리란 용어를 사용하였다.

영국인 제임스 맥키 스미쓰손James Macie Smithson가 1838년에 '지식의 증대와 전파'에 이바지할 목적으로 미국에 유증한 10만 파운드를 기금으로 1846년에 미국 의회에서 스미스소니언 인스티튜션Smithsonian Institution

〈사진 2〉 스미스소니언 인스티튜션 빌딩
The Smithsonian Institution Building at Washington, D.C.
출처: Official Guide to the Smithsonian

을 설립하도록 승인하였다. 1858년에 스미스소니언 인스티튜션의 박물관
이 일반에게 공개되었고, 그 이후로 16개의 박물관과 국립동물공원 등으
로 확대되었다(Lewis, G.D., 1994 : 13).

4. 아시아 각국과 우리나라의 근대 박물관 도입

인도네시아의 경우, 네덜란드의 동인도 식민지 영향으로 1778년 왕립
바타비아예술과학학회 설립자의 한 사람인 네덜란드 수집가 레이드마쳐
JCM Rademacher가 학회를 위해 박물관과 도서관을 시작할 수 있을 만큼
건물과 문화재, 도서를 기증함으로써 1862년 네덜란드 동인도정부가 자

카르타에 새 박물관을 건립하기로 결정했고, 1868년 박물관을 공식 개관하였다. 1871년 태국의 출라롱콘Chulalongkorn왕이 박물관에 코끼리 조각상을 기증함으로써 코끼리 박물관 또는 코끼리 전당이라고도 한다. 1962년 인도네시아 정부로 이관되어 중앙박물관이 되었고, 1979년 국립중앙박물관으로 개칭되었다. 인도네시아 국립중앙박물관의 소장품은 예술과 과학, 특히 역사, 고고학, 민족지, 물리학 분야로 구성되어 있다.

인도의 경우, 영국의 식민지 영향으로 1784년 윌리엄 존즈William Jones 경에 의해 창립된 벵갈의 아시아학회에 의해 1796년 인공과 자연 물품을 진열한 목적으로 수집하고 보호하는 장소로서 박물관에 대한 개념이 형성되었다. 1808년 인도정부가 벵갈 아시아학회에 편의를 제공하였고, 1814년 네덜란드 식물학자 나다니엘 왈리치Nathaniel Wallich가 벵갈 아시아학회에 자신이 수집한 수많은 식물학 표본을 기증하여 콜카타에 동양박물관 Oriental Museum을 창립하였다. 1875년 월터 알 그란빌레Walter R Granville에 의해 설계된 인도박물관Indian Museum의 새 건물이 완성되어 일반에게 공개되었다. 인도박물관의 소장품은 미술, 고고학, 인류학, 지질학, 동물학, 경제식물학 분야로 구성되어 있다. 그 후로 마드라스박물관(1851), 러크나우박물관(1863), 방갈로우박물관(1865), 마투라박물관(1874), 자이푸르박물관(1886), 바로다박물관(1894) 등이 개관되었다(Lewis, G.D., 1994 : 14).

중국의 경우, 서양을 유람한 후 왕타오王韜가 1867년에 출간한 『만유수록漫遊隨錄』에 Museum을 박물원으로 번역하여 소개하면서 박물관이 대중에게 알려지게 되었다. 1860년에 중국 최초로 시작된 홍콩 빅토리아봉 북사면의 홍콩식물원 공사는 1864년 1차 완료되어 대중에게 공개되었다.

1871년에 찰스 포드Charles Ford가 식물원의 첫 영선관으로 임명되었고, 1972년 홍콩동식물원으로 개칭되었다. 1868년 상하이 쉬자후이徐家彙에서 프랑스 예수회 선교사 피에르 마리 유드Pierre Marie Heude가 동·식물 표본을 중심으로 진단박물원震旦博物院을 개원하였다. 1874년 상하이 와이탄에서 영국왕립아주문회王立亞洲文會의 북중국 자회사가 상하이박물원으로 개원하였다. 1932년 영국왕립아주문회 건물을 완공하여, 2층에 강의실, 3층에 도서관, 4~5층에 상하이박물원 개원하였다. 1905년 1월 장쑤성 난퉁에서 중국인 최초로 장젠張騫이 난퉁박물원南通博物苑을 개원하였다. 난퉁박물원은 옥내와 야외에 자연, 역사, 미술, 교육 분야의 문물을 전시하고, 정원에 화초와 새, 동물, 식물 등을 기르고 가꾸어 표본을 보여준다. 1911년 신해혁명에 의해 청나라가 무너지고 자금성이 고궁박물원으로 개칭되었으며 1924년 일반에게 공개되었다. 1946년 중공군의 본토장악으로 장개석 총통이 1948년 지시하여 고궁박물원, 남경분원, 중앙박물관 등의 소장품을 타이페이로 옮긴 후 1965년 고궁박물원을 낙성하여 개관하였다.

일본의 경우, 18세기 중반에 약품회라는 물산박람회를 개최함으로써 19세기 후반에 대규모 박람회를 개최하게 된다. 제1회 약품회가 1757년 에도江湖 유시마湯島에서 회주 다무라 란스이田村藍水에 의해서 개최되었다 (차문성, 2008 : 96). 일본의 도쿠가와 바쿠후德川幕府는 1852년 발간된 『別段風說書(별단풍설서)』라는 네덜란드어 번역서를 통해서 서구의 근대박람회 개최를 알고 있었다. 서양을 견문한 후쿠자와 유키치福澤諭吉가 1866년에 발간한 『西洋事情(서양사정)』에서 엑스포expo(exposition)를 박람회博覽會로 그리고 뮤지엄museum을 박물관博物館으로 번역·소개하였다. 1871년 메이지 정부의 태정관太政官은 박람회와 박물관을 관장하는 박물국博物局을 설치한 후, 도쿄 유시마湯島성당의 대성전에 상설진열소를 설치하고 이를 박물관이라 하였다(차문성, 2008 : 109). 박람회의 전단계로 1871년 물산회를 개최한 후 1872년 정부 주최의 최초의 박람회를 개최하게 되었다. 메이지 시대의 일본 박물관은 부국강병이라는 국책아래 국위선양을 위한 목적으로 설립되었다. 1879년에 군사박물관인 유슈깐遊就館에 건립되었고, 1891년에 농업박물관, 1892년에 체신박물관, 1905년 특허부내에 특허진열관 등이 차례로 건설된다.

우리나라의 경우, 우리나라에서 근대적 의미의 박물관 개념의 도입과 전파에 관한 첫 기록은 1876년 제1차 수신사 김기수金綺秀의 『修信使日記(수신사일기)』와 『日東記游(일동기유)』 제4권에서, 그리고 박물원博物院 개념의 도입과 전파에 관한 첫 기록은 『日東記游(일동기유)』 제1권과 제2권, 제3권에서 찾아 볼 수 있다(최종호, 2012 : 4). 우리나라에 최초로 전파된 근대적 의미의 박물관은 '천조물(천산물)'과 '인공물' 즉 고기물古器物(antiquity)과 골동품骨董品(antique)을 진열하여 사회교육적으로 활용하는 옥내전시시설을 말하는 것이었다. 제1차 수신사 김기수의 『修信使日記(수신사일기)』와 『日東記游(일동기유)』 제4권의 「附行中聞見別單(부행중문견별단)」에 기록된 박물관은 천조물天造物과 고동품古董品 즉 고물기품古物奇品 중심의 옥내전시시설을 의미했다. 『日東記游(일동기유)』 제1권의 「음청陰晴」 12칙과 제2권의 「완상玩賞」 22칙에 기록된 박물원은 옥내외복합박물관 즉 대박물관을 의미했다.

개화기에 박물관건립 정책을 최초로 제안한 박영효朴泳孝는 1888년 초 일본에서 고종에게 상소한 건백서建白書에서 교육과 학술문화 진흥을 위해 박물관을 건립하여 인민의 견식을 넓히는 것이 필요함을 주창하였다. 박영효(1988)는 박물관을 사회문화적 교육기관으로 인식하여 교육과 학술문화 진흥을 위해서 박물관 건립을 정책으로 제안하였다(최종호, 2012 : 28). 서구의 근대사상이 반영된 박물관 개념을 우리나라에 처음으로 전파한 것은 유길준兪吉濬의 『西遊見聞(서유견문)』이다. 1895년 국한문혼용체로 일본 도쿄에서 간행된 『西遊見聞(서유견문)』 제17편 '박물관과 동・식물원' 항목에, "박물관은 세계 각국 고금 물산들을 크거나 작거나 귀하거나 천하거나 가리지 않고 일제히 거둬 모아, 사람들의 견문과 지식을 넓히기 위하여 설치한 곳이다."(허경진 역, 2004 : 471)고 박물관의 기능과 역할을 서술하였다.

1907년 7월 고종이 덕수궁(경운궁)에서 순종에게 양위한 후 순종은 그해 11월에 창덕궁으로 이어移御하였고, 순종이 창덕궁으로 옮김으로서 인접한 창경궁에도 고관대작과 외국사신들의 왕래가 자주 있었다. 순종황제를 위한다는 명분으로 민족정신을 말살하려는 책동으로 1908년 봄부터 동물원과 식물원조성 공사를 시작하였고, 그 해 9월 어원사무국御苑事務局이 설치되면서 동물원과 식물원, 박물관 설립이 본격적으로 추진되었다. 우리나라 최초의 근대적인 시설을 갖춘 이왕가박물관의 건물은 1909년 9월에 창경궁의 자경전터에 박물관이 착공되어 1912년에 준공되었다(서상우, 1994a : 15). 1909년 11월 1일에 창경궁 선인문안의 보루각터에 지은 동물원과 춘당대터에 지은 식물원의 개원식을 가졌고, 제실박물관도 일반

<사진 3> 이왕가박물관　출처 : 『사진엽서로 보는 근대풍경』

인의 관람이 허용되었다. 따라서 1909년 11월 1일 일반에게 공개된 창경
궁의 제실박물관이 우리나라 최초의 박물관이라고 할 수 있고, 1912년에
준공된 이왕가박물관은 그 후 1938년에 장서각으로 그 후 1986년에 궁중
유물전시관으로 명맥이 유지되다(창경궁 중건보고서, 1989 : 210)가 1992년에
철거되었다.

　우리나라 미술관 건물의 효시는 1909년 3월에 퇴위한 고종이 덕수궁(경
운궁)에 고관대작과 외국 사신들이 선물한 진귀한 물품을 보관하기 위해
건립한 덕수궁 석조전 동관이라고 할 수 있다. 진귀한 물품을 보관하기
위해서 건립했던 덕수궁 석조전에서 1919년 10월에 일본 미술작가들이
출품한 「일본 근대미술전」이 개최되자 우리나라의 미술 애호가들도 우리
민족의 고미술을 전시하자는 의견이 제기되었고, 이를 계기로 1936년 8월
에 덕수궁 내에 이왕가미술관을 착공하였다. 1938년 3월에 덕수궁 석조

전 서관에 8개실의 전시실과 수장고, 강당 등을 갖춘 이왕가미술관이 준
공되어 동년 6월 5일에 일반에게 공개되었다. 이왕가미술관의 전시품은
삼국시대이래의 조각공예품과 도자기, 회화, 조선출토 중국도자기 등을
창경궁의 이왕가박물관에서 이관 받아서 전시하였다(이난영, 1993 : 83~84).

우리나라 미술관의 발달사는 우여곡절을 겪는데, 1915년 조선총독부가
시정施政 5년을 선전하려는 목적으로 경복궁에서 물산공진회物産共進會를
개최하고자 지은 158평의 석조 내화건물이 우리나라 최초의 근대적인 시
설을 갖춘 미술관건물이라고 할 수 있다. 조선총독부는 1915년 9월 11일
부터 10월 31일까지 물산공진회를 끝낸 후 조선총독부는 미술관 건물을
본관으로 1915년 12월 1일 국립중앙박물관의 전신前身인 조선총독부박물
관을 개관하였다. 1915년 경복궁의 물산공진회 미술관 건물이 조선총독
부박물관 건물로 탈바꿈한 것은 결국 오늘날 미술관 종사자들이 박물관
종사자들에게 갖고 있는 반목과 갈등의 원류가 되었다.

5. 박물관museum의 설립과 운영에 대한 전망

박물관의 설립·운영을 위해서는 3가지 분야(사람, 매체, 공간)에 6가지
구성요소(설립·운영자/이용자, 자료/정보, 공간/장소)에 관심을 기울여야 한다.
박물관의 핵심사업과 주요활동은 박물관의 설립·운영을 위한 3가지 분
야 6가지 구성요소를 조합과 순열에 따라 달라질 수 있다. 오늘날 앞서가
는 박물관은 역할과 기능 측면에서 자료수집과 정보관리, 보존수복, 연구

교육, 교류협력, 위락향유 등을 복합적으로 그리고 총체적으로 수행하고 있다. 박물관의 설립 취지에 따라 그리고 박물관경영 지침에 따라 선택과 집중을 통해서 박물관의 사업과 활동을 특성화 또는 전문화하는 것이 시대적 흐름이다.

박물관은 전통적으로 아날로그 타입의 물질자료를 중심으로 박물관사업을 이끌어 왔으나 1990년대 중반이후로 디지털 타입의 문화원형 콘텐츠가 축적되면서 아날로그 타입과 디지털 타입이 혼재된 디지로그 타입의 복합콘텐츠를 박물관 자원으로 활용하고 있다. 경제학자들이 문화원형 디지털 콘텐츠 산업을 '황금 거위 알'에 비유하는 까닭은 원소스멀티유즈one source multi-use의 부가가치를 창출하는 창조경제의 핵심요소이기 때문이다. 앞서가는 박물관에서는 원소스멀티유즈one source multi-use의 부가가치 창출뿐만 아니고, 멀티소스멀티유즈multi source multi-use의 고부가가치 창출을 추구하고 있다.

1960년대 이전까지 박물관은 물품중심object-oriented의 진열display을 하고, 그것을 교육적으로 활용하는 것에 관심을 기울였다. 1970년대 이후로 신박물관학이 확산되면서 박물관은 내용중심content-oriented의 전시exhibit를 하고 학교교육과 연계하는 교육에 관심을 기울이게 되었다. 1980년대 중반이후로 공동체중심community-oriented의 표출presentation에 관심이 많아졌고, 많은 사람들이 자신들의 문화적 정체성에 관심을 기울이기 시작하였다. 1990년대 중반이후로 교통과 통신, 방송과 매체가 발달하면서 컴퓨터 이용자들을 중심으로 자료의 해석interpretation과 정보의 활용에 관심이 많아졌다. 2000년대 이후로 웹web과 왑wab의 체계가 발달하면서 박물관의 운영자와 이용자들은 참여전시와 체험학습, 이벤트 등의 프로그램 중심 programme-oriented으로 유비쿼터스 체제의 교육정보위락을 위한 서비스를 제공하고 있다. 이제 시대는 언제 어디서나 누구나 쉽게 이용할 수 있는 유비쿼터스 체제의 박물관을 기대하고, 요구하고, 희망하고 있다.

　21세기 문화정보산업화 시대에 살고 있는 일반인들은 대부분 수많은 자료와 정보에 노출되어 있지만 아직까지 유형의 자료와 무형의 정보를 효율적으로 활용하는 지식경영에 익숙하지 않는 편이다. 정보산업화 시대의 지식경영에서 활용되는 지식은 부가가치 창출이 가능해야 경쟁력을 갖출 수 있고, 부가가치 창출과 경쟁력을 갖출 수 있어야 정보로서 활용이 가능하다. 박물관에서 자료제공과 정보교류, 콘텐츠 서비스는 박물관 경영에서 경쟁력을 높일 수 있는 핵심요소로서 박물관경영자는 문화자원을 문화정보산업화 시대에 효율적으로 활용할 수 있어야 한다. 앞으로 박물관은 교육과 정보, 위락을 제공하기 위해서 자료의 수집과 보존, 전시 활동뿐만 아니라 정보교류와 표출, 해석, 연구, 전시, 교육 활동을 적극적으로 수행해야 하고, 박물관 사업과 역할 및 기능 수행에도 디지털과 디지로그 타입의 콘텐츠를 적극적으로 활용해야 한다. 특히 자립경영을 희망하는 박물관에서는 최신 박물관 자료와 정보를 언제 어디서나 누구나 쉽게 습득할 수 있도록 옥내·야외 박물관에서 또는 가상현실 박물관에서 자료를 활용하고 정보를 교류할 수 있도록 멀티미디어 콘텐츠웨어를 개발하고, 유비쿼터스 체제의 지식경영에 앞장서야 한다.

　미국 맨해튼의 중심가에 있는 얼터너티브 미술관The Alternative Museum (www.alternativemuseum.org)은 지난 25년간 동안 다양한 전시활동을 펼쳐오

다가 지난 2000년 6월 2일에 인터넷에 기반을 둔 쌍방향 예술작품과 디지털 이미지를 웹사이트에 전시하였다. 얼터너티브 미술관은 전통적인 예술작품을 컴퓨터 스크린에 옮겨놓았고, 소호Soho에 마련한 전시공간의 문을 닫았다. 얼터너티브 미술관의 지노 로드리게즈Geno Rodriguez 창설 관장은 "우리는 물리적인 공간 속의 물건이라는 굴레로부터 자유로워졌다. … "우리가 공간을 옮긴 가장 중요한 이유는 아무도 하지 않는 것을 한다는 흥분 때문이었다."고 밝혔다."(최종호, 2003 : 29).

20세기의 아날로그 체제와 21세기의 디지털 체제가 혼재되어 있는 현실에서 박물관을 컴퓨터 체제로 비유한다면 박물관 자료와 공간은 하드웨어H/W로서 갖추어져야 하고, 축적된 하드웨어를 바탕으로 콘텐츠웨어C/W를 제작하고, 콘텐츠웨어를 바탕으로 정보은행Data Bank을 구축하여 부속/부설기관으로 운영할 수 있다. 정보은행에 축적된 경영정보MIS와 자원관리ERP, 고객관리CRM 등의 콘텐츠웨어는 네트워크를 통한 박물관운영체계OS를 활용으로써 박물관사업의 다각화와 고부가가치 창출에 크게 기여할 수 있다. 박물관은 문화 콘텐츠웨어를 제공하는 문화산업의 주체로서 박물관 이용자들에게 다종다양한 맞춤형 서비스를 제공해야 한다. 박물관장은 박물관 이용자뿐만 아니라 박물관 운영자 자신들을 위해서 언제 어디서나 누구에게나 쉽게 접근할 수 있는 유비쿼터스 체제의 박물관을 경영할 필요가 있다(최종호, 2004 : 33).

오늘날 박물관은 사회발전과 자연보호에 이바지하는 복합문화공간으로서 유무형의 유산을 수집, 보존, 연구, 교류, 전시, 교육하는 역할과 기능을 수행하고 있다. 박물관의 자료와 정보는 구비(언어)전승, 행위(의례)

전승, 물질전승 3가지 측면에서 전시, 교육, 표출, 해석에 활용될 수 있다. 박물관에는 자료측면에서 유형의 물질자료가 있고, 정보측면에서 무형의 사실, 현상, 원리, 이미지, 빛, 소리, 냄새, 맛, 느낌, 생태, 상황 등이 있다. 박물관 운영자는 박물관 이용자들에게 오감을 통해서 박물관 자료와 정보를 맘껏 활용할 수 있도록 언제 어디서나 누구나 쉽게 접근할 수 있도록 해야 한다. 박물관은 공동체의 정체성 확립과 전통문화의 계승, 자연환경의 보호, 문화콘텐츠 개발, 예술활동의 진흥, 지역사회의 경제발전, 관광자원의 활성화에 이바지할 수 있을 뿐만 아니라 생활 속에 필요한 교육정보위락의 중심eduinfotainment center으로서 감성경영과 창조경제에도 크게 이바지할 것이다.

참고문헌

문화재관리국, 1989, 『昌慶宮 － 重建報告書』, 서울 : 문화공보부/문화재관리국.
백승길 역, 『서양 박물관의 역사』, 서울 : 한국박물관협회.
서상우, 1994, 『한국의 박물관 미술관』, 박물관미술관 건축총서Ⅲ, 서울 : 기문당.
역민사 편, 1994, 『세계사연표』, 서울 : 역민사.
이난영, 1993, 『博物館學入門』(신판), 서울 : 삼화출판사.
차문성, 2008, 『근대박물관, 그 형성과 변천 과정』, 서울: 한국학술정보.
최종호, 1998, 「미술관의 역사와 기능」, 『1998 미술관학 강좌』, 과천: 국립현대미술관.
최종호, 2000, 『박물관 실무 지침』, 서울 : 한국박물관협회.
_____, 2003, 「미술관의 기능과 역할」, 『2003 미술관학 강좌』, 광주 : 광주시립미술관.
_____, 2004, 『박물관의 이론과 살제』, 서울 : 한국박물관협회.

최종호, 2008,「한국 박물관 100년과 박물관 경쟁력 강화-근대이전의 박물관 단계, 여명기의 박물관 발달사, 박물관 경쟁력-」,『박물관학보』14·15, 서울 : 한국박물관학회.

_____, 2009,「한국박물관학의 성과와 과제 : 박물관학 전공자가 뮤지엄에서 무엇을 할 것인가?」,『박물관학보』16·17, 서울 : 한국박물관학회.

_____, 2010,「앞서가는 뮤지엄의 역할과 기능」,『제11기 초·중등 교원 박물관 문화연수』, 용인 : 경기도박물관.

_____, 2012,「개화기부터 1910년까지 뮤지엄과 엑스포 정책 연구」,『박물관학보』22, 서울 : 한국박물관학회.

허경진 역, 2004, 유길준,『서유견문-조선 지식인 유길준, 서양을 번역하다』, 서울 : 서해문집.

Bazin, G., 1967, *The Museum Age*, Desoer : Brussels.

Grove, Richard, 1968, Some Problems in Museum Education, in Larrabee, Eric,(ed.), *Museums and Education*, Washington D.C. : p.79 cited in Hudson, Kenneth, 1977, Museums for 1980s, Paris : UNESCO.

Lewis, G.D., 1984, Collections, collectors and museums : a world survey, in Thompson, J.M.A, et al. (eds), 1984, *Manual of Curatorship-A Guide to Museum Practice*, London : Butterworths, p.5.

Selageldin, Ismail, 2007, *Much more than A Building ··· Reclaiming the Legacy of the Bibliotheca Alexandrina*, Alexandria : Bibliotheca Alexandria, p.15.

Smithsonian Institution, 1996, Offical Guide to the Smithsonian Institution, Washington, D.C. : Smithsonian Institution, p.8

Woolley, L. and Moorey, M.E.L., 1962, Ur Excavation Ⅸ, The Neo-Babylonian and Persian Periods, British Museum, London and Philadelphia cited in Lewis, G.D., 1984, Collections, collectors and museums: a world survey, in Thompson, J.M.A, et al. (eds), 1994, *Manual of Curatorship -A Guide to Museum Practice*, London: Butterworths, p.6

Encyclopaedia Britannica : 1996 : file:///C : ₩EB/_23.htm

http://en.wikipedia.org/wiki/Indian_Museum

http://en.wikipedia.org/wiki/National_Museum_of_Indonesia

http://icom.museum/the-vision/museum-definition/ accessed dt. May. 30, 2013.

http://terms.naver.com/entry.nhn?docId=648072&cid=43128&categoryId=43128 accessed dt. May.

30, 2013

http://www.arabworldbooks.com/bibliothecaAlexandrina.htm accessed dt. Mar. 8, 2007.

http://www.bibalex.org/website/ accessed dt. dt. May. 30, 2013.

http://www.lcsd.gov.hk/parks/hkzbg/en/index.php accessed dt. dt. May. 30, 2013.

http://www.muuseum.ee/uploads/files/g._lewis_the_history_of_museums.pdf accessed dt. dt. May. 30, 2013.

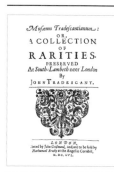

동서양 '박물관博物館(museum)' 명칭의 어원과 용례

‖ 서원주 ‖

　'박물관博物館(museum)'이란 말은 언제 어떻게 만들어져서 쓰이기 시작했을까? 오늘날 우리가 알고 있는 박물관이라는 개념은 17세기 이후에 새롭게 등장한 '공공박물관public museum'이라는 형태의 기관으로서 지난 300여 년간 많은 변화를 겪어 왔고 그 성격도 다양해졌다. 반면에 '박물관'이라는 명칭은 서양의 museum과 동양의 博物館 모두 고대의 기관이나 문헌에 사용된 용어와 관련이 있다. 따라서 박물관의 명칭과 관계가 있는 용어들을 어원적으로 추적하자면 역사적으로 수 천 년을 거슬러 올라가야 할 것이다.

　그러므로 '박물관'이라는 개념과 용어 사이에서 균형을 잡기 위해서는 과연 박물관이란 무엇인지에 대해서 생각해 보아야 할 것이다. 박물관이 무엇인지에 대해서는 현재 다양한 견해들이 존재하고 있으나 그 중 가장 보편적으로 받아들여지고 있는 것은 국제박물관협의회ICOM의 정의이다.

이 협의회는 그 정관statutes에서 박물관을 다음과 같이 정의하고 있다.

박물관은 교육과 연구, 즐거움을 제공하기 위한 목적으로 인간과 인간이
가진 환경의 유형 및 무형 유산을 수집하고 이를 보존, 연구, 소통, 전시하
여 사회와 그 발전을 위해 봉사하는 대중에게 공개된 비영리적이고 항구적
인 기관이다(ICOM 정관, 2007).

국제박물관협의회의 정의는 크게 박물관의 '전제조건', '기능' 그리고
'목적'의 세 부분으로 나누어 살펴볼 수 있다. 이 정의에서는 특정 기관
이 박물관이 되기 위한 전제조건으로서 '대중에게 공개' 하고 '비영리'를
추구하며 '항구적인 기관'이 되어야 한다는 세 가지를 들고 있다. 또한
이러한 조건을 만족한 기관들은 박물관으로서 "수집 및 보존, 연구, 소통,
전시"라는 기능을 수행하여야 한다. 그러나 이 모든 기능들은 박물관의
목적인 "교육과 연구, 즐거움을 제공"하기 위한 준비 작업이며 수단이다.
여기에서 가장 주목할 점은 일반적으로 박물관의 목적이 '수집, 연구,
전시' 등 이라고 생각하기 쉬우나 국제박물관협의회는 "수집 및 보존, 연
구, 소통, 전시"는 박물관의 기능이며 "교육과 연구, 즐거움을 제공"하는
것이 박물관의 목적이라고 명시하고 있다는 점이다. 이러한 정의는 다음
과 같은 비유로서 설명할 수 있다. 인간이 공기를 호흡하고 음식을 섭취
하며 배설하는 행위는 생존에 필수불가결한 기능으로서 이것이 유지되지
않으면 생명을 유지할 수 없다. 그러나 누군가가 자신의 인생의 목표가
먹고 숨 쉬고 배설하는 것이라고 말한다면 그 인생에서 많은 의미를 찾

기는 어려울 것이다. 마찬가지로 수집과 보존, 연구, 전시 등의 기능은 박물관의 중요한 핵심 기능이지만 그 자체가 목표는 아니며 이러한 기능들이 박물관의 목표가 된다면 먹고 배설하기 위해 사는 인생과 다를 바가 없다는 점을 국제박물관협의회는 그 정의에서 분명히 하고 있다. 따라서 박물관은 보다 고차원적인 목적인 '교육과 연구, 즐거움'을 사회에 제공하기 위하여 존재하는 것이라고 볼 수 있다.

　그러나 국제박물관협의회가 사용하고 있는 위의 정의는 고정불변의 것이 아니라 1946년에 협의회가 창설된 이래 지속적인 토론을 통해 8차에 걸쳐 개정된 것이며, 마지막으로 개정된 2007년의 정의에는 '무형 유산'의 개념이 추가되었다. 사실 박물관이 처음 생긴 이래로 박물관의 성격은 끊임없이 변화되어 왔으며 앞으로도 달라질 것이다. 예를 들어 요즈음 일부 박물관들은 수집을 하지 않고 대여를 통한 전시만을 하고 있다. 이러한 현황을 고려한다면 현재 국제박물관협의회가 규정하고 있는 박물관의 정의 역시 조만간 수정이 필요할 것으로 보인다. 지금까지 살펴본 박물관의 정의에 대한 인식을 바탕으로 이 글에서는 어떠한 과정을 거쳐 서양과 한·중·일 동양 삼국에서 '박물관博物館(museum)'이라는 명칭의 의미와 용례가 변화되어 왔는지 살펴보고자 한다.

1. 서양박물관의 명칭

서양에서 '박물관museum'이라는 용어가 처음 사용된 곳은 고대 그리스였다. 고대 그리스에는 '무세이온μουσεῖον'이라는 장소가 존재했는데 이는 고대 그리스어로 '무사μοῦσα'라고 불리던 뮤즈Muse 여신들을 위한 신전이었다(Jones, 1940). 뮤즈 여신들은 음악과 예언을 주관하는 다양한 여신들로 알려져 있었으나 아르카익(고졸기) 시대의 시인인 헤시오도스가 9명의 뮤즈 여신들에게 이름을 붙인 이후에 그 역할이 분화되어 나중에는 천문과 역사, 음악, 비극 등 과학과 예술의 9개 분야를 관장하는 여신으로 정착되었다. 따라서 문학과 예술을 관장하는 뮤즈 여신들을 위한 신전인 무세이온은 예술품의 관람이나 철학적 논의가 이루어지는 장소가 되기도 하였다.

고대 그리스에서 뮤즈 여신들은 학교와도 밀접한 관계가 있었던 것으로 보인다(서원주, 2007). 고대 그리스의 정치가였던 아이스키네스는 기원전 345년에 그의 연설 「티마르쿠스에 대한 반론」에서 법률을 제정하는 사람들의 역할을 다음과 같이 진술한다. "그들은 학교 축제의 조정자로서 학교에서 열리는 무사 여신들의 축제와 레슬링 학교에서 열리는 헤르메스 신의 축제를 주관한다"(Aeschines, 1919[345 BC]: 11). 여기에서 고대 그리스에서는 뮤즈 여신들의 축제가 학교 안에서 열렸다는 사실을 알 수 있다. 당시 그리스에서는 어느 학교든지 스스로를 뮤즈 여신의 신전 즉 '무세이온mouseion'이라고 부를 수 있었고, 대표적으로 플라톤의 학교인 '아카데미아Ἀκαδημία'와 아리스토텔레스의 '리케이온Λύκειον'은 무세이온을 부속 건물로 가지고 있었다(Hornblower and Spawforth, 2003).

박물관의 역사에 대하여 논의할 때 가장 많이 언급되는 기관은 고대 이집트 알렉산드리아에 있었던 무세이온Mouseion(Μουσεῖον τῆς Ἀλεξανδρείας)이다. 알렉산드로스 대왕이 이룩한 제국은 그의 사후에 세 개의 왕국으로 분할되었는데, 그 중 이집트에서는 총독이던 프톨레마이오스가 독립 왕조를 세웠고, 프톨레마이오스 1세는 기원전 280년경 자신의 통치 아래 있던 알렉산드리아에 '무세이온'이라는 기관을 설립하였다. 신전이자 도서관이었던 이 무세이온은 헬레니즘 시대의 석학들이 모여 연구를 하는 일종의 연구소 또는 학사원으로서 기능을 하였다(Hornblower and Spawforth 2003; Alexander, 1996). 그리스 문명권을 통하여 가장 거대한 연구 기관이었으며 50만여 권에 달하는 책이 소장되어있었던 알렉산드리아의 무세이온에서는 유클리드나 에라토스테네스 같은 석학들이 연구를 수행하였다(Robinson, 1929).

로마인들은 그리스어 '무세이온'을 라틴어로 '무제움Museum' 또는 '무지움Musium'이라고 번역하였다(Lewis, 1879: 1179). 그러나 로마인들의 무제움은 더 이상 그리스의 무세이온과 같은 공공기관이 아니었으며 '철학적 토론을 나누는 저택' 정도의 의미로 사용되었다(Bazin, 1967). 따라서 로마의 무제움은 기능적인 측면에서 그리스 시대의 무세이온보다 오히려 오늘날의 박물관의 모습에서 멀어지게 되었다. 현재 로마시대의 박물관에 대해 남아 있는 기록은 많지 않으나 바쟁은 "로마시대에 박물관 그 자체는 존재하지 않았으나, 로마 전체가 박물관이었다."라고 해석하였다(Bazin, 1967: 23). 따라서 로마시대의 무제움Museum은 박물관museum의 기능적 효시라기보다는 그 명칭의 어원이라는 측면에서 이해가 되어야 할 것이다.

5세기에 서로마가 멸망한 이후부터는 유럽의 문헌에서 'museum'과 어원적으로 연관된 용어를 찾아보기 힘들게 되었다. 물론 중세의 교회가 유물을 수집하고 보존·전시하며 이를 이용하여 대중을 교육했다는 점에서 오늘날의 박물관과 유사한 기능을 수행한 것은 사실이지만 로마의 멸망 이후에 'museum'이라는 단어가 다시 등장한 것은 1,000년을 훌쩍 넘긴 계몽주의 시대의 영국에서였다. 17세기에 영국에서 솔즈베리 백작과 버킹엄 공작 등 귀족들의 정원사로 일하던 존 트라데스칸트John Tradescant와 그의 아들은 진귀한 정원수를 수집하기 위하여 유럽과 중동, 아프리카의 각지를 여행하였는데 이 과정에서 많은 표본과 물품을 수집하였다. 트라데스칸트 부자는 런던 남부 람베스Lambeth에 위치한 그들의 저택에서 수집품을 전시하여 대중에게 공개하였는데 이 건물은 그 소장품의 방대한 규모로 인해 '방주The Ark'라는 별명으로 불렸다(MacGregor, 2001). 이후 런던의 변호사인 엘리아스 애쉬몰Elias Ashmole의 권유에 의해 트라데스칸트 부자의 수집품이 도록으로 출판되었고 영국 최초의 박물관 도록이 되었다. 〈도 1〉은 1656년에 인쇄된 트라데스칸트의 소장품 도록으로서 맨 위에는 도록의 명칭인 『Musaeum Tradescantianum』이 라틴어로 쓰여 있고 맨 아래에 출판년도가 로마숫자로 'MDCLVI(1656)'라고 표기되어있다. 도록의 출판 이후 트라데스칸트 부자는 관람객의 신분에 관계없이 동일한 입장료를 징수하는 등 소장품을 운영하는 방식이 박물관의 모습에 한층 근접하게 되었다. 트라데스칸트 부자의 사망 이후 그 소장품은 엘리아스 애쉬몰에게 양도되었고 애쉬몰은 자신의 소장품과 트라데스칸트 부자의 소장품을 옥스퍼드 대학에 기증하여 1683년에 최초의 근대박물관인 '애쉬몰리안 박물관Ashmolean Museum'이 설립되었다(Ashmolean Museum, 2011).

이후 계몽주의 시대를 통하여 '공공박물관public museum'이라는 개념이 정립되면서 귀족들이나 부호들이 개인적으로 소장하던 '경이로운 방[Cabinet of curiosities(영), Wunderkammer(독)]'이 대중에게 공개되어 박물관으로 변신하였고 유럽의 국가들이 소장품의 공개를 위해 새로 설립하는 기관에 '대영박물관British Museum'이나 '루브르박물관Musée du Louvre'과 같은 명칭을 사용하게 되면서 '박물관museum'이라는 용어가 오늘날 우리가 사용하는 의미로 정착되었다.

〈도 1〉 트라데스칸트 박물관(Musaeum Tradescantianum) 도록 표지(1656)
출처 : The Mineralogical Record

로마시대 이후 중세와 근대에 이르기까지 라틴어가 유럽 귀족사회에서 공통적으로 사용되었기 때문에 'Museum'이란 라틴어 단어에서 유럽 각 지방 언어의 '박물관'에 해당하는 용어가 파생되었으며, 그 예로는 영어의 '뮤지엄museum' 프랑스어의 '뮈제musée' 독일어의 '무제움Museum' 이탈리아어 및 스페인어의 '무제오museo' 그리고 러시아어의 '무제이Myзeй'를 들 수 있다. 현재 박물관에 대한 서양의 용어는 각 언어 별로 의미가 달라지는데 영어의 경우 'museum'은 미술관art museum의 개념을 포함하는 박물관을 의미하며 'gallery'는 영국의 '국립미술관The National Gallery'의 경우와 같이 기관으로서 미술관의 명칭을 특정하여 사용하는 경우 및 박물관 내의 전시실 명칭(예 : 대영박물관 한국관The Korean Gallery in the

Firenze - Galleria degli Uffizii

〈도 2〉 이탈리아 우피치 미술관(Galleria degli Uffizi)
삽화 출처: 집필자 소장자료

British Museum)을 지칭하는 경우 또는 상업적 화랑의 의미로 다양하게 사용된다. 박물관 내의 전시실을 지칭하는 용어로서는 'gallery' 이외에도 'room'과 'hall'을 들 수 있다. 프랑스어의 경우 'musée'가 공공장소로서 박물관과 미술관을 총칭하는 용어로 쓰이고 있으며 'galerie'는 상업적 목적을 가진 사설 화랑이라는 의미가 강하다. 박물관 내의 전시실을 지칭할 경우 'salle'을 사용한다.

이탈리아어의 경우 박물관 및 미술관을 총칭하는 용어로서 'museo'를 사용하고 있어 역사 및 민속 관련 유물을 소장하는 박물관은 물론 회화, 조각, 공예 등 다양한 분야의 작품을 소장한 예술박물관의 의미로도 사용되고 있다. 이에 비하여 이탈리아어에서 'galleria'는 조각을 포함하여 회화 특히 초상화를 중심으로 한 미술관이라는 뜻이 강하며 상업적인 화랑의 뜻도 있다. 박물관 내의 전시실은 'sala'라고 부른다. 스페인어 역시 이탈리아어와 유사한 용례를 보이는데 공공 박물관 및 미술관의 명칭으로는 'museo(카탈루냐어는 museu)'를 가장 많이 사용하고 'galería'는 미술관 또는 상업적인 화랑의 의미로 사용하며 박물관의 전시실을 지칭하는 용어는 역시 'sala'이다. 그러나 로마의 '보르게세 미술관Galleria Borghese'이나 피렌체의 '우피치 미술관Galleria degli Uffizi' 또는 '아카데미아 미술관Galleria dell'Accademia'에서 볼 수 있듯이 이탈리아어에서는 미술관의 의미로 'galleria'를 좀 더 빈번하게 사용하는 반면에 스페인어에서 'galleria'는 마드리드의 '가우디 미술관Galería de Arte Gaudí'과 같이 미술관의 명칭으로 쓰이기는 하지만 그 보다는 화랑으로서의 의미가 더욱 강한 것으로 보인다. 독일어의 경우 박물관은 'Museum'으로 미술관은 'Kunstmuseum'으로 구별하여 표기하는 것이 일반적이며 박물관 내의 전시실은 'Raum' 또는 'Halle'를 사용한다.

2. 동양박물관의 명칭

한·중·일 세 나라에서 공통적으로 쓰이는 '박물관博物館'이라는 명칭은 'museum'이라는 서양의 용어를 한자어로 번역한 것이다. 동양 3국에서 '박물관'이라는 용어가 처음 등장한 것은 19세기에 일본에서였다. 당시 서양 열강의 개국 요구를 거절하고 있던 일본은 미국 페리 제독의 함포외교에 굴복하여 1854년에 미일화친조약을 체결하였고 이어 다른 서양의 열강들과도 차례로 조약을 체결하였다. 이 과정에서 막부 세력과 존왕양이를 내세우는 세력 사이에 갈등이 일어나 소위 '메이지유신明治維新'으로 불리는 왕정복고가 이루어졌다. 메이지 정부는 불평등조약을 개정하고 서양의 문물을 견학하기 위하여 서양 각국에 구미사절단을 파견하였다. 일본 정부는 1860년에 미국으로 첫 사절단을 파견했는데 당시 미국을 방문했던 일본 사절단은 워싱턴시에서 '특허국Patent Office'과 '스미소니언 박물관Smithsonian Institute'을 관람하였다. 이후 사절단은 보고서에서 위의 기관들을 설명하기 위하여 '박물원博物院' 등의 용어와 함께 '박물관博物館' 이라는 명칭을 사용하였다(강민기, 2002). 당시 사절단의 일원이었던 야나가 와 마사키요柳川当清의 일기에는 특허국과 스미소니언 박물관의 경관이 다음과 같이 묘사되어 있다.

[미국 특허국] 5월 2일 맑음

오전 10시경 호텔을 나와 2/3마일쯤 걸어서 거대한 빌딩에 도착했다. 미국 정부가 건설한 빌딩이었다. 다양한 나라에서 온 각종 옷가지와 새, 동물, 풀, 나무, 가구, 여러 특이한 물품들, 신발, 샌달, 농기구들이 전시되어 있었다. … (Yanagawa, 1937: 55)

[스미소니언 박물관] 5월 7일 맑음

12시가 지나서 산책에 나섰다. 반마일쯤 걷자 신전과 같은 모습의 건물에 도착했다. 이 건물은 넓은 대지에 크게 지어졌다. … 다른 방에는 외국의 금, 은, 구리, 철 표본이 진열되어 있었다. 일층으로 내려갔다. 그곳에서 우리는 전에 방문한 다른 박물관에서보다 훨씬 다양하고 특이한 전시들을 볼 수 있었다. … (Yanagawa, 1937: 58)

그러나 사절단의 보고서나 일기는 당시 일본사회에 널리 공개되었던 자료가 아니었기 때문에 일본어에서 '하쿠부츠칸博物館'이라는 용어가 정착하게 된 데에는 일본의 사상가인 후쿠자와 유키치福澤諭吉의 영향이 더 컸다고 보인다. 후쿠자와는 막부의 견외사절遣外使節로 미국과 유럽의 여러 나라를 방문하고 그의 경험을 집필하여 1866년에『서양사정西洋事情』을 출간하였다. 이 책에서 후쿠자와는 '박물관博物館'을 별도의 항목으로 분류하여 "전 세계의 특산물과 옛날 물건, 진귀한 물건을 모으고 사람에게 보여 견문을 넓히기 위하여 만든 것"이라고 정의하고 있다(ソシェ, 2009[1866]: 48).『서양사정西洋事情』이 발간 당시 20만부 이상 팔린 사실로 보아 이 책을 통해 박물관이라는 명칭이 일본에서 일반인에게까지 널리 알려진 계기가 된 것으로 보이며, 이후 1872년에 발간된『英和大譯辭書』에서 'museum'이라는 단어가 '博物館'으로 번역되어 사전에 실리게 됨으로써, 박물관이 일반적인 용어로서 일본어에 자리를 잡은 것으로 보인다(강민기, 2002).

일본의 구미사절단이나 후쿠자와 유키치가 사용한 박물관이라는 용어는 외국의 사례를 소개하는 문헌상 '개념'으로서의 박물관이었다. 그러나 1871년에 동경 유시마성당湯島聖堂의 대성전을 문부성박물국의 박물관으로 전환하면서 일본 최초의 박물관이 등장하게 되는데(최석영, 2008a), 이는 동양에서 '박물관'이라는 명칭을 부여한 기관을 설립한 첫 사례라고 볼 수 있을 것이다. 이후 '문부성박물관文部省博物館', '농상무성박물관農商務省博物館' 등 박물관의 종류와 그 주관기관이 증가하자 당시 일본의 최고국가기관이던 태정관太政官은 1882년에 내무성 소관의 박물관만을 '박물관'으로 부르고 그 외의 박물관들은 반드시 그 명칭 앞에 지명이나 다른 문자를 붙여 사용하도록 지시하였다(최석영, 2008a). 그 결과로 당시 우에노上

野에 위치했던 '궁내성박물관宮內省博物館'만이 유일하게 보통명사인 '박물관'으로 불리게 되었으나 이후에 일본 왕실의 관리 아래에 들어가면서 '도서료부속박물관圖書寮附屬博物館'으로 그 이름을 바꾸게 되었다. 1889년에 「대일본제국헌법」이 발효되자 '도서료부속박물관'은 다시 그 명칭을 '제국박물관帝國博物館'으로 바꾸었다. 그러나 1900년에는 이 박물관이 국가에 속한 것이 아니라 일왕가의 개인 재산이라는 문제가 제기되었고 그 소속을 분명히 하고 일왕가의 위엄을 높이려는 목적으로 박물관의 명칭을 '제실박물관帝室博物館'으로 바꾸었다. '제실박물관'이라는 명칭은 패전 후에도 계속 유지되다가 1946년에 「일본국헌법」이 공포되자 '국립박물관國立博物館'으로 인계되며 사라지게 되었다(최석영, 2008a).

앞서 보았듯이 '박물관博物館'이라는 용어는 19세기에 일본인들이 미국에서 본 새로운 개념의 기관에 한자 명칭을 부여하기 위해 '박물博物'이라는 단어에 '건물館'을 더하여 새로 만든 것이다(서원주, 2007). 그러나 '박물博物'이라는 유단어의 어원은 그보다 시기적으로 훨씬 앞선 중국의 고전에서 찾아볼 수 있다. 3세기 중국 서진西晉의 장화張華는 당시 지리와 풍속, 인물, 산물 및 동식물에 대한 자료를 집대성하여 『박물지博物志』를 펴냈는데(임동석, 2004), 그 내용을 볼 때 이 책은 현대적 의미에서 백과사전에 가까우며 여기에서의 박물은 '많은 사물'로 해석할 수 있다. 그러나 중국에서 가장 오래된 자전으로 알려진 『이아爾雅』의 「서문爾雅序」이나 『춘추좌전春秋左傳』의 「소공원년昭公元年」 편에서 볼 수 있듯이 중국 고전에서 '박물博物'이라는 단어의 개념은 '많은 사물'이라는 의미보다는 '너른 지식'이라는 의미로 사용되었다(서원주, 2007).

각국 사전에 기재된 '박물'의 뜻을 살펴보면 중국 고어사전인『古代汉语词典』에는 박물博物의 의미가 "여러 일을 훤하게 깨달아 앎"으로 먼저 설명되고 다음에 "온갖 사물"로 설명이 되어있다(古代汉语词典编写组, 2002: 108). 또한 현대 중국어 사전인『中韩词典』에는 그 의미가 "박식博識하다. 두루 많이 알다" 또는 "동물·식물·광물·생리 등 학과學科의 총칭"이라고 정의되어 있다(康寔镇, 2001: 177). 중국어 대사전인『汉语大词典』에는 박물博物의 의미가 세 가지로 정의되어 있는데 첫째로 "여러 일을 훤하게 깨달아 앎", 둘째로 "온갖 사물을 가르킴" 그리고 "학과의 총칭"이라고 설명이 되어있다(罗竹风, 1990: 910). 한국어 사전에서도 '박물博物'의 의미는 중국어와 유사하게 나타나는데 "여러 사물에 대해 두루 많이 앎", "여러 사물과 그에 관한 참고가 될 것들", "박물학의 준말"이라고 나와 있어 그 의미를 '지식', '사물' 그리고 '학문'의 세 가지 분야로 나누어 볼 수 있다 (한글학회, 2005; 서덕수, 2004; 동아국어사전연구회, 1990).

　　일본어의 경우를 보면 일본어 사전 중『角川新字源』은 '박물博物'이 의미를 "많은 사물에 정통함" 또는 "여러 가지 사정"이라고 정의하고 있다 (小川環樹, 1975 : 142).『広辞苑』의 경우에는 그 정의가 "많은 사물에 정통함", "만물박사" 또는 "박물학의 약칭"이라고 되어 있다(新村出, 1998 : 2129). 총 13권으로 이루어진『日本国語大辞典』에는 '박물博物'의 의미에 대해 더욱 자세히 나와있는데 "사물을 널리 아는 것", "박물학의 준말", "메이지明治, 다이쇼大正시대 및 쇼와昭和시대 초기까지 소학교와 중학교에서 동식물 및 광물에 대한 내용을 가르치던 학과의 이름"이라는 세 가지 의미가 기재되어 있다(日本大辞典刊行会, 2001: 1047). 여기서 주목할 점은 중국어나 한국어와는 달리 일본어 사전에는 박물博物의 의미로서 '많은 사물'이 등장하지 않는다는 것이다. 그렇다면 19세기에 일본인들이 박물 관이라는 용어를 새로 만들어내면서 '박물'의 의미를 '많은 사물'로 사용 했다기보다는 '너른 지식'으로 사용했다고 생각하는 편이 논리적일 것이 다. 또한 이러한 추정이 사실이라면 박물관을 '사물' 중심의 기관으로 이 해하기 보다는 '지식' 중심의 기관으로 이해하는 것이 그 어원에 부합하 는 접근방법일 것이다(서원주, 2007).

한편 우리나라에서 박물관이라는 용어가 처음 등장한 것은 강화도조약 이후 1876년에 일본에 수신사修信使로 파견되었던 김기수가 『일동기유日 東記游』와 『수신사일기修信使日記』라는 책에서 일본의 박물관을 언급하면 서부터이다(강민기, 2002). 『수신사일기』에는 '박물관'에서 "고금의 기이한 물건"과 동식물 등의 "살아있는 것"을 관람하였다는 대목이 나오며, 『일 동기유』에는 '박물원博物院'에서 본 여러 물건들에 대한 언급이 나온다(강 민기, 2002). 이후 1881년에 일본에 파견되었던 조사시찰단朝士視察團이 당 시 동경에서 개최 중이던 제2회 '내국권업박람회內國勸業博覽會'와 박물관 을 견학하고 남긴 보고서에 의하여 박물관이란 기관의 기능과 그 관련법 규 등이 국내에 자세히 소개되었다(강민기, 2002). 이후 신문과 각종 서적을 통하여 박물관이라는 용어가 일반인들에게 널리 알려지기 시작했고 1889 년에 출간된 『서유견문西遊見聞』의 저자인 유길준과 수신사修信使로 일본 에 다녀온 박영효 그리고 보빙사報聘使로 미국에 다녀온 민영익 등이 자 신의 저서를 통하여 외국의 박물관을 소개하고 이를 국내에 도입할 것을 주장하였다.

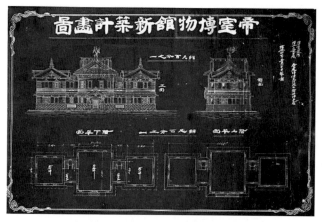

〈도 3〉 대한제국 제실박물관 본관 설계도 청사진 출처: 연합뉴스

  우리나라 최초의 근대 박물관은 대한제국 시대인 1909년에 개관되었는
데 처음에는 별도로 건물을 짓지 않고서 창경궁 내에 있던 기존의 건물
을 활용하였다. 이 박물관의 초기 명칭은 '제실박물관帝室博物館'으로서
당시의 신문에서 그 자취를 찾아볼 수 있는데 1908년 1월 9일자『대한매
일신보』에는 "궁내부에서 본 년도부터 제실박물관, 동물원과 식물원을
설치할 계획으로 목하에 조사하는 중"이라는 기사가 실렸으며, 1908년 2
월 19일자『황성신문』에는 "제실박물관을 설립한다 함은 이미 보도하였
거니와 그 목적인즉 국내 고래의 각도, 고미술품과 현 세계에 문명적 기
관 진품을 수취, 공람케 하여 국민의 지식을 계몽케 함이라더라"라는 기
사가 게재되었다(한국 박물관100년사 편찬위원회, 2009a: 11). 1912년에는 창경궁
자경전慈慶殿 터에 새로 3층 건물을 지어 박물관의 본관으로 사용하였는
데 그 설계도는 위의 〈도 3〉에서 볼 수 있다.

그러나 국권이 일제에 의해 침탈되면서 '제실박물관'은 1911년에 '이왕가박물관李王家博物館'으로 격하되었고 1938년에 덕수궁으로 이전하면서 명칭이 '이왕가미술관李王家美術館'으로 바뀌며 다시 한 번 격하되었다(한국박물관100년사 편찬위원회, 2009a: 12). 그러나 제실박물관이라는 명칭도 당시 일본에서 이미 사용되던 것으로 일본에서는 1900년부터 1946년까지 전국의 국립박물관에 제실박물관이라는 명칭을 사용하였다(최석영, 2008a). 따라서 제실박물관이라는 명칭은 대한제국과 그 황실의 격식에 부합하는 명칭으로서 부여되었다기보다는 1905년의 을사늑약 이후 조선통감부의 고문통치를 통해 내정이 간섭받던 상황에서 당시 일본 박물관의 제도와 명칭이 그대로 도입되었다고 보는 편이 정확할 것이다. 당시 '이왕가박물관'은 '이왕직李王職'이라는 조직에 의해 관리되고 있었는데 이 조직의 직원들은 대부분 일본인으로 이루어져 있었다(국성하, 2007). 이후 일제강점기를 통하여 '이왕가박물관'은 '창덕궁어원박물관昌德宮御苑博物館', '창경원박물관昌慶苑博物館', '이왕직박물관李王職博物館' 등 다양한 이름으로 불리게 되었다. 이외에도 1915년에는 일제가 설립한 '조선총독부박물관朝鮮總督府博物館'이 개관하였고 그 산하에 경주분관과 부여분관이 있었다.

1920년대부터는 대학과 개인들도 '박물관'을 설립하기 시작하여 1928년에는 '연희전문학교박물관', 1934년에는 '보성전문학교박물관' 그리고 1935년에는 '이화전문학교박물관'이 개관하였고 1924년에는 '조선민족미술관朝鮮民族美術館'과 같은 사립박물관이 등장하였다(한국 박물관100년사 편찬위원회, 2009a). 당시에는 '부산상품진열관釜山商品陳列館'이나 '경상남도물산진열소慶尙南道物産陳列所', 평양의 '상품진열소商品陳列所', 지금의 청진시인

〈도 4〉 부산상품진열관Fusan Commercial Museum　출처: 집필자 소장자료

함경북도 나남의 '나남진열관羅南陳列館'에서 볼 수 있듯이 '박물관'이나 '미술관' 이외에도 '진열관陳列館' 또는 '진열소陳列所'와 같은 용어가 전시 기관의 명칭으로 사용되었으며 영어로 'museum'이라고 표기되었다. 간송 전형필은 한국인으로서는 처음으로 1938년에 사립박물관인 '보화각葆華閣'을 설립하였으나 그의 사후인 1966년에 '간송미술관澗松美術館'으로 명칭이 바뀌면서 비로소 '미술관'이라는 명칭으로 불리게 되었다. 앞서 살펴본 바와 같이 19세기에 문헌상으로만 쓰이던 '박물관'이라는 용어는 20세기에 들어와 우리나라에 실재하는 기관의 명칭으로서 사용되기 시작했다.

1945년의 광복 이후에 남북이 분단되면서 남한과 북한은 각자의 정치제도에 따라서 박물관을 설치·운영하였으나 '박물관'이라는 명칭은 양측이 모두 계승하여 사용하였다. 남한은 1945년 12월 3일에 '국립박물관'을 개관하였고 1949년 12월 12일에 대통령령으로 국립박물관과 국립민족박물관을 개관하였다(한국 박물관100년사 편찬위원회, 2009a). 한국전쟁 이후 기존의 국립박물관은 1969년에 덕수궁에서 통합되었다가 1972년 경복궁의 새 건물로 이전하면서 '국립중앙박물관'으로 확대·개편되었다. 1970년대부터는 경주, 부여, 공주에 있었던 기존의 지방 국립박물관 이외에도 국립박물관을 신축하여 각 도마다 한곳 이상의 국립박물관을 설치하였다. 동시에 수많은 사립박물관 및 대학박물관이 건립되면서 2013년 현재 약 1,000여 개의 박물관이 운영되고 있다. 박물관의 정의를 살펴보자면 1984년에 제정된 「박물관법」에서 박물관을 정의한 바 있으나 1991년에 이 법이 폐지되었고 이를 대체하여 「박물관 및 미술관 진흥법」이 제정되어 오늘에 이르고 있다. 이 법은 박물관을 "문화·예술·학문의 발전과 일반 공중의 문화향유 증진에 이바지하기 위하여 역사·고고·인류·민속·예술·동물·식물·광물·과학·기술·산업 등에 관한 자료를 수집·관리·보존·조사·연구·전시·교육하는 시설"로 정의하고 있다(최석영, 2008b : 425).

북한의 경우에는 1945년 12월 1일에 처음으로 박물관이 창립되었는데 당시에는 '평양박물관' 또는 '시립박물관'으로 불리었으나 1947년 2월에 '조선중앙력사박물관'으로 이름이 바뀌었다(장경희, 2009). 이후 다른 지역에도 박물관이 설립되어 1947년에는 청진과 함흥, 신의주, 향산에 '력사박물관'을 설립하고 1948년에는 평양에 '조선미술박물관'을 1949년에는 사리원과 해주에 '력사박물관'을 건립하였다(장경희, 2011). 한국전쟁 이후에도 박물관의 건립이 계속되어 총 13곳의 지방 '력사박물관'과 300여 곳의 기타 국·공립박물관이 설립되었다(장경희, 2011). '박물관'에 대한 정의의 측면에서 보자면 북한의 경우 박물관의 기본적인 기능에 있어서는 남한과 그 해석이 유사하나 박물관 소장품의 범위에 사회주의 이데올로기

를 반영하여 박물관을 "혁명사적이
나 해당한 분야의 력사적 유물, 기념
품이나 예술작품, 그밖의 자료들을
모아서 정리하여 일정한 체계에 따
라 전시하고 사람들에게 보여주는
기관"으로 규정함으로써 박물관의
의미를 '혁명'과 연관시키는 경향을
나타내고 있다(문영호 외, 2010: 585).

일본과 한국의 경우 'museum'이
란 명칭이 '博物館(박물관, 하쿠부츠칸)'
또는 '美術館(미술관, 비쥬츠칸)'이라는

〈도 5〉 중국 남통박물원 기념우표
출처: 집필자 소장자료

용어로 비교적 통일되어 사용되고 있는 것에 비해 중국어의 경우는
'museum'의 번역어로서 박물원博物院, 박물관博物館, 진장고완소珍藏古玩所,
보장寶藏 등 다양한 단어가 등장했다가 현재 그 중에서 '博物院(보우위안)'
과 '博物館(보우관)'이 가장 보편적으로 사용되고 있다. 중국에는 19세기
중후반부터 상해와 같은 해안도시를 중심으로 서양인들이 설립한 박물관
이 등장했는데 1868년에 설립된 '서가휘박물원徐家彙博物院'이나 1874년에
설립된 '아주문회박물원亞洲文會博物院'을 그 예로 들 수 있다(오일환, 1998).
1870년대부터는 '경사동문관京師同文館'이나 '철감파리방鐵嵌玻璃房'과 같
이 중국인이 설립한 박물관이 등장하지만 현재 사용하는 'museum' 관련
용어를 기관의 명칭으로 사용하여 중국인이 건립한 최초의 박물관으로는
청나라의 실업가이자 교육자인 장건張謇이 1905년에 설립한 남통박물원

南通博物苑을 들 수 있다.

중국의 경우도 한국이나 일본과 마찬가지로 국내에 박물관이 설립되기 이전에 문헌을 통하여 관련 용어가 먼저 도입되었는데 왕도王韜가 서양을 유람 한 후 1867년에 저술한 그의 책 『만유수록漫遊隨錄』에서 서양의 'museum'을 처음으로 소개하면서 '박물원博物院'이라는 용어를 사용하였다(오일환, 1998). 그러나 『만유수록』에서 '박물원'이라는 용어가 소개되고 4년이 지난 1871년에 발간된 북경어판 중영어휘사전 『Chinese and English Vocabulary in the Pekinese Dialect』에는 아직 'museum'에 해당하는 중국어 단어가 기재되지 않았다(Stent, 1871). 해당 단어가 처음으로 사전에 등장하는 것은 그로부터 다시 17년 후인 1888년에 발간된 『화영자전집성華英字典集成』으로 보이며 'museum'이 '박물원博物院'으로 번역되어 기재 되었다(鄺其照, 1888 : 217). 『화영자전집성』 이후 발간된 중국어 사전에는 'museum'과 관련된 용어가 꾸준히 나타나기 시작하는데 1907년에 발간된 중한사전 『화영성어합벽자집華英成語合璧字集』과 1909년에 발간된 중국어음절사전 『Syllabic Dictionary of the Chinese Language』에도 'museum'에 해당하는 중국어로서 '박물원'이 등재되어 있다(MacGillivray, 1907: 612; Williams, 1909: 661).

20세기 초 이후에 발간된 중국어 사전에는 'museum'의 번역어로서 다양한 용어들이 등장하기 시작하는데 1908년에 발간된 『English and Chinese Standard Dictionary』는 museum을 박물원博物院, 박물관博物館, 진열소陣列所, 진장고완소珍藏古玩所, 보장寶藏 등으로 번역하고 있고(上海顏惠慶, 1908: 1495), 1916년에 발간된 『영중관화사전』을 보면 'museum'을 진장고완소珍藏古玩所, 박물원博物院, 박물관博物館, 진열소陳列所, 진열관陳列館으로 번역하고있다(Hemeling, 1916: 907). 예외적인 경우로서 1890년경에 발간된 『English-Chinese Dictionary』에서는 museum을 '박물원' 또는 '백물원百物院'으로 표기하였고(Inolye, c.1890: 736), 1933년에 발간된 구어체표현사전 『English-Chinese Dictionary of Peking Colloquial』에서는 museum을 '진열소'와 '박람회博覽會'의 두 가지 의미로 번역하였다(Hillier, 1933: 512).

박물관을 체계적으로 분류한 사전들도 있는데 1931년에 발간된 『A Chinese-English Dictionary』는 박물원을 '자연사박물관'으로 한정하여 규정하고 있다(Mathews, 1931: 732). 또한 이 사전에는 '박물가博物家'라는 용어가 박물학자로 소개되어 있다. 이외에도 1927년에 발간된 『불중 도덕과학·정치학사전』은 박물관을 그 성격에 따라 자세히 나누어 번역하고 있는데 일단 "musée"는 "박물원(관)"으로 번역하여 두 용어를 같은 의미의 단어로 규정하였다. 이 사전이 소개하고 있는 'musée'의 자세한 용례는 다음과 같은데 "musée historique"를 "역사박물관", "musée pédagogique"는 "교육박물관", "local d'exposition(전시실의 의미)"의 뜻으로 사용되는 "musée"는 "진열소", "musée commercial"은 "상품진열소", "musée de peinture"는 "회화진열소"로 번역하였다. 또한 "Museum"이라는 단어를 별도로 기재하고 이를 "박물관"으로 번역하면서 그 예시로서 "The British Museum"을 "대영박물관"으로 소개하고 있다(Médard, 1927: 852).

20세기 중반 이래로는 중국과 대만 모두 박물관과 박물원을 같은 의미로 사용하고 있으며, 현대 중국어 사전의 정의를 살펴보면 두 용어의 의미에 별다른 차이를 두고 있지 않다는 것을 알 수 있다(고대민족문화연구소,

1993; 中文大辭典編纂委員會, 1973). 그러나 두 용어가 같은 장소에서 동시에 사용되고 있는 경우를 보면 두 단어가 현실적으로는 서로 다른 함의를 가지고 있다는 것을 알 수 있다. 예를 들어 섬서성陝西省 서안시西安市에 위치한 서안박물원西安博物院의 경우 박물원 경내에 서안박물관西安博物館이라는 별도의 건물이 있고 그 외에도 정원과 호수, 소안탑小雁塔이 있는 것으로 보아 박물원이 박물관을 포함하는 상위 개념의 의미로 사용된 것을 알 수 있다.

또한 중국 강소성江蘇省의 성도省都인 남경南京에는 성省정부가 건립한 남경박물원南京博物院이 있지만 시市정부가 건립한 남경시박물관南京市博物館이 별도로 존재한다. 이 두 곳은 서로 독립적인 공립박물관으로서 남경박물원은 '강소성박물관'의 역할을 하고 남경시박물관은 '남경시역사박물관'의 역할을 하고 있다(김태식, 2012). 남경박물원은 역사가 1933년까지 거슬러 올라가 남경에 수도를 두었던 중화민국 정부가 설치한 국립중앙박물원주비처国立中央博物院筹备処의 후신으로서 70,000㎡의 부지에 건평 35,000㎡로 중국에서도 손꼽히는 대규모의 박물관이며 구황실 소유의 보물과 예술 작품 위주의 소장품 400,000 점을 소장하고 있다(南京博物院, 2013). 반면에 남경시박물관은 1978년에 건립되어 남경시의 역사와 관련된 유물 및 최근에 발굴된 유물을 중심으로 전시를 하고 있는데 소장품도 약 100,000 점에 지나지 않으며 건물의 규모도 남경박물원에 비해 작은 편이다(南京市博物館, 2013).

따라서 비록 두 용어가 사전적으로는 같은 의미로 정의되고 있지만 그 용례를 자세히 살펴보면 박물원의 경우가 박물관보다 좀 더 규모가 크거나 역사적으로 의미가 있다는 느낌을 주는 듯하다. 이 밖에도 일부에서는 행정계급의 차이를 들어 박물원은 청국급厅局级, 박물관은 처급处级으로 분류하기도 한다. 현재 중국의 행정계급은 성부급省部级, 청국급厅局级, 처급处级 등의 순위로 나누어지기 때문에 이러한 구분에서도 박물원이 박물관보다 상위 기관이라고 볼 수 있다.

　지금까지 서양과 한·중·일 동양 삼국에서 '박물관博物館(museum)'이란 용어가 어떻게 만들어져서 사용되어왔는지 살펴보았다. 서양의 경우 17세기 계몽주의 시대에 수집과 전시를 통하여 대중에게 소장품을 공개하는 기관이 생겨나고 이에 이름을 붙이는 과정에서 '박물관museum'이라는 용어가 사용되었다면, 동양에서는 19세기에 서구열강과의 접촉을 통하여 서양에 이미 존재하던 'museum'을 개념적으로 소개하는 과정에서 그 명칭이 한자어로 '박물관博物館'이라고 번역되었고 이후에 이 용어의 정의에 부합하는 성격의 기관들을 자국 내에 설립하기 시작하였다. 역사적으로 '박물관'으로서의 기능을 하는 기관이 점진적으로 생겨나고 그 실체에 이름을 붙인 서양과 외국에 존재하는 'museum'이라는 제도를 소개하면서 명칭을 먼저 부여하고 그 개념에 부합하는 기관을 설립해온 동양은 박물관의 '명칭'과 '실체'라는 측면에서 본다면 서로 반대 방향으로 발전해 온 듯 보인다. 그럼에도 불구하고 17세기와 19세기에 각각 새롭게 등장한 근대적 기관의 명칭을 정하기 위하여 서양에서는 고대 그리스의 '무세이온mouseion'을 그리고 동양에서는 중국 고전에서 '박물博物'이라는 용어를 빌려왔다는 점을 고려한다면, 동서양 모두 고대로 돌아가서 그 명칭의 실마리를 찾고자 했다는 공통점을 가지고 있다고 말할 수 있을 것이다.

참고문헌

강민기, 2002, 「'博物館'이란 용어의 성립과정과 제도의 한국도입」, 『美術史學報』 제17집, 서울: 미술사학연구회, 33~58쪽.

고대민족문화연구소 편, 1993, 『現代 中韓辭典』, 서울: 고대민족문화연구소.

국성하, 2007, 『우리 박물관의 역사와 교육』, 서울: 혜안.

김태식, 2012, 「청자도 부흥을 뜁니다」, (http://blog.yonhapnews.co.kr/ts1406/post/page12/, 검색일 2012. 12. 18).

동아국어사전연구회, 1990, 『동아 새國語辭典』, 서울: 동아출판사.

문영호 외, 2010, 『조선말사전』, 평양: 과학백과사전출판사.

박소현, 2012, 『박물관 및 미술관 진흥법 개선방안 연구』, 서울: 한국문화관광연구원.

서덕수, 2004, 『교학 한국어사전』, 서울: 교학사.

서원주, 2007, 「동서양 '박물관' 명칭의 어원과 그 교육적 함의」, 『박물관교육연구』, 제1호, 한국박물관교육학회, 67~84쪽.

_____, 2010, 「서양 박물관(미술관)교육의 역사」, 최종호 외 저, 『한국박물관교육학』, 서울 : 문음사.

신동준 역, 2006, 左丘明, 『춘추좌전 3』, 서울: 한길사.

오일환, 1998, 「중국의 박물관: 형성과 발전을 중심으로」, 『古文化』 제52집, 서울: 한국대학박물관협회, 253~273쪽.

임동석, 2004, 張華, 『博物志』, 서울: 고즈윈.

장경희, 2009, 『평양 조선중앙력사박물관』, 서울: 예맥.

_____, 2011, 『북한의 박물관』, 서울: 예맥.

최석영 역, 2008a, 關秀夫(2005), 『일본 근대 국립박물관 탄생의 드라마』, 서울: 민속원.

최석영, 2008b, 『한국박물관 100년 역사 진단 & 대안』, 서울: 민속원.

최형주·이준영 편, 2001, 『이아 주소(爾雅 注疏)』, 서울: 자유문고.

한국 박물관100년사 편찬위원회 편, 2009a, 『한국박물관 100년사 - 본문편』, 서울: 사회평론.

_____, 2009b, 『한국박물관 100년사 - 자료편』, 서울: 사회평론.

한글학회 편, 2005, 『우리말 사전』, 서울: 글나래.

康寔镇·南德铉·李相度·张晧得 编, 2001, 『中韩词典』, 牡丹江: 黑龙江朝鲜民族出版社.

古代汉语词典 编写组 编, 2002, 『古代汉语词典』, 北京: 商务印书馆.

鄺其照, 1888, 『華英字典集成』, 上海: 商務印書館.

國立台灣博物館, 2012, 館史溯源 (http://www.ntm.gov.tw/tw/public/public.aspx?no=63, 2012. 11. 9).

南京博物院, 2013, 南京市博物馆简介. (http://www.njmuseum.com/zh/nb/nbgs.html, 2013. 1. 13.).

南京市博物馆, 2013, 南博紹介, (http://www.njmm.cn/default.php?mod=article&do=detail&tid=1, 2013. 1. 13.)

南通博物院, 2013. 本苑简介. (http://www.ntmuseum.com/shownews.asp?id=348, 2013. 1. 9)

マリオン ソシエ・西川俊作 編, 2009, 福澤諭吉(1866), 『西洋事情』, 東京: 慶應義塾大學出版會.

罗竹风 编, 1990, 『汉语大词典』, 上海: 汉语大词典出版社.

上海顔惠慶 編, 1908, 『English and Chinese Standard Dictionary』, 上海: 商務印書館.

小川環樹・西田太一郎・赤塚忠 編, 1975, 『角川新字源』, 東京: 角川書店.

新村出 編, 1998, 『広辞苑』, 第5版, 東京: 岩波書店.

日本大辞典刊行会 編, 2001, 『日本国語大辞典』 10, 東京: 小学館.

中文大辭典編纂委員會, 1973, 『中文大辭典』, 臺北: 中國文化大學出版部.

Aeschines, 1919(345 BC), 'Against Timarchus' in *The Speeches of Aeschines*, trans. C. D. Adams, Cambridge, Massachusetts: Harvard University Press.

Alexander, Edward P. and Mary Alexander, 1996, *Museums in Motion: An Introduction to the History and Functions of Museums*, 2nd ed., Walnut Creek, California: AltaMira Press.

Ashmolean Museum, 2011, 'History of the Ashmolean'
 (http://www.ashmolean.org/about/historyandfuture/, accessed 16 January 2013)

Bazin, Germain, 1967, *The Museum Age*, trans. Jane van Nuis Cahill, New York: Universe Books.

Casson, Lionel, 2001, *The Libraries in the Ancient World*, New Haven, Connecticut: Yale University Press.

Hemeling, K., 1916, *English-Chinese Dictionary of the Standard Chinese Spoken Language*(官話) *and Handbook for Translators*, Shanghai: Statistical Department of the Inspectorate General of Customs.

Hillier, Walter, 1933, *English-Chinese Dictionary of Peking Colloquial*, Shanghai: Kwang Hsüeh Publishing House.

Hornblower, Simon and Antony Spawforth(eds), 2003, *The Oxford Classical Dictionary*, 3rd ed.,

Oxford: Oxford University Press.

ICOM, 2007, *ICOM Statutes*.

(http://icom.museum/the-organisation/icom-statutes/3-definition-of-terms/#sommairecontentl, 21th January 2013).

Inolye, T. et al., c.1890, *English-Chinese Dictionary*, Unknown Publisher.

James, Vanessa, 2003, *The Genealogy of Greek Mythology*, New York: Gotham Books.

Jones, Henry Stuart, 1940, *A Greek English Lexicon*, Oxford: Oxford University Press.

Lewis, Charlton T and Charles Short, 1879, *A Latin Dictionary*, London: Oxford University Press.

MacGillivray, D., 1907, *A Mandarin-Romanized Dictionary of Chinese*(華英成語合璧字集), 2nd ed., Shanghai: Presbyterian Mission Press.

MacGregor, Arthur, 2001, *The Ashmolean Museum: A brief history of the Institution and its collections*, Oxford: Ashmolean Museum.

Mathews, R. H., 1931, *A Chinese-English Dictionary*, Shanghai: Presbyterian Mission Press.

Médard, Jules, 1927, *Vocabulaire Français-Chinois des Sciences Morales et Politiques*, Tientsin: Société Française de Librairie et d'Édition.

Robinson, Cyril E., 1929, *A History of Greece*, London: Methuen & Co.

Stent, George Carter, 1871, *Chinese and English Vocabulary in the Pekinese Dialect*, Shanghai: The Customs Press.

Williams, S. Wells, 1909, *Syllabic Dictionary of the Chinese Language*, Tung Chou: The North China Union College.

Yanagawa, Masakiyo, 1937, *The First Japanese Mission to America(1860): Being a Diary Kept by a Member of the Embassy*, trans. Fukuyama Junichi and Roderick H. Jackson, Kobe, Japan: J. L. Thompson and Co.

세계 각 지역에서 박물관 기능을 한 기관들

‖박윤옥‖

1. 시작하는 말

"박물관은 인류의 기억"이라고 메트로폴리탄뮤지엄의 관장이었던 필리페(Montebello, 2008)는 말했다. 박물관이 과거에만 집중하는 것은 아니지만, 인간의 다양한 삶과 그에 관련된 자료들 속에는 수많은 이야기가 들어 있다. 인류가 물건을 만들고 사용해 왔으며 그것을 지키고 보존해 왔기에 우리가 그 이야기를 들을 수 있는 것이다. 즉, 인류는 과거의 유물을 보전한 오랜 역사를 지니고 있으며, 박물관과 같은 기능을 한 컬렉션과 구조는 고대로부터 전세계에 존재하고 있었다(Ambrose and Paine 1993 : 6). 박물관의 실체가 한 가지 형태, 한 가지 운영방식만 있었다고 추측하는 일은 분명 잘못이다(Hooper-Greenhill, 1992). 박물관의 역사를 되돌아보면, 박물관의 실체는 계속 변화해 왔음을 알 수 있다.

아직도 박물관은 오래된 물건들을 진열해 놓는 건물로 생각되기도 한다. 서구에서 발전시킨 박물관의 아이디어를 적용할 때 이 같은 생각이 무리는 아니지만, 박물관은 시대와 장소에 따라 그 기능과 역할이 변화해 왔다. 특히 박물관의 기능은 수집·보존·연구·교류·전시·교육 등 기본적인 업무만이 아니라, 다양한 행사와 유·무형 유산의 활용, 관광에 이르기까지 더욱 다양해지고 있다. 박물관의 초기 유형에 대해 보다 세계적인 조사연구가 이루어진다면, 훨씬 더 다양하고 다채로웠던 박물관의 모습을 발견하게 될 것이다. 또 박물관에 대한 고정관념에서 벗어나 보다 창의적이고 지역의 특성을 지닌 박물관을 개발하는데 많은 도움이 될 것이다.

2. 유럽과 비서구 지역의 수집 관행

인간이 물건을 보전해 온 역사는 수집된 물건을 보관하고, 지키고, 연구하며, 보여주는 행위에 이르기까지 여러 활동이 함께 이루어졌음을 기록을 통해 알 수 있다. 오랜 역사의 수집 활동은 지금의 건물로 대표되는 박물관의 역사를 훨씬 앞서고 있다. 박물관의 기본 기능인 수집은 단순히 물건을 한데 모으기보다는 컬렉션을 형성하는 도덕적으로 책임 있는 중요한 문화 활동이며, 대개 장기간, 심지어 영원히 보유하고자 하는 야망에서 이뤄진다(MacDonald, 2006 : 83). 수집은 인간과 오브제objects 관계에 대한 특별한 관행으로, 컬렉션의 조합·보전·진열을 포함한 박물관이라는 아이디어에 기본이 되었다(MacDonald, 2006 : 81). 따라서 박물관의 역사는 다양한 시기와 장소, 수집 형태를 통해 확인된다.

제프리 루이스(Lewis, 2012)는 박물관이라는 아이디어가 발달한 것은 기원전 2천년경 메소포타미아의 라사로 보고 있다. 기원전 6세기 우르라는 바빌론의 도시에서 나온 고고학적 증거로 바빌론왕 네부차드네자르 Nebuchadnezzar II(c. 634~562 BC)와 나보니두스Nabonidus(556~539 BC 통치)가 당시 고고유물을 수집했으며, 거기에는 기원전 21세기를 보여주는 돌판과 골동품 컬렉션도 있었다. 고고학자인 울리경(Leonard Woolley, 1880~1960)이 그곳 박물관의 폐허를 발굴하면서 라벨이 붙어있는 돌판과 진흙으로 만든 드럼을 발견하게 되는데, 울리는 그 돌판을 박물관 라벨로 해석했다. 울리는 에니갈디가 박물관 유물을 이용해 지역의 역사를 설명하고 당시 왕조의 문화유산을 해석했다고 보고 있다(Britannica, 1997). 즉, 나보니더스의 딸이자 여사제인 에니갈디Ennigaldi-Nanna가 학교를 운영했고 교육을 목적으로 한 소규모 박물관이 있었다는 점을 시사한다(Lewis, 2012).

도서관이라고 부를 수 있는 컬렉션이 발달한 곳 중 하나는 이집트로, 기원전 2천년 즈음에 이집트 사원과 파라오의 궁정에는 다양한 주제의 책들이 있었다. 사원 도서관은 매우 광범위한 문학 및 종교 자료가 있었고, 궁정 도서관은 정부의 아카이브 이상의 기능을 했다. 특히 파라오 아케나톤Pharaoh Akhenaton(1353~1335 BC 통치)은 이집트의 수도인 텔 엘 아마르나에 대형 도서관을 세우고 인근 동맹군이나 속국이 그에게 바친 선물과 조공을 저장했다. 아케나톤도서관에는 그 당시 국제 공용어였던 설형문자로 쓰인 수많은 점토판이 있었는데, 발굴 당시 거기서 발견된 장서표(〈도

〈도 1〉 장서표
출처 : The Keeper of Egyptian Antiquities, the British Museum and the Egypt Exploration Society

1))는 외교적 책략에 대한 설형문자 기록 외에 다른 종류의 책들도 있었음을 시사한다(Metzger, 1990).

아시아 지역에서는 주로 과거와 과거의 인물들을 숭배하는 일로 오브제 컬렉션이 형성되었으며, 왕실의 예술품 컬렉션은 주로 궁전과 사원에 보전되었다(Lewis, 2012). 기원전 16세기경 상왕조에서 시작된 중국의 컬렉션은 기원전 3세기인 진왕조까지 발달하게 되었다. 이는 병마용으로 보호하고 있는 시안 근처의 진시황제의 무덤으로 입증되며, 진시황의 궁궐은 진귀하고 값진 물건들이 많이 있었다고 한다. 이후의 중국 황제들도 그림, 서예, 금속 공예, 옥, 유리, 도자기 등 예술을 장려했다. 한나라의 무제는 각 지방에 그림과 서예가 포함된 예술원을 세우고, 한나라 마지막 황제 헌제는 신하들의 초상화를 둔 갤러리를 세웠다.

8세기 일본 나라시에 세워진 동대사의 정창원을 보면, 절의 보물뿐만 아니라 왕실 보물 및 미술품도 보관했었다는 사실을 알 수 있다. 중세에 들어 사무라이 집안인 무가에서는 차茶가 유행하게 되면서 차 도구에 관계되는 자료들을 모아 장식하고 감상하는 기풍이 생겨 개인적인 수집이 늘어나면서 수집품의 범위도 넓어지기 시작하였다고 한다(이난영, 2003 : 67~8).

역사를 통해 알 수 있듯이, 우리나라도 이웃 나라와의 관계에서 선물이나 조공을 주고 받았으며 그러한 선물이나 조공으로 바친 물건은 귀중하고, 이국적이며, 보물로서 소중히 보관할 만한 것이었을 것이다. 우리나라에서도 이러한 보물을 보관한 것으로 보이는 천존고와 같은 보고들이 삼국시대에서 조선시대에 이르기까지 계속해서 존재했었음을 알 수있다. 특히 경주의 안압지는 진귀한 동물을 키운 동물원의 역할을 한 곳으로 보고 있으며, 식물원의 존재도 추정된다(이난영, 2003 : 20~24).

1) 고대 그리스 지역

오늘날 많은 학자들은 박물관의 기능과 어원이 고대 이집트의 알렉산드리아 무제이온Mouseion에서 연유한다고 말한다. 하지만 제프리 앱트(Abt, 2006 : 115~134)는 그 기원을 알렉산드리아의 박물관보다 앞선 기원전 340년대 중반에 아리스토텔레스가 레스보스섬을 여행한 데서 시작되었다고 본다. 그는 제자인 테오프라스터스Theophrastus(c. 372~278 BC)와 동행한 레스보스섬에서 식물 표본을 수집하고 연구하고 분류하기 시작했다. 또한 그는 리시움(학원)을 통해서 생물학과 역사를 체계적으로 연구하기 위해 조직된 학자와 학생들의 공동체를 설립했다. 리시움에는 뮤제이온이 포함되어 있었고 그 용어가 학문적 연구조사와 관련된 것도 이 시기로 보인다.

이후 프톨레미 소터 1세Ptolemy I Soter?(367~283 BC, 알렉산더대왕의 부하로 동방 원정에 종군, 알렉산더 사후에 이집트에서 왕조 설립)가 기원전 331년경 알렉산드리아를 건설하기 시작하면서 테오프라스터스의 리시움을 알고 있는 아테네의 전총독인 드미트리우스Demetrius Phalereus(c. 350~c.280 BC)의 도움을 받아 기원전 280년경 알렉산드리아 무제이온을 설립하게 된다. 도서관을 포함한 이 뮤제이온은 지식을 찬양하고 과학적 연구를 함양하기 위해 이집트 알렉산드리아에 세운 국가 후원의 조사연구기관에 해당되는 것으로, 문화유산의 물질적 증거를 보전하고 해석하는 기관이라기보다는 학자들의 대학과 도서관을 겸하는 대학의 원형에 가깝다(Lewis, 2012). 도서관에는 알렉산더 대왕이 수집한 파피루스 두루마리와 방대한 양의 그리스 필사본이 있었다. 프톨레미 필라델푸스Ptolemy Philadelphus는 부왕 프톨레미 1세의 뜻을 이어 받아 궁전에 조각상, 진귀한 동물, 기타 미술품, 서적 등 각종 수집품을 모아 들였다(이난영, 2008 : 4).

알렉산드리아 무제이온은 일차적으로는 학습을 목적으로 과학 및 철학·문학·예술 분야에 가장 훌륭한 학자들을 끌어들여 그들에게 연구조사 및 토의, 공연, 예술적 표현을 후원하기 위해 공간과 서비스를 제공했다(Demas, 2005). 기하학의 유클리드, 공학의 아르키메데스 등 훌륭한 학자들이 이곳 공동체에서 기거하면서 도서관, 강의실, 산책로, 식당, 해부 및 과학적 연구를 위한 실험실, 천체관측소, 식물원, 동물원 등을 이용했다. 이 박물관에는 의료기구, 천체기구, 동물가죽, 코끼리뼈, 조각상, 인물 흉상과 같은 오브제object가 수장되어 있어 가르치는 데 활용되었다. 따라서 박물관은 오랫동안 연구를 위한 장소이자 컬렉션collection의 보관소로 생각해 온 것이다.

〈도 2〉 고대 페르가몬
출처 : Wikipedia, 베를린 페르가몬뮤지엄 가이드 북

고대 그리스의 사원들은 금, 은, 청동 오브제, 조각상, 미니 조각상, 회화, 심지어 비상사태 시 쓸 수 있는 금괴 등의 봉헌물을 가지고 있었다. 특히 미술품은 공공의 재산으로 남아 있어 학자들뿐만 아니라 일반인들이 보고 즐길 수 있었다. 이 사원들은 봉헌된 제물, 조각상, 그림 등을 진열했으며, 특히 그림은 패널pinas에 그려져 있어서 그 컬렉션을 피나코네카pinakotheke라고 부른다(Alexander, 2008 : 4). 피나코네카는 고대 그리스나 로마의 그림 갤러리를 가리키는 것으로, 오늘날 미술관의 개념과 비슷한 것으로 볼 수 있다. 이는 신들을 숭배하기 위한 명판이나 그림을 둔 곳으로, 기원전 5세기 아테네의 아크로폴리스에 있는 프로필리아에 세워졌다. 프로필리아는 아크로폴리스 고원으로 들어가는 입구를 둘러싸고 있는 매우 웅장한 건물로, 동쪽 부분에 그림을 보유하고 있었다. 그림 패널은 남쪽의 두 개의 창문으로부터 빛을 받았고 각각 셔터로 보호되었다.

기원전 228년경 소아시아의 페르가몬Pergamon(〈도 2〉)에도 알렉산드리아의 무제이온과 유사한 도서관 및 학문 공동체가 있었다. 아탈리드왕조의 시조인 아타로스 1세Attalos I(241~197 BC)의 페르가몬 무제이온은 자신이 통치하고 정복한 땅에서 수집한 조각상과 그림으로 전성기를 누리며, 도서관에는 20만권의 장서를 보관했다는 기록도 전해진다(이난영, 2008 : 4). 이들 중 몇몇 미술품은 페르가몬의 야외 공간에 설치해 두었으며, 다른 작품들은 갤러리와 같은 무대에 두어 그 곳 장인들이 모방할 수 있도록 보존했을 것이다(Hansen 1971, Abt 2006 : 117에서 재인용). 페르가몬왕국의 에우메네스 2세Eumenes II(197~159 BC 통치)가 남긴 가장 위대한 치적 중 하나는 도서관을 확장시킨 것인데, 로마의 안토니우스Marcus Antonius(40~30 BC 통치)가 페르가몬도서관을 약탈해 클레오파트라에게 선물로 주었다고 한다.

2) 고대 로마 지역

2세기경에 이르러 알렉산더 대왕의 제국이 무너지면서 로마의 정복자들은 폐허가 되고 망각되어 버려진 고대의 도시와 사원들을 거의 다 약탈하였고, 게다가 그것을 복제하여 자신의 부와 교양을 과시하려고 했다. 그리스의 힘과 영향력이 로마로 옮겨지는 동안 헬레니즘의 미술품 및 역사 유물을 습득하고자 하는 동기와 오브제 이용에 흥미로운 변화가 생긴다. 즉, 고대 그리스의 미술품과 고대 유물은 종교적 경외의 대상인 오브제로서 기여하다가 정복의 트로피와 문화 숭배로 변한다(Abt, 2006 : 117).
로마의 팽창 정책으로 정복한 나라로부터 약탈한 조각상과 그림이 도착하면서, 그리스 조각상은 로마의 신축 건물과 기념탑의 외관을 장식하는데 이용되었다. 폴리트(Jerome Pollitt, 1978 : 157, Abt, 2006 : 117에서 재인용)의 말을 빌리면, "로마는 그리스 미술의 박물관이 되었다." 세계를 제패한 로마는 그들이 정복한 각 지역의 미술품, 진귀한 동식물, 각종 전리품 등을 수집하여 초기에는 사원이나 포럼, 공공 정원, 극장, 목욕탕 등 공중의 출입이 빈번한 장소에 진열했다. 공공 도서관에는 아름다운 미술품 컬렉션이 진열되어 있었으며, 미술관도 일반인에게 개방되었다. 또한 그리스와 마찬가지로 그림 갤러리인 피나코테카가 번성했었다. 후에 로마의 장군, 정치가, 부유한 귀족들은 그런 오브제로 자신들의 시골집을 장식했다. 즉, 로마인들이 그리스의 조각상과 기타 귀중한 오브제를 흡수해 로마의 시각적 문화와 일상생활로 만들어 버렸다(Abt, 2006 : 117).

로마의 하드리안황제Hadrian(76~138 AD)는 시와 자서전을 쓸 정도로 지적이고 예술을 좋아했으며, 특히 건축에 조예가 깊었던 인물로서, 2세기경 티볼리Tivoli에 빌라(〈도 3〉)를 세웠다. 그 빌라는 알렉산드리아식 정원으로, 궁전, 극장, 공중목욕탕, 사원, 도서관 등 30여 채가 넘는 크고 작은 건물들을 두었다. 이는 황제가 로마제국 하에 있던 여러 나라를 여행하면서 보았던 다양한 건축형태를 재현하고 있으며 그곳들의 이름을 따서 지었다. 예를 들면, 아테네의 학원 리시움, 테살리의 템피 계곡, 이집트 델타의 카노푸스 등이다. 이 빌라에서 많은 아름다운 유물들이 발굴되었는데, 대리석상, 바다 극장Maritime Theater과 목욕탕의 모자이크, 이집트 스타일의 로마 신상들이 있었다. 바다 극장에서는 시와 음악, 그리스 비극을 본뜬 연극 공연이 거의 매일 이뤄진, 2세기 초 로마 예술의 전당이기도 했다. 인공호수 주변에는 바다의 신 포세이돈과 그리스 여신, 악

〈도 3〉 하드리안빌라, 출처 : The World Heritage Collection

어 조각상이 늘어서 있다. 일종의 야외박물관open-air museum으로 불 수 있다(Lewis, 1984 : 8).

일찍이 로마인들이 그리스 조각상으로 자신들의 공공장소를 장식하게 된 헬레니즘 문화에 대한 숭배는 후에 기독교의 도래로 복잡해진다. 5세기 초 데오도시우스 2세Theodosios II(402~450) 하의 귀족이었던 라우서스 Lausos(c. 400-c. 450 AD)는 동방의 사원들에서 고대 조각상 컬렉션을 약탈해 콘스탄티노플에 전시하게 된다. 신실한 기독교인으로 알려진 라우서스에게 있어 그리스의 이방신 조각상 수집은 감정에 치우치지 않은 순전히 미적·역사적 배경에서 나왔을 것이다(Basset 2000). 라우서스궁은 방대한 양의 영웅과 신화 속의 인물들의 조각상 컬렉션으로 유명했는데, 그 중에서도 가장 뛰어난 것은 올림피아의 제우스상과 아프로디테상이며, 사모스의 헤라상, 린도스의 아테나상, 에로스상과 카이로스상 등이라고 알려져 있다. 라우서스 컬렉션은 개인 컬렉션이었지만, 데오도시우스의 정책과 함께 기독교에서 헬레니즘 전통을 표현하기 위해 공공장소에 진열되었다. 이는 그리스 미술품들을 숭배로서가 아니라 예술적 가치로 봐야 하고 따라서 일반인들이 자주 볼 수 있도록 개방한 것이다(Abt, 2006 : 119).

3) 중세 유럽 지역

중세 유럽에서는 기독교가 수집의 초점이 되면서 성당, 교회, 수도원 등은 종교 유물, 보석, 귀금속, 진귀한 필사본, 직물 등의 보관소가 되었다. 미술품은 더 이상 세속적인 가치나 탐미의 대상이 아니라 종교적 기능을 가진 교회의 보물로서 신을 찬미하는 수단으로 변했다. 각 수도원에는 종교 미술품을 비롯하여 십자군전쟁을 통해 비잔틴 제국과 아랍에서 노획한 진귀한 전리품을 수집 보관하는 박물관과 비슷한 보고寶庫가 설립되었다. 특히 유럽의 십자군 원정은 성지 예루살렘의 탈환이라는 대의명분 못지않게 성물 수집에 열을 올리면서, 그들의 전리품으로 인해 교회의 컬렉션뿐만 아니라 개인 컬렉션도 늘어나게 되었다. 즉 종교적 성골함monastic reliquaries과 대성당의 성구실cathedral sacristies들을 박물관으로 지칭하면서, 많은 종교적 유물 및 유품, 예술품, 골동품을 소장하기 시작하였다(김형숙, 2001 : 11). 순수 미술을 수집한 증거도 많이 있었지만 컬렉션의 목적은 종교적인 동기가 우선이었으며, 컬렉션은 전쟁의 전리품으

〈도 4〉 성마르코성당 복제 청동말상
출처 : wikipedia

로 형성되었다(Lewis, 2012).

특히나 기독교 성물의 형태를 띠고 있는 컬렉션은 교역에 있어 중요한 물품이었다. 827년 베니스의 상인들이 이집트의 알렉산드리아에서 마크(성경 마가복음의 저자)의 시체를 훔쳤는데, 베니스교구의 창시자로 알려져 있는 마크의 시체를 갖게 되자 그 지역에 이를 숭배하는 풍조가 성행했다. 여러 세기가 지나면서 실제로 예수가 매달렸던 십자가, 그리스도의 성스러운 피, 가시 왕관 등 그리스도와 관련된 많은 훌륭한 유물들, 그 외에 세례 요한, 성 조지 등 많은 성인들의 유물이 성마르코 성당으로 들어와 보고에 저장되었다. 1204년 콘스탄티노플을 약탈한 후, 성마르코 성당은 유명한 청동말상(〈도 4〉)을 비롯해 콘스탄티노플의 교회, 궁전, 광장 등을 장식했던 많은 약탈물 및 대리석으로 화려하게 꾸미게 되었다(Klein, 2012). 이러한 컬렉션은 종교적인 목적으로 쓰이는 것 외에 군주와 도시, 국가의 세속적 권위를 강조했다(Giebelhausen, 2006 : 224).

중세에도 컬렉션은 군주와 교회의 주된 특권이었으며, 그 전 시대와 다르지 않게 부호나 귀족들이 많은 미술품들을 수집하여 예술가와 학자들에게 공개되기도 하였다. 유럽에서는 각 수도원이 박물관 역할을 하면서 기독교 미술을 수집·보관·전시하여 선교에도 활용하였다. 또한 미술품은 연구대상으로, 수도사들이 고대 그리스나 로마의 수집품들을 연구하기도 했다(김형숙, 2001 : 11). 십자군이 가져온 미술품들을 사원이나 수도원이 보관하고 대중에게 공개하면서 각종 예술품이나 진귀한 문물을 구경하기 위해 사람들이 몰려들었으나 정확한 고증을 거치지 않았을 뿐더러 과장된 성물도 난립하였다(이난영, 2008 : 6).

4) 비서구(Non-Western) 지역

크리스티나 크렙스(Kreps, 2006 : 458)가 비판하듯이, 서구의 박물관들은 오랫동안 비서구인들이 그들의 문화유산을 등한시 하는 동안 비서구 지역의 컬렉션 보유를 정당화해 왔다. 사실 귀중한 물건을 축적하고 진열하는 일은 어느 계층이나 단체에서나 총체적으로 이루어진 인간의 활동이다(Clifford, 1997 : 217, Kreps, 2006 : 457에서 재인용). 서양이 아닌 지역에서도 초기 박물관과 같은 기능을 한 예는 많이 발견되고 있다. 적도의 아프리카에서 유물 컬렉션뿐만 아니라 길가에 있는 성지와 종교 의식과 같은 예를 살펴볼 때 그 역사가 길며, 그 같은 컬렉션은 세계 여러 곳에도 있다(Lewis, 2012). 고대 인도에서는 역사·종교·예술 수업을 위해 그림과 조각을 대중들의 교육과 즐거움의 수단으로 치트라샬라스chitrashalas라고 부르는 갤러리에 설치했었다(Ambrose and Paine 1993 : 6).

파푸아 뉴기니의 세픽강Sepik River 지역에 있는 전통적인 '남성의 집

haus tambaran'은 종종 서구식이 아닌 토종 박물관의 모형으로 인용된다 (Kreps, 2006 :462). 호화롭게 장식된 이 구조물은 소수 부족마다 그 스타일 과 이용법이 다르지만, 이 집은 모임의 장소이며, 남성주도적인 의례에 관련된 예식과 의식에 이용되었다. 루이스(Lewis, 1990 : 159, Kreps, 2006 :462 에서 재인용)는 남성의 집을 '오브제가 격식대로 잘 보전된 신성한 보관소' 로 묘사하고 있다. 또 의식용 오브제 및 기타 미술품을 만들어내는 작업 장이자 전시실 역할도 했을 것이다. 이 구조물은 귀중한 오브제를 보전 하고 부족의 역사, 신앙, 문화적 관행에 관해 후손에게 가르치기 위한 목 적으로도 설계되었기 때문에 전통 문화 지식을 전수하는 중요한 기관이 었다(Simpson, 1996 : 112, Kreps, 2006 : 462에서 재인용).

남성 집의 사례는 파푸아 뉴기니뿐 아니라 비서구 지역 어디에서든지 찾아볼 수 있는 문화 형태이다. 이들 토종 박물관은 그 지역의 문화 컬렉 션이나 수장, 보전, 또한 현대적 의미의 박물관 환경과 보안 등 박물관의 여러 기능을 해왔음을 보여 준다(Simpson, 1996 : 107, Kreps 2006 : 462에서 재인 용). 예를 들어, 말레지아 군도의 부족 마을에서는 사냥한 머리, 조상의 유물, 계보의 상징물 및 기타 귀중품 같은 신성한 용품을 보관하기 위한 특별한 집이 있었고 신성한 사원의 역할도 했다(Bellwood, 1985 : 151, Kreps, 2006 : 460에서 재인용). 수마트라에서도 드럼이나 종, 귀한 도자기와 같이 숭 배에 사용된 신성한 오브제뿐만 아니라 조상의 영혼을 두기 위한 사원을 세웠다(Bartlett, 1934 : 2~3, Kreps, 2006 : 462에서 재인용). 사원의 중요성은 보관 된 오브제, 전통을 다루는 숭배나 축제의 행위로서 현대적인 박물관의 기 능도 겸해 유·무형 유산을 모두 통합하는 데 있다.

〈도 5〉 인도네시아 쌀 곳간   출처 : Eunike Kristi Julistiono

　크렙스(Kreps, 2006 : 460)에 따르면, 인도네시아 보르네오에서는 옛날부터 마을에 공동 쌀 곳간(〈도 5〉)을 두고 있었는데, 공동 곳간은 관습법을 어겼을 때 벌금의 형태로 받은 의식용 예복과 소유물 같은 공동 재산을 두는데 이용되었다. 마을 사람은 그 곳간을 '전통 박물관'이나 후세대에 물려주기 위해 물건을 보관·보호·보전하는 장소로 본다. 태평양 지역에서도 토종 박물관의 모형을 찾아볼 수 있다. 마오리족의 파타카라는 건물은 식량 비축 및 귀한 물품을 보관하도록 설계되었고, 조상과 부, 지위의 상징적 물리적 표현으로서 인도네시아의 쌀 곳간 및 기타 신성한 구조물과도 유사하다. 파타카는 전통적으로 추장이 사용했으며, 장식품, 무기, 의식용 예복, 저장 식량 같은 귀중한 오브제를 두었다(미국자연사박물관 유물 라벨 2002; Evans, 1999, Kreps, 2006 : 461에서 재인용).

이들 토종 박물관은 보관 장소를 어떻게 보존했는지에 대한 보존 기술과 관행도 보여준다. 인도네시아 동칼리만탄 지역에서는 대개 쌀 곳간을 화재나 홍수로부터 보호할 수 있도록 동구 밖 높은 지대에 두고 있다. 쌀 곳간의 이동식 차양이나 통풍구는 곳간 안의 온도를 조정하기 위한 것이며, 기후 조절 시스템으로 작동하여 통풍을 원활하게 한다. 짚으로 된 지붕은 통풍을 돕고, 덥고 습한 열대 기후에 매우 적절하다(Waterson, 1990 : 87, Kreps, 2006 : 461에서 재인용). 또한 숯을 쌀 곳간에 건습제로 두기도 한다. 해충 관리의 토종 기술로써, 설치류가 쌀 곳간에 들어오는 것을 방지하기 위한 건축 구조를 하고 있으며, 곳간 안에는 해충으로부터 곡물을 보호하기 위해 여러 조치를 취했다. 냄새로 쥐를 쫓을 수 있도록 족제비 같은 동물 가죽을 걸어놓기도 하고, 후추를 태워 그 연기로 벌레를 없애고 곰팡이나 균류의 서식을 늦추기도 했다. 결국 공동 창고는 귀중한 물건을 보관하는 장소, 사용된 보존기술 면에서도 토종 박물관의 모형이다(Kreps, 2006 : 461).

3. 맺는 말

오늘날 우리가 박물관이라고 지칭하는 기관은 오랜 역사 동안 다양한 모습으로 생겨나고, 변천되고, 발달해온 것을 알 수 있다. 귀중한 오브제 컬렉션은 사원이나 신전, 무덤, 권력자의 거주지 등 신성한 장소에 보관되었으며, 이들은 오브제를 보관·진열·보전하는 장소로 박물관과 매우 비슷하다. 고전적인 의미에서 박물관이란 수집품에 대한 수장의 기능, 학자들의 연구소로서의 기능, 종교적 헌신을 위한 예술품들을 진열하는 장소로서의 기능도 지니고 있었으며, 많은 서적을 보관하여 오늘날의 도서관을 닮고 있으며, 철학적 토론의 장소로서 사용되었다(Lewis, 2012). 박물관은 항상 그를 둘러싼 사회적, 경제적, 정치적 요청에 따라 조율이 되어 왔음을 알 수 있다(Hooper-Greenhill, 1992 : 1).

이같이 다양한 박물관의 모습은 문화에 따라 즉, 누가 무엇을 어떻게 수집하고, 보관하고, 관리했는가, 또 어떤 의미와 가치가 부여되었는가에 따라 다르게 나타난다. 이제야 연구가 시작된 비서구 지역의 토종 박물관의 모습은 서구와 닮은 모습도 있지만 다른 모습도 있다. 하지만 박물관의 모습을 한 여러 기관들이 컬렉션의 수집으로부터 시작되었다는 점은 공통적이다. 수집에서 파생된 활동이 방법과 기술을 발전시켜 이론적으로 정리되어 가고 있다. 비서구형 박물관의 모습은 연구가 진행될수록 더 많이 밝혀질 것이다. 그러면 서구 박물관의 유물 컬렉션에 대한 새로운 해석과 가치 및 의미부여, 그에 따른 전시 관행에도 변화가 있을 것이다. 유럽 중심, 즉 서구의 가치관, 세계관으로 비서구를 바라보던 시선도 달라지고, 서로 다른 문화에 대한 이해와 존중도 함께 이루어질 것이다.

참고문헌

김형숙, 2001, 미술, 전시, 미술관, 서울 : 예경.
이난영, 2008, 박물관학입문, 서울 : 삼화출판사.

Abt, J. 2006, 'The Origins of the public museum', in Sharon MacDonald (ed.) *A companion to the Museum Studies*, Oxford : Wiley-Blackwell, pp.115~134.

Alexander, E.P. 2008, *Museums in Motion : an introduction to the history and functions of museums*, 2nd ed. US : Altamira Press.

Ambrose, T. and Paine, C. 1993, *Museum Basics*, London : Routledge.

Bartlett, H. 1934, *The Sacred Edifices of the Batak of Sumatra*, Ann Arbor : University of Michigan Press.

Bellwood, P. 1985, *Prehistory of the Indo-Malaysian Archipelago*, North Ryde, NWS : Academic Press Australia.

Britannica Encyclopaedia, 1997, *The new encyclopaedia Britannica, Volume 2*, Edition 15, Encyclopæ dia Britannica.

Clifford, J. 1997, *Routes : Travel and Translation in the Late Twentieth Century*, Cambridge, MA : Harvard University Press.

Evans, R. 1999, Tribal involvement in exhibition planning and conservation treatment : a new institutional approach, *ICOM Ethnographic Conservation Newsletter*, 19 : 13~16.

Giebelhausen, M. 2006, 'Museum architecture : a brief history,' *A companionship to the Museum Studies*, Oxford : Wiley-Blackwell, pp.222~243.

Hansen, F.V. 1971, *The Attlids of Pergamon*, 2nd ed. Ithaca, NY : Coernell University Press.

Hooper-Greenhill, E. 1992, *Museums and the shaping of knowledge*, London : Routledge.

Kreps, C. 2006, 'Non-Western models of museums and curation in cross-cultural perspective,' in Sharon MacDonald (ed.) *A companion to the Museum Studies*, Oxford : Wiley-Blackwell, pp.458~508.

Lewis, G. 1984, 'Collections, collectors and museums : a world survey,' in John M.A. Thompson [et al] (eds.) *Manual of Curatorship : a guide to museum practice*, pp. 7~22, London : Butterworths.

Lewis, P. 1990, 'Tourist art, traditional art and the museum in Papua New Guinea,' in A. Hanson and L. Hanson (eds), *Art and Identity in Oceania*, pp.149~163, Honolulu : University of Hawaii Press.

MacDonald, S. 2006, 'Collection Practices,' in Sharon MacDonald (ed.) *A companionship to the Museum Studies*, Oxford : Wiley-Blackwell, pp.81~97.

Pollitt, J.J. 1978, 'The impact of Greek art on Rome,' *Transactions of the American Philological Association*, 108 : 155~174.

Simpson, M. 1996, *Making Representations : Museums in the Post-colonial Era*, London : Routlege.

Waterson, R. 1990, *The Living House : An Anthropology of Architecture of Southeast Asia*, London : Thames and Hudson.

Basset, S.G. 2000, 'Excellent Offerings : the Lausos collection in Constantinople,' *The Art Bulletin*, http://www.accessmylibrary.com/ (검색일 : 2012. 10. 20).

Julistiono, E.K. 2005, The 2005 World Sustainable Building Conference, http://fportfolio.petra.ac.id/(검색일 : 2012. 10. 28).

Klein, H.A. Shrines & Places, http://www.learn.columbia.edu/treasuresofheaven/shrines/ (검색일 : 2012. 09. 20).

Lewis, G. 2012, The history of museums, *Encyclopaedia Britannica*, http://www.muuseum.ee/uploads/files/g._lewis_the_history_of_museums.pdf (검색일 : 2012. 09. 10).

Montebello P, November 24 2008, 'A History Of Museums', 'The Memory Of Mankind', http://www.npr.org/templates/story/ (검색일 : 2012. 10. 03).

Phillip A. Metzger, 1990, 'Library of Akhenaton,' *Journal of Library History*, vol. 15, no. 2(Spring 1990) : 210~212. http://sentra.ischool.utexas.edu/~lcr/archive/bookplates/ (검색일 : 2012. 09. 16).

Demas S. 2005. From the Ashes of Alexandria : What's Happening in the College Library? *In Library* as Place : Rethinking Roles, Rethinking Space, pp.25~40. Washington, D.C. : Council on Library and Information Resources, http://en.citizendium.org/wiki/Museum. (검색일 : 2012. 10. 03).

http://en.wikipedia.org/wiki/Eumenes_II (검색일 : 2012. 09. 16).

http://en.wikipedia.org/wiki/Matter_of_France, (검색일 : 2012. 09. 16).

Museums and Antiquities, http://www.egyankosh.ac.in/bitstream/ (검색일 : 2012. 10. 03).

http://www.learn.columbia.edu/treasuresofheaven/shrines/ (검색일 : 2012. 09. 21).

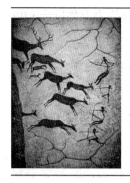

수집행위의 인류학적 기원과 상징적 가치

‖ 류정아 · 김현경 ‖

　오랫동안 박물관과 박물관종사자들은 물질문화material culture 차원의 진귀한 문화유산을 보전하거나 당대의 역사와 문화를 복원한다는 관점에서 작업해 왔다. 물질문화란 인간 문화의 산물product로서 물질로 구성된 것을 가리킨다. 물질문화를 통하여 인간생활의 모든 물질적 측면을 규정하기도 하고, 구전민속oral folklore과 대조적인 물리적 민중생활physical folklife을 규정하기도 한다(배영동, 2007). 즉, 물질문화에 대한 관심은 '非물질문화nonmaterial culture'와 함께 대상물objects을 수집 · 정리할 수 있다는 가능성으로부터 싹텄다.

　그리하여 물질문화에 대한 조사와 연구는 박물관과 박물관종사자들의 몫이었다. 초기의 박물관과 미술관의 기원은 르네상스 시대로 보는 견해(피터 부르크, 1999 : 89~124)가 일반적이다. 그 이유는 르네상스 시대의 인문과 예술의 부흥운동을 뒷받침했던 후원자들이 바로 오늘날의 박물관 종사자들과 같은 수집가Collectioner로서의 역할을 충분히 해주었기 때문이다.

물건을 수집하는 행위가 박물관 정신의 근간이 된다는 맥락에서 봤을 때, 수집을 한다는 인간의 행위는 박물관의 장소적 기원에 앞설 수 있는 개념이 될 것이다. 인간의 수집행위의 기원은 그럼 어디서부터 오는가? 우리가 이 질문에 답을 할 수 있게 된다면, 바로 박물관의 가장 처음을 알아낼 수 있는 열쇠를 쥐게 될지 모를 일이다.

1. 정열의 동기와 원인으로서의 사물 그리고 '수집'

박물관이라는 거창한 배경을 잊고 잠시 주위에 '수집'에 열광하는 사람들을 살펴보면 사람들이 왜 '수집'이라는 행위를 시작하게 되었고 이러한 수집을 통해서 사람들이 원했던 것이 무엇인지 알 수 있게 될 것이다. 가끔 해외 토픽과 같은 뉴스를 보면 일반인은 평생 만져볼 수도 없는 금액으로 예술품이 경매를 통해서 판매되었다는 소식을 접하게 된다. 사실, 흔하게 일어나지 않는 해외 토픽과 같은 뉴스를 통해서가 아니어도 대개의 사람들은 어린 시절 취미로 우표나 동전을 수집하는 것을 한 번쯤은 경험해 보았을 것이다. 이러한 수집의 행위에는 도대체 어떠한 즐거움이 있는 것일까? 수집을 통해서 사람들이 얻고자 하는 의미는 무엇일까?

이 모든 것에 대한 답을 구하기 위하여 행위로서의 '수집'에 대해서 알아볼 필요가 있다. 박물관 종사자들도, 경매를 통해서 예술품을 구매하는 수억대의 자산가 또는 컬렉셔너들도, 어릴 적 취미로 수집을 일삼았던 우리들 모두가 할 수 있는 '수집의 행위'의 공통점은 어떠한 '물질적 사물'을 모으는 행위라는 점이다.

장 보드리야르는 「사물의 체계」에서 '수집'을 하나의 장章으로 다루면서 '수집되는 사물'에 대하여 자기기능으로부터 추상화된 사물이며 정열로서의 사물, 양에서 질에 이르기까지 유일한 사물, 그리고 통제된 순환으로서의 시간과 관계성을 갖는 것으로 서술하고 있다(보드리야르, 2011:133~168). 특히, 일상적으로 쓰이는 '사물'은 소유되는 것이 아닌 '도구'로서의 기능만을 가지는 반면, 수집되는 '사물'은 소유되는 것이라고 말하고 있다. 이는 일반적으로 우리가 돈을 주고 '소유'한다는 의미를 넘어서서 사물이 '나'와 밀접한 관계성을 갖게 된다는 것을 의미한다.

보드리아르는 또한 행위로써의 축적과 선택적 행위로써의 수집을 구분하여 문화적 복합성을 가지고 있지만 어떠한 것의 결핍 또는 미완성에 의해서 촉발되는 행위로써의 '수집'은 순수한 축적의 단계에서 자유롭지 못함을 다음과 같이 이야기하고 있다.

"라틴어 '수집colligere'은 선택해서 모으는 행위로써 축적의 개념과는 구별된다. 수집의 하위단계로서의 물질의 축적은 반복적으로 행해지는 일련의 축적 행위의 결과이다. 즉, 수집은 문화를 향해 나아간다. 이는 구별되는 사물을 목표로 삼는데, 이 사물은 흔히 교환 가치를 지니며, 또한 보존과 거래 그리고 사회적 의례와 전시를 위한 사물이다. 이 사물은 잘 기획되어 있다. 이 사물은 상호 관련되긴 하지만, 그 상호작용은 사회적 외재성과 인과관계를 포함한다."(보드리야르, 2011:163)

박물관의 기원인 '행위로써의 수집'으로 다시 돌아가 보자. 수집행위는 순수한 축적의 단계에서부터 시작하여 자신의 소유욕망의 결과물이거나 또는 유일무이하거나 시공간을 초월한 것으로 남게 되는 사물을 위한 인간의 본능행위로 볼 수 있다. 인간의 '수집행위'에 대한 기원을 찾는 것은 사실 인간에게 '문화'라는 것이 발견되는 국가 탄생 이후의 문제로 바라봐야할 지도 모른다. 하지만, 인간 행위의 사회화 과정 속에서 '수집행위'는 분명히 진화과정을 거쳤을 것이다. 이제부터 이러한 인간의 사회화 과정 속에서 '수집' 행위가 갖고 있는 의미를 살펴보기로 하자.

인류 최초의 '수집' 행위에 대하여, 그리고 그 행위들이 지금 우리가 부르고 있는 '수집'의 행위와는 어떤 차이를 가지고 있는지를 살펴보게 된다면, '수집'이 가지고 있는 그리고 '수집' 행위가 인간 문화에서 중요한 위치를 차지하게 된 박물관의 시원적 모습을 찾을 수 있을 것이다. 또한 박물관 형태 이전에 인류가 행했던 수집행위의 대상들을 살펴보면서, '지식의 창고'로서의 박물관의 탄생으로 이어지는 첫 단추를 끼울 수 있게 될 것이다. 즉, 인류 최초의 박물관이 등장하기까지 이러한 수집행위의 기원에 대해서 살펴봄으로서 인간에게 있어서 박물관이 가지는 의미를 진지하게 고민할 수 있을 것이다.

2. 생존방식으로서의 모으기, '수렵과 채집'

인류학자들이 직면해 온 주요한 문제는 언제부터 동물과 구별되는 '사람'의 생존 방식이 등장했는가라는 점이었다. 억측을 피하기 위하여 가장 안전한 방법은 화석과 고고학 기록에 숨어 있는 단서 속에서 수렵과 채집이라는 생존 방식의 흔적을 찾아야 한다. 동물을 사냥하고 식물을 채집하는 것은 인간에게서만 찾아볼 수 있는 독특하고도 체계적인 생존 전략이었다. 그 덕분에 인류는 남극 대륙을 제외한 지구의 거의 모든 지역에서 번성할 수 있었다. 열대 다우림에서 사막까지, 비옥한 해안에서 척박한 고원에 이르기까지 다른 여러 환경을 인류가 차지했다. 물론, 생존을 위한 채집물은 환경에 따라 크게 달랐다. 북서아메리카 인디언들은 엄청난 양의 연어를 잡아들였지만, 칼라하리 사막의 쿵산 족은 몽공고 열매를 주요 단백질 원으로 삼았다. 그러나 음식물과 생태 환경에 차이가 있다 하더라도 수렵·채집의 생활방식은 크게 다르지 않았다. 작은 무리를 이루어 이동하며 생활했으며, 오늘날의 가족형태와 비슷한 성인 남자와 여자, 그리고 그들의 자식들이 중심이 된 작은 규모의 이런 무리들은 서로 영향을 주며 관습과 언어로 묶인 사회·정치적 연결망을 형성했다 (리처드 리키, 1997 : 120).

자연 상태에서의 인간에게 동물과의 대결은 바로 생명을 영위하는 것임과 동시에 죽음의 위기를 의미했다. 또한 종족 유지라는 절대적 생식 본능은 출산에 따른 사고나 고통에 대해 경외감과 공포심을 갖게 하였다. 생명에 대한 집착과 죽음에 대한 공포에서 벗어나기 위해서 안전한 사냥과 종족의 번식, 풍요를 기원하는 막연한 의례가 점차 구체적인 형상과 상징적 표상으로 함축되어 표현되었다. 우리는 이 시점에서 생존을 위한 수렵과 채집의 목적과 구분되는 '수집'으로 간주될 수 있는 현생인류의 행위들을 유추해볼 수 있는 것이다.

사실, 수렵과 채집의 행위는 '모은다gathering'의 의미 이외에 수집행위와 공동분모를 찾기는 어렵다. 수집은 잉여물에 대한 개인적 욕망이 투영된 인간의 욕망 행위라면 구석기 시대에 인류의 수렵과 채집의 행위는 잉여물이 아닌 생존의 문제였기 때문이다. 인간에게서만 '모으는' 행위가 생존과 연결되어 있는 것은 아니다. 벌과 개미의 '모으는' 행위도 매우 널리 알려져 있다.

벌꿀의 채집행위는 그들의 거주공간을 만드는 행위이며 동시에 생존체계이다. 개미의 경우 벌꿀의 그것보다 훨씬 분화되어 있는 행위로서 인간과 마찬가지로 하나의 '사회' 또는 '문화'를 이뤄내는 기초적인 단계로 간주되기도 한다. 그렇다면, 어느 시점부터 인간만의 고유한 '모으는' 행위를 동물들의 그것과 구분해 낼 수 있을까? 초기 두 발로 걷고 육식을 하는 현생인류들은 앞서 살펴본 동물들과 마찬가지로 '생존본능'으로서의 모으기를 진행했을 것이다. 하지만, 두 손을 자유자재로 활용하고 자신의 '의지'와 '지능'을 이용하여 생존 이외의 개인적인 '욕구'에 의해서 모으는 행위를 하는 이들의 모습은 전형적인 인간의 고유한 행위가 될 것이다. 즉 개인적인 욕망이 특정한 행위의 시작점이라고 봤을 때, 생존의 목적을 포함하기는 하지만 그것을 훨씬 넘어선다. 특정한 대상을 찾아다니면서 모으는 행위를 반복적으로 시도했다는 것은 일반적인 수렵과 채집의 행위를 넘어서는 수집의 가장 기초단계로서 인간만의 고유한 행위로 볼 수 있다는 것이다.

3. 도구의 사용과 소유를 위한 '수집의 시작'

가장 오래된 도구, 아프리카의 올도완 문화 기술로 만들어진 도구는 손 크기의 간단한 자갈이었다. 250만 년 전의 것으로 알려진 인류의 석제 도구들이 여기에 속한다. 아득히 오래된 시절의 우리 조상들은 인간에게 알려진 가장 쓸모 있는 소재 중 하나인 나무를 이용해 창을 비롯한 여타의 도구들을 만들었다. 그렇지만 나무와 여타 유기물질은 거의 보존되지 않기 때문에 호모 에렉투스 생활상은 석기 및 그와 함께 나타나는 부산물들로부터 유추할 수밖에 없다. 전 세계 박물관의 가장 흔한 전시물 중 하나인 주먹도끼 및 그와 관련된 석기들은 구대륙의 광대한 지역에 걸쳐 나타나며 100만 년 이상 사용되는 동안 상당한 정도 정제된다. 이후 분화된 석제도구인 아슐리안 문화, 무스티에 문화를 거쳐 현생인류의 등장과 함께 유럽에서의 도구 제작문화가 변하게 된다(바우어, 2003 : 158~160).

새로운 도구들은 사용 목적이 분명하게 드러나 형태도 다양하고 기능도 전문화되어 문화의 진화가 가속화되었음을 알 수 있는 증거들이 된다. 이 시기의 특징은 날카로운 돌날로 이전 문화와 비교했을 때 같은 양의 돌로 날카로운 모서리들을 만들어 내고, 나무에 붙여 하나의 창촉으로 활용되기도 했다.

오늘날에도 장식품이나 공업용으로 쓰이는 흑요석은, 원시 시대에는 작은 새기개나 긁개로 사용되었고 원시인들의 정교한 솜씨를 볼 수 있는 석기 재료였다. 도구를 본격적으로 활용하기 시작한 크로마뇽인은 각암, 플린트, 혹은 흑요석 같은 입자가 고운 암석을 돌날 제작용 몸돌로 용의주도하게 선택하여 사용하였고, 뼈와 뿔을 효율적으로 가공할 수 있는 가는 선을 새기는 섬세한 조각칼인 뷰랭을 개량하여 수렵에 적합한 생존의 방식으로 발전시켜 갔다(페이건, 2011:165). 크로마뇽인의 일차 목표는 길쭉하고 두 변이 나란한 석재인 돌날을 제작하는 것이었으며 그것을 사냥, 도살 및 가죽 가공, 나무 가공, 옷 짓기 등을 위한 아주 다양한 범주의 전문화된 석기로 전환하거나 나무가 없는 환경에 적합한 뼈 도구나 뿔 도구를 만드는 데 필요한 소재로 만들 수 있었다.

이와 같이 도구를 가공하기 위해서 좋은 석재와 이를 모으려는 욕구는 점점 더 커져갔을 것이다. 하나의 몸돌을 지니면 석기를 만들 때마다 이를 다양하게 사용할 수 있었기 때문에 장소를 옮길 때에도 이를 지속적으로 활용하였다. 이러한 활용성이 높은 도구와 적합한 재료의 발견으로 크로마뇽인은 동물을 해체하거나 신선한 순록 뿔로부터 먹이 또는 뼈를 때어낼 기회가 생기면 그것을 즉시 실행에 옮길 수가 있었다(페이건, 2011:165).

이러한 흑요석과 동물의 뼈를 활용한 도구의 활용을 통해서 적극적 측면의 인간 생존 방식의 발전과정과 소유하기 위한 재료의 수집의 관계를 알 수 있다. 도구의 본격적 발달과 함께 호모 사피엔스로 대표되는 인류의 조상들은 대형동물을 매우 효과적으로 수렵할 수 있게 되었다. 효율적 수렵과 인간에 의한 서식처의 직간접 파괴는 많은 동물들의 멸종을 유발하기도 한 바, 인류는 이제 자연계의 질서에 본격적으로 개입하기 시작한다. 인류가 자연에의 적응에 훌륭하게 성공한 결과로서 정교한 집자리, 화덕자리, 발달한 석기와 골각기들이 발견되었다. 단순한 수렵의 행위에서 목적을 지닌 재료의 수집과 사냥 도구의 제작으로 발전하면서, 현재의 우리가 일상적으로 하는 행위들의 문화적 기원이 만들어졌다.

떠돌이 생활에서 정주생활이 가능해진 인간들은 조금씩 더 많이 필요한 것들을 모으기 시작하였고, 이러한 축적은 공동체의 축적인 동시에 사적인 소유물이 되기 시작하였다. 이러한 소유가 가능해진 사회는 '결핍'의 개념을 전제로 한다. 내가 가지고 있지 않은 것을 가진 자, 내가 위치하고 있는 곳에서 생산할 수 없는 것들을 교환하면서 '충족'이 이뤄지는 것이다.

이러한 결핍과 충족의 관계 속에서 우리는 인류가 그 이전보다 더욱더 '수집'에 집중하게 되는 과정을 살펴보고자 한다. 사물의 소유가 하나의 권력이 되는 사회의 진입은 사회적 목적으로서의 인류의 '수집'의 욕구가 극대화된 시기이다. 사물에도 하나의 힘이 생기기 시작한 것이다. 그것이 어떠한 것이든 많이 가진 자가 적게 주는 자에게 줄 수 있는 힘의 행사를 통해서 인간은 수집의 행위를 이전과 다른 목적으로 더욱 활발하게 진행시켰다.

4. 교환과 권력의 등장, '수집의 정치사'

고고학 유물로서 도구의 발견과 함께 자주 등장하는 대량의 조개더미들은 인류의 조상들이 도구를 통한 소유와 축적의 단계를 넘어서 장거리에 걸친 교역 혹은 교환경제망을 활용하기 시작했다는 것을 말해준다. 즉, 내륙 깊숙한 곳에서 발견되는 바다조개의 껍질이나 수백 킬로미터 떨어진 곳에서 나온 원료를 사용한 도구의 존재 등은 그러한 자원을 확보하기 위하여 집단과 집단 사이에 일정한 사회문화망socialcultural network이 형성되기 시작하였음을 시사한다. 그 이전 단계까지 인구밀도는 매우 낮았기 때문에 한 집단은 사방 수백 킬로미터 정도의 넓은 지역을 이동하며 살 수 있었을지도 모르지만, 이 시기 이후부터 그러한 넓은 지역에 대한 한 집단의 독점적 사용은 완전히 불가능하게 되었을 것이다. 따라서 생존에 필요한 자원은 상당 부분 집단과 집단 사이의 사회적 관계를 통해서 확보하였을 것이다.

교역과 교환은 한층 복잡한 사회로 발전하는데 중요한 역할을 하였다. 빙하시대 말기 수렵채집민은 입자가 고와 질이 좋은 석재나 이색 물건 정도를 장거리로 교역한 반면 좀 더 정주적인 농민들은 그보다 더 많은 물품을 다른 곳에서 구할 수밖에 없었다. 먼 장신구나 여타 희귀품은 말할 것도 없거니와 여러 가지 식료, 사냥감 동물의 살코기와 가죽, 오두막의 기둥, 흑요석, 기타 생필품이 여기에 포함되었다. 복잡한 교환망이 마을과 마을, 가구와 가구를 연결했고, 한 공동체에서 다른 공동체로 교환된 물건들이 광활한 지역에 걸쳐 전해졌다. 멕시코 만의 조가비들은 북미 중서부 깊숙한 곳까지, 터키산 흑요석을 요르단 강 유역으로 가져다준 것이 바로 그런 망상조직이었다. 이런 교환망을 통제한 인물, 즉 핵심 상품과 이색 사치품의 공급을 통제한 사람은 자연히 새로 등장한 복합 마을 사회의 지도자가 되었다(이선복, 1988 : 207).

이 새로운 지도자 혹은 권력자는 권력의 과시적 수단으로서의 선행적 행위로 모여진 가치재들에게 또 다른 역할 즉 상징재로서 역할을 부여함으로써 자신의 권력에 지속성을 부여하고, 이를 위해 사물의 수집행위는 더욱더 가속화 된다. 쉽게 생각했을 때, 우리는 진귀한 물건에 대한 열광적인 모으기를 수집으로 칭하기도 하지만, 같은 종류의 사물의 반복적인 모으기 역시 수집으로 구분한다. 반복적인 모으기 행위로서의 수집은 이러한 사물의 기원적인 부분과 맞닿아 있다. 아무도 지니지 못한 사물을 지니게 된 인간은, 그 사물의 '시간'을 통제할 수 있는 능력을 지닐 수 있게 되며 반복적인 사물의 수집은 매 순간 통제되는 시간의 소유자가 될 수 있다.

메뉴가 동일한 식당들을 보면, 너도 나도 자신이 그 메뉴의 원조임을 강조 한다. '원조'를 통해서 얻게 된 정당성이 그 식당에 대한 또는 메뉴에 대한 신뢰도를 높이는 것처럼, 시간 순서의 맨 처음에 위치한 그 사물 혹은 그 사물을 지닌 자들이 갖는 것은 '과거의 시간'에 대한 통제력과 그 시간에 대한 권리이다. 수집된 사물이 갖게 되는 멈춰져 있는 시간과 그 시간에 대한 소유는 인류의 조상들이 국가를 형성하면서 자신들의 국가에 대한 정당성을 확보하기 위한 기원적인 시간의 통제 또는 신적인 권력의 부여의 행위로서 또 다른 의미를 갖게 되는 것이다.

이러한 권력의 기원적 힘으로서의 '사물의 힘'에 대해서는 현존하는 수렵채집인들의 생활, 예를 들어 북미 대륙 북서부 포틀래치potlach에서 교환되는 물건들을 통해서 살펴볼 수 있다. 포틀래치에서 행해지는 행위의 주된 형태는 호혜성에 기반을 둔 '증여'이지만 그 사물들은 하나의 특권을 부여받은 권리의 증거이자, 판매나 양도 될 수 없는 소유물들이다 (모스, 2008 : 68). 실제로 하이다족은 재산과 부의 개념을 신성시 했고, 귀중한 재물 전체가 조상으로부터 물려받은 주술적인 성격을 가진 물건들로서 생명과 부의 표시이자 증거일 뿐만 아니라 지위와 풍요의 주술적이고 종교적인 원리이기도 했다(모스, 2008 : 70). 이렇듯 사물이 가지고 있는 기능이 1차적 소비의 대상이 아닌 권력의 승계 또는 기원의 승계라는 상징성을 지닐 때, 인간은 '수집'을 통하여 그것을 구속 또는 보존 하고자 하는 욕망이 생길 수 있는 것이다. 이를 통하여 인류가 지속적으로 사물의 힘을 통하여 기원적 시간을 소유하고 통제하기를 욕망해 왔으며, 이로 인해 이러한 사물을 모으기 위한 '수집'행위 역시 꾸준히 이어져 올 수 있었음을 추측해볼 수 있다.

소유에서 축적 그리고 교환을 통한 권력의 탄생은 이러한 사물이 가지게 되는 '상징'과 '과시'의 측면이 극대화되는 계기가 되었다. 이러한 관점에서 하나의 가치재로서 교환의 대상이 될 수 있었던 초기의 화폐기능의 기원과 인간의 수집의 행위를 연관지어볼 수도 있을 것이다. 예를 들어 금과 은은 오래전부터 신과 남성의 몸을 장식하는 데 상용되었지만 일상생활에서 필수적인 금속은 아니다. 금과 은으로는 도구를 만들 수 없었으며, 고대의 이집트를 비롯한 다양한 문명에서 신성화된 물질이었다. 이러한 금과 은은 하나의 교환의 영역이 아니라 '수집'의 영역에 속하는 귀중품이었지만, 어느 순간부터 고대인들에게 화폐로 교환·지불되다가, 상품과 마찬가지로 완전히 양도 가능한 재화가 되었다. 교환의 활성화와 과시적인 소유가 가능해진 인류에게 있어서 수집은 더 이상 단순한 소비를 위한 행위가 아닌 자신의 권력을 유지하거나 보여주기 위한 행위로서 '정치적 성격'을 띠게 된다. 우리가 흔히 과시적 소비품라고 생각했을 때 떠오른 사물들은 다음과 같은 것이다. 금으로 된 컵, 비취로 만든 상像, 고급 보석들처럼 손에 들고 다닐 수 있는 인공물들이다. 이러한 사물들이 가치를 띠는 이유는 그 사물이 가지고 있는 속성 때문만은 아니다. 이들이 가치 있는 이유는 이것이 가지고 있는 의미, 즉 집중된 부와 권력의 표시이며 인간의 능력을 신의 능력과 동일시시킬 수 있는 사물이기 때문이다. 이러한 사물들은 보통사람들은 얻기 어렵거나 뛰어난 장인 또는 예술가의 탁월한 솜씨를 통해 구현된 것들이 대부분이다.

5. 과시와 상징 그리고 예술을 위한 '수집'

크로마뇽인에서 네안데르탈인으로 이어지는 인류의 조상들은 상징과 의례의 흔적들을 통하여 하나의 '문화'의 발생을 알렸다. '수집'과 '수집된 사물'들을 인간이 하나의 문화를 갖게 됨에 따라 생기게 된 문화의 복합적 행위이자 결과물이다. 따라서 인류의 상징과 의례를 통한 문화의 발생은 '수집'의 기원을 말해줄 수 있는 단서가 될 수 있다. 현대의 우리가 말하는 '예술'과는 차원이 다르지만 이러한 상징과 의례를 통한 행위는, 북부 스페인 알타미라와 프랑스 라스꼬의 동굴벽화, 빌렌도르프의 비너스상을 위시한 본격적 예술작품의 등장을 비롯하여 동굴이나 바위에 그리거나 새긴 벽화 혹은 손으로 들고 다닐 수 있는 소품의 조각, 그리고 그림과 같은 예술품들을 통해서 표현되었다. 행위 결과물로서의 이러한 상징물 또는 예술품들을 통해서 수렵채집인들의 '사물의 힘'을 어떻게 인식했는지를 알수 있기 때문이다.

프랑스 오리냐크 동굴에 남겨진 크로마뇽인들의 동굴곰과 큰사슴, 들소의 뼈, 중앙에 구멍이 난 뼈로 만든 장식용 원반들, 프랑스 남부지방에서 발견된 가공된 돌들과 조개더미들은 인류의 조상들이 어떠한 이유로든 수집의 행위를 통해서 물건을 모아두었다는 증거로 보기에 충분하다. 사냥에 의해서 얻어진 동물의 뼈, 그리고 강에서 채집한 잉여물들은 이러한 상징체계를 투영할 수 있는 사물의 재료가 되었다. 후기 구석기시대의 시작으로 알려진 3만 4000년과 3만 년 전 사이의 오리냐크 문화기에는 우리가 잘 알고 있는 동굴벽화가 아직 등장하고 있지는 않지만, 상아로 만든 조각품이 발견되었다. 독일 보겔헤르트 유적에서 발견된 말과 메머드 상들은 상아를 통째로 깎아 만든 것으로 일반적인 후기 구석기 시대의 특징을 보이는 것들이었다(리키, 2005 : 195).

사실 상아는 당시의 도구의 발달과 함께 대형동물들의 사냥이 가능해진 인류가 먹이 이외에 얻게 되는 일종의 잉여물이자, 인류에게 있어서 의도되지 않는 수집품이었을 것으로 추측된다. 하지만, 그 잉여물은 엄청난 위험을 감수하고 대형동물을 사냥했을 때에 얻어지는 일종의 훈장과 같은 중요한 물건으로 볼 수도 있다. 이 훈장과 같은 잉여물은 대형동물을 사냥했다는 일종의 힘의 상징이자, 아무나 쉽게 얻을 수 없기 때문에 가치재의 성격을 띠게 된다. 이러한 사물화된 상징체계는 수집된 사물로부터 얻어진 결과였고 이러한 사물화된 상징체계를 유지하기 위하여 '수집'의 행위가 시작될 수 있는 것이다.

이러한 예술품 또는 상징체계의 형성을 뒷받침하는 또 다른 예로서 체계적 매장행위는 종교적 믿음의 등장을 알려주는 최초의 증거이다(이선복, 1988 : 188). 네안데르탈인의 무덤은 이제까지 알려진 가장 오래된 매장무덤으로, 뿔이나 석제도구 등 간단한 물건들을 죽은 자와 함께 묻었다. 프랑스 아르시쉬르퀴르에 있는 사슴 동굴 구석에 두 개의 화석 산호, 하나의 돌공과 두 개의 황철광 조각을 전시해 둔 것이 그것이다. 또한 부분적으로 구멍이 뚫려 있는 뼈와 심지어 동물 이빨, 36개의 기하학적 문양이 새겨진 뼈와 상아가 발견되었다. 이것은 초기의 장신구는 소유자의 사회적 지위나 종교적인 신념을 나타내는 상징으로 추정된다. 이 유적을 통해서 네안데르탈인에게 그전까지 인정하지 않았던 고유한 장신구 문화가 있었음을 유추할 수 있다(바우어, 2003 : 156).

권력의 등장과 함께 사물의 소유는 인간에게 있어서 매우 중요한 행위 중 하나가 되었다. 남들보다 더 많은 사물 혹은 더 귀중한 사물을 지니고자 하는 인간의 소유 욕망을 투영하는 작업으로서 수집행위를 바라봤을 때, 부장품에서 유추할 수 있는 장신구 문화에서 수집행위의 기원이 발견되는 것은 당연하다. 고고학 자료로서 보존된 상징과 예술 행위가 직접 관련되어 있다는 증거는 충분하지 않다. 하지만 상징 및 예술행위와 관계된 이러한 제반의 증거에서 우리는 이들의 수집행위 역시 보다 다양하고 활발해졌다는 것은 충분히 추측할 수 있다.

6. '또 다른 수집물'의 탄생

물질화된 사물의 '소유'의 영역에서 살펴보았던 인간의 '수집'의 목적은 국가의 발생과 함께 또 다시 한번 '또 다른 형식의 사물'과 관련된 수집으로 진화한다. '국가'를 발생시킨 공동체들은 군사 행동으로 영토를 넓히고 다른 인간 집단에 대비한 자신들의 강점을 잘 이용함으로써 결국 그 이웃보다 강력해졌다. 그런 도시들은 주요 종교 활동, 기술 및 예술혁신, 문자사용의 초기 중심지가 되었다. 문자 해독력은 일부 사람에 국한되었던 하나의 기술로서 권력의 중요 원천이었다. 한 국가의 경영은 작은 군장 사회의 그것보다는 훨씬 정교하고 핵심적인 사업이었다. 사실 국가와 그보다 덜 복합적인 사회 사이의 가장 두드러진 차이점은 반드시 그 생업활동 방식에 있다기보다 문명들의 의사결정 방식 및 위계 조직 복잡성에 있다. 이제는 정보 통제가 환경, 경제변수들을 규율하는 핵심 요소가 되었고, 이러한 사회 속에서 정보의 수집과 지식의 축적은 다른 권력 관계에서 우위를 점할 수 있는 중요한 기제로 등장한다.

사실과 지식의 수집이라는 학문과 기억의 공간으로서의 박물관의 탄생은 이렇듯 인간의 문화발달의 진화와 맥을 같이 한다고 볼 수 있다. 우리가 알고 있는 무세이온(박물관의 기원)은 기원전 290년경 이집트의 알렉산

드리아에 설립된 일종의 문화교육센터였다. 뮤즈 여신들에게 봉헌된 이
기관은 도서관 외에 천체관측소와 다양한 연구 및 교육시설 그리고 모든
분야의 수집품을 보유하고 있었다. 박물관의 기원적 기관의 역할을 봤을
때, 왜 수집의 행위가 인간의 문화와 정치생활의 발달을 통해서 박물관의
초기 형태로 이어졌는지를 이해할 수 있을 것이다. 남들이 가지지 않는
물건을 지닌 자의 권력과 하늘을 다스릴 수 있는 힘을, 사물 소유를 통해
서 이루고자 했던 인간의 역사는 바로 박물관 초기의 모습과 닮아 있다.

7. 수집, 소비에서 소유로의 진화의 결과

인류의 조상들은 환경에 적응하기 위한 채집의 방법과 채집의 효과성
을 높이기 위한 도구를 발견했고, 이를 통해서 동물을 지배하는 존재로
진화해갔다. 자신의 결핍된 환경적응력을 높이기 위한 하나의 방법이었
던 '모으기'는 생존을 위한 목적이었으며, 지금 당장이 아닌 나중을 위해
소유물을 축적하기 시작하면서 여타의 다른 동물들과 다른 인간만의 특
징을 보여주었다. 몇몇의 동물들이 이러한 축적을 위한 '수집'을 진행하
지만, 인간은 사회적 지위를 위하여 가치재를 탄생시켰고 상징과 예술의 탄
생을 통하여 '사물'에 대하여 의미를 부여할 수 있는 유일한 종이 되었다.
우리는 수집의 행위를 이러한 사물의 존재와 같은 맥락으로 바라보았
다. 사물이 존재하는 한, 특히 사물을 통해서 인간이 얻고자 하는 것이
있는 한, 우리의 수집행위는 사물의 기원과 맥을 같이하며 유지될 수 있

는 것이다(보들리야르, 2011 : 166). 인류의 조상들이 소비하기 위한 '사물'이 아닌 '상징적 사물'을 소유함에 따라 남들과는 다른 권력의 소유자로 군림하고, 종족 보존과 자신이 속한 사회의 영속을 기원하게 된 점은, 수집 욕망이야말로 인간의 고유한 속성이자 발전의 원동력임을 보여주는 것이다.

참고문헌

고든 차일드 저, 김권구 역, 2009, 『사회 고고학』, 사회평론.

리처드 리키 저, 황현숙 역, 2005, 『인류의 기원』, 사이언스 북스.

마빈 해리스 거, 김찬호 역, 1995, 『작은인간』, 민음사.

마르셀 모스 저, 류정아 편역, 2008, 『증여론』, 지만지.

만프레프 바우어·구드룬 치글러 저, 이영희 역, 2003, 『인류의 오디세이』, 삼진기획.

모리스 고들리에 저, 오창현 역, 2011, 『증여의 수수께끼』, 문학동네.

배영동, 2007, 「물질문화의 개념 수정과 연구전망」, 『한국민속학』 46, 서울 : 한국민속학회, 233~264쪽.

브라이언 페이건 저, 이희준 역, 2011, 『세계 선사 문화의 이해-인류탄생에서 문명발생까지』, 사회평론.

이선복, 1989, 『고고학개론』, 이론과 실천.

앨리슨 졸리 저, 한상희·윤지혜 역, 2003, 『루시의 유산』, 한나번역출판.

장 보드리야르 저, 배영달 역, 2011, 『사물의 체계』, 지식을 만드는 지식.

Pierre Bonte, Michel Izard, 1991, *Dictionnaire de l'ethnologie et de l'anthropologie*, 3rd, Paris, Presses Universitaires de France.

Robert F.G. Spier, 1973, *Material Culture and Technology*, Minneapolis : Burgess Publishing Company.

지리상의 발견과 유럽의 수집문화

‖ 이은기 ‖

1. 경이의 시대

16~17세기의 군주나 수집가들이 중요시 여긴 수집품은 미술품만이 아니었다. 금은 보석, 지도, 무기, 희귀한 자연물 등 가히 백과사전에 등장하는 모든 것이었다. 새로운 것들에 대한 호기심은 지구상의 새로운 지역을 발견하면서 비롯되었다. 1492년의 콜롬버스(伊 : Christoforo Colombo : 1451~1506)가 아메리카 대륙을 발견한 이후 유럽인들은 남북 아메리카 대륙을 비롯한 아시아, 아프리카 등 지구의 새로운 지역들을 탐험하였다. 마젤란(포르투칼 : Ferdinand Magellan : c. 1480~1521)이 1519년부터 1522년까지 4년에 걸쳐 지구를 한 바퀴 돎으로서 지구가 둥글다는 사실도 증명되었다. 또한 1543년 코페르니쿠스Nicolaus Copernicus(1473~1543)의 태양중심설과 1616년 갈릴레오(伊 : Galileo Galilei(1564~1642)의 지동설은 사고의 기준을

완전히 바꾸어놓았다. 적어도 인식의 면에서는 이제 더 이상 유럽중심적
일 수 없었으며, 더 나아가 인간중심적일 수 없었다. 지리상의 발견과 태
양중심설, 지동설 이후 지구에 대한 유럽인들의 지식은 가히 폭발적으로
증가하였으며 그들 스스로 자신들의 시대를 "경이의 시대Età di Meraviglia"
라 불렀다. 아메리카와 아프리카, 동양에 다녀온 배들은 진기한 물건들을
싣고 왔으며, 유럽인들의 호기심을 자극했다. 새로운 세계에서 들여오는
진기한 물건들에 대한 관심이 집중되었으며 이를 한 곳에 모아 진열하였
다. 이와 함께 박물관의 시대가 시작되었다.

　진기한 것들을 수집, 진열하는 방식은 다양했다. 한 방에 모아놓기도 했
지만, 우피치 처럼 한 건물에 진열하거나, 가정에서는 하나의 캐비넷에 진
열하기도 했다. 수집의 취향은 전 유럽에 걸친 공통된 현상이었으나 지역
마다 지칭하는 용어는 달랐다. 알프스 북쪽의 독일어권에서는 박물관을 '진
기한 것들의 방Wunderkammer', '미술품과 진기한 것들의 방Kunst und
Wunderkammern' '호기심 찬 것들의 캐비넷 또는 방Kuriositäten-Kabinett or
Kammer', '희귀한 것들의 캐비넷 또는 방Raritäten-Kabinett or Kammer'이라 불
렀다. 반면 이탈리아에서는 '박물관Museo', 서재라는 의미의 '스투디올로
Studiolo', 미술품 수집인 경우는 '화랑Galleria'이라 불렀다.

　새로운 세상에 대한 호기심에서 출발한 이러한 수집은 세상을 알고자
하는 백과사전식의 지식욕구를 불러일으켰다. 16~17세기 전 유럽에 걸친
수집의 열광은 한 개인부터 왕이나 군주에게까지 이르렀으며 이 수집품을
진열하고자 '진기한 캐비넷', '진기한 방', '스쿠디올로', 박물관들이 앞
다투어 지어졌다. 수집품들은 크게 네 영역으로 분류할 수 있을 듯하다.

첫째는 지도와 우주 천체에 대한 관심이며, 둘째는 희귀한 자연물, 셋째는 자연물을 인간의 솜씨로 가공한 인공물, 그리고 넷째는 예술에 대한 관심이다. 이 글에서는 각 경향의 대표적인 예를 들어 살펴보고자 한다.

2. 지도의 방

지리상의 발견 이후 지구에 대한 지식은 하루가 다르게 새로워졌다. 지구 위의 나라들을 발견할 때마다 군주들은 앞 다투어 새로운 지도를 만들었다. 그것 또한 권력이었기 때문이다. 지도 제작자는 언제나 새롭고 정확한 지도를 그리기 위해 최신의 정보를 입수해야했으며, 후원자들은 경제적인 투자를 아끼지 않고 탐험가들은 새로운 항해를 감행했다. 가장 업데이트 된 지도는 주로 필사본으로 그렸으며 행정, 군사, 항해, 무역 등에 사용하였다. 그러나 지도는 또한 일종의 새로운 정보에 대한 관심을 의미하기 때문에 궁정의 벽에도 그려지고, 일반 가정의 벽에도 걸린 지적인 장식품이었다.

군주가 주문한 지도의 방은 지도에 대한 적극적인 관심을 보여준다. 현재까지 비교적 잘 보존되어있는 피렌체Firenze의 팔라초 베끼오Palazzo Vecchio에 그려진 지도를 통해 이 시대 지도에 대한 관심과 이를 주문한 군주의 의도를 살펴보자. 피렌체의 팔라초 베끼오는 14세기에 지어진 시청이었으나 피렌체 정치가 공화정시대에서 공작시대로 바뀌면서 메디치가의 공작 코시모 1세Cosimo I(1519~1574)가 자신의 궁으로 변경한 건물이

<도 1> 살라 디 과르다로바 누오바, 피렌체,
팔라초 베끼오, 1563-1586

다. 이 중 귀중한 물건을 보관하는 방guardaroba을 지도로 장식하였는데 1563년에 시작한 방을 1586년까지 지도 완성하지 못했지만 방의 전체적인 구도는 볼 수 있다. 〈도 1〉에서 보는 바와 같이 네 벽면에 일종의 벽장cupboard같은 장을 세우고 장의 문에 세계 각 지역의 지도를 그려 넣었다. 57개에 달하는 벽장의 문에는 유럽지도 14장, 아시아, 아메리카, 아프리카의 지도가 각각 11장 씩 그려져 있으며 방 한가운데는 지구본이 자리하고 있다. 이 지도들은 이냐지오 단티Ignazio Danti가 1563년에서 1575년 사이에 31개의 지도를 그리고, 이후 본시뇨리Olivetan Stefano Bonsignori가 1575년에서 1577년 사이에 23개를 그렸다. 방 중앙에 위치한 지구본은 단티가 2개를 제작하여 하나는 이 방에, 다른 하나는 우피치의 '수학의 방'에 놓았다. 이 지구본은 우피치가 미술전시장으로 바뀐 18세기 말에 과학박물관으로 옮겨졌으며 현재는 다시 제자리로 가져와 이 방에 전시되어 있다(Fiorani, 2001 : 73~102 중 특히 75).

이 방의 장식은 지도에 국한되지 않았다. 실현되지 못한 원래의 계획을 살펴보자. 지도의 아래 부분에는 해당 지역의 식물과 동물들을 그려 넣고, 벽장의 위에는 그 지역을 통치하고 있는 지배자의 대리석 흉상을 놓을 계획이었다. 즉 기존에 알던, 또는 새로 발견한 지역의 지도를 그리고 아래에는 그 지역에서 살고 있는 자연생물, 위에는 그 지역을 통치하고 있는 군주를 그렸으니 한 나라 또는 지역에 대하여 지리상, 자연과학적인 지식, 통치자를 함께 이해하는 통합적인 관심인 것이다. 그리고 벽장과 천장 사이의 공간에는 237명에 달하는 유명인들의 초상을 두 줄로 놓기로 하였다. 원래의 계획에 의하면 천장에는 하늘 지도를 그리고, 하늘을 구로 나타낸 천구天球와 땅을 나타낸 지구地球, 우주를 나타낸 혼천의渾天儀(armillary sphere)도 놓여질 예정이었다.

코시모 1세의 미술행정을 총괄하였으며 이 방의 계획에도 참여한 바사리Giogio Vasari(1511~1574)는 이 방 장식의 목적을 "하늘과 땅에 관련된 모든 것을 이 한 장소에, 하나도 틀림없이 보여줌으로서 이 모든 것을 함께 보고 크기를 인식할 수 있게 한다."고 기록하고 있다(Vasari, 1568 : 633~636). 만약 이 방이 계획대로 다 제작되어서 이 방에 들어설 때 벽장 문에 그려진 지도, 식물과 동물의 이미지, 고대 통치자의 흉상, 위대한 인물들의 초상, 천구와 지구, 혼천의들을 한 눈에 보게 되었다면 아마 바사리의 묘사대로 우주 속을 걷는 느낌이었을 것이다.

그런데 이 방의 원래 모습을 상상할수록 이 방에 등장하는 지도나 지구본 등이 단순히 과학적인 관심에 의해 구상된 것만은 아님을 알 수 있다. 현재 이 방에는 지도와 지구본이 주된 진열품이지만 위에 설명한 원래의 계획을 상상하면 지도는 우주의 시스템 속에서 일부에 지나지 않는다. 이 방의 주요 개념은 지도를 넘어 우주였던 것이다. 이 우주의 이미지는 코시모 공작 자신의 의도였다고 하는데, 우주를 나타내는 코스모스Cosmos는 코시모Cosimo의 철자와 유사하다. 발음의 뉘앙스를 통해 코시모 1세는 자신을 우주에 비교한 것이다. 그는 실제로 1560년 시에나Siena와의 전쟁에서 승리 후 입성할 때 세워진 기념 아치에 그리스어로 "Cosmos cosmoi cosmos"라고 새겨 넣었다. 번역하면 "우주는 코시모의 세계"이니(Fiorani, 2001 : 89), 이 방의 장식은 바로 "우주는 코시모의 세계"를 형상화 한 것이라 할 수 있다. 천구와 지구, 혼천의 등의 구毬들로 방 안을 장식한 것도 다섯 개의 공으로 구성된 메디치가의 문장을 연상하게 한다. 이러한 비유는 너무 비약적인 추측인 듯 하지만 코시모 1세가 주문한 많은 작품들을 보면 이 정도는 그리 놀랄만한 일이 아니다. 그는 팔라초 베끼오 곳곳에 자신을 신격화하는 대담한 도상을 그려 넣었으니 말이다(이은기, 2002 : 275~324). 신성로마제국의 카를 5세Karl V(1500~1558)의 권력이 유럽을 지배하고 있을 때 이탈리아 중부의 작은 나라 토스카나 공국의 공작이었던 코시모 1세는 메디치의 영광을 다시 한 번 회복하고자 과도한 통치의 야망을 드러낸 듯이 보인다(Fiorani, 2001:89~90).

16세기 중엽 지구는 둥글며 태양을 중심으로 지구가 돌고 있다는 사실이 증명되었다. 이 방이 제작된 16세기 후반에는 지구상의 어느 지점도 중심이 될 수 없다는 사실을 이미 알고 있었지만 대 수집가인 군주들은 여전히 세상의 중심에 자신을 놓을 수 있었다(Kenseth, 1991 : 85). 정치인들은 자신의 궁을 유행에 어울리게 백과사전적인 지적 호기심으로 장식하면서도 실제의 관심은 자신의 정치적 야망을 형상화 하는 것이었기 때문이다.

17세기엔 일반 가정에도 지도를 걸 징도로 지도의 수집과 이의 장식이 대중화 되었다. 17세기의 실내를 지금 볼 수는 없으나 네델란드 화가 베르메르Johannes Vermeer(1632~1675)의 작품을 통하여 상상할 수 있다. 베르메르는 인물의 배경에 지도가 걸려있는 작품을 여러 점 제작했다. 그 중 두 점을 보기로 하자. 〈군인과 웃고 있는 소녀〉(1657년, 〈도 2〉)와 〈푸른 옷을 입고 있는 여인〉(1663~64)에 그려진 지도는 같은 지도이며 블라우 반 베르켄로드Blau-van Berkenrode가 제작한 실제의 네델란드 지도와 일치한다. 베르메르는 같은 지도를 두 그림에 적용하면서 앞의 작품엔 조금 더 밝게, 뒤 작품엔 좀 더 낡은

〈도 2〉 베르메르, 〈장교와 웃고 있는 소녀〉,
1657년 경, 캔버스에 유채, 50.5x46cm,
뉴욕, 프릭미술관

지도처럼 그려서 작품의 분위기에 따라 서로 약간 다른 톤으로 그려 넣었다. 두 작품의 제작 시기가 6~7년의 차이를 두고 있는데 같은 지도를 그렸다는 점은 베르메르가 이 지도를 소유하고 있었을 가능성을 시사한다. 베르메르는 그림을 사고파는 일도 하였다고 전해진다. 당시 지도와 미술품은 모두 수집의 대상이었음을 감안한다면 그는 지도의 판매에도 관여했을 것으로 짐작되니 그가 이 지도를 소유하였을 가능성은 더 높다고 생각된다. 그가 인물의 배경에 그린 지도는 네델란드에만 국한되지 않았다. 〈루트를 연주하는 여인〉(1663년 경)의 배경에 그려진 유럽지도는 혼디우스Hondius가 제작한 유럽지도와 일치하는 것으로 확인되었다(Welu, 1975 : 529~535).

그의 생애 말기에 베르메르는 일에 열중하고 있는 〈천문학자〉(〈도 3〉)와 〈지리학자〉(〈도 4〉)를 주인공으로 한 작품을 남겼다. 평생 동안 실내의

〈도 3〉 베르메르, 〈천문학자〉, 1668년 경, 캔버스에 유채, 50 x45cm, 파리, 루브르박물관

〈도 4〉 베르메르, 〈지리학자〉, 1668년 경, 캔버스에 유채, 53 x46.6cm, 프랑크푸르트, 국립미술관

여인들을 그려온 이 화가에겐 다소 이례적인 작품들이다. 1668년에 제작한 이 두 그림은 비록 지금은 서로 다른 곳에 소장되어 있지만 한 쌍으로 그려진 것이 확실시되고 있다. 천문학자는 하늘을 나타내는 천구天球를 들여다 보고 있으며, 지리학자는 지도를 그리다가 잠시 생각에 잠긴 듯한 모습이다. 그리고 지리학자의 배경에 있는 장 위에는 지구본이 놓여 있다. 즉 하늘과 땅을 그리는 두 자연과학자이다. 천구는 매우 다양한 색채로 그려져 있는데 작은 도판에서 잘 보이지 않아 유감이지만 자세히 보면 큰곰자리, 용과 싸우는 헤라클레스, 리라 별자리를 확인할 수 있다. 이 천구는 현재 네델란드 역사박물관에 소장되어 있는, 16~17세기의 지도 제작자 혼디우스Jodocus Hondius(1563~1612)가 제작한 천구와 일치한다

(Welu, 1975 : 546, figg. 19, 20, 21). 〈지리학자〉의 배경 장 위에 놓인 지구본
은 자세히 보기가 더욱 어려우나 이 또한 혼디우스가 제작한 지구본과
일치함이 밝혀졌다. 혼디우스가 제작한 천구와 지구본 또한 지금은 서로
다른 곳에 소장되어 있지만 1600년에 원래 한 쌍으로 제작되어 한 쌍으
로 팔렸다고 하니 더욱 흥미롭다. 직경 34cm의 천구와 지구본 한 쌍은
당시 32길더Guilders였으며 이는 아주 숙련된 장인의 한 달 수입에 맞먹는
금액이었다(Welu, 1975 : 546;Schulz, 1987 : 109). 화가 베르메르가 이 두 천구
와 지구본을 소유하였었는지는 확실하지 않지만 적어도 이토록 정밀한
묘사를 하기 위해서는 오랜 시간 동안 자세히 관찰하였음은 분명하다.
천구와 지구가 한 쌍으로 제작되고, 앞 장의 '지도의 방'에서 본 바와 같
이 한 쌍으로 소유되고, 전시되었으며 베르메르에서는 한 쌍으로 그려졌
음을 보았다. 천구와 지구는 과학자만의 관심대상이 아니고 천체지식에
대한 호기심을 충족시키는 수집품이었다. 베르메르가 관심을 둔 지도들
과 천구, 지구본들을 상상하며 그의 다른 작품들을 보니 더욱 잘 이해되
는 듯하다. 장르회화로 분류되는, 실내에 있는 일상의 인물화가 그토록
적막하고, 아름다운 것은 아마 화가 자신이 자신의 현실 삶을 세계와 우
주 속의 한 점으로 객관화하기 때문인 듯싶다. 새로운 지역, 새로운 과학
이 증대하던 17세기 지식인의 정서를 공감하게 된다. 새로운 세계와 우
주에 대한 관심은 그 인식만으로도 한 개인의 정서를 형성하는 것이다.

〈도 5〉 올레 보름 박물관 내부광경, 1655 출처 : 라이든의 요하넴 엘스비리움 책의 삽화, 판화,
35.5 x 23.2, 워싱톤 디시, 스미소니언 도서관

3. 진기한 자연물

덴마크의 올레 보름Olé Worm(1588~1655)의 수집과 전시는 '진기한 방'의
모습을 잘 보여준다〈〈도 5〉〉. 올레 보름은 17세기 유럽에서 가장 박식한
사람에 속했다. 라틴과 그리스어 교사였고 고고학자였으며 코펜하겐대학
에서 약학과 자연철학을 가르치는 교수(1620~1654)였다. 그는 학생들을 가
르치기 위하여 박물관을 세웠는데 이는 곧 전 유럽에서 유명해졌으며 코
펜하겐에서 가장 유명한 볼거리가 되었다. 여기서는 "전에 볼 수 없었던

희귀한 것들을 관찰할 수 있었으며 … 귀족들이 이 박물관을 보고자 코펜하겐에 들렀다." 방문한 사람들은 무지 큰 거북이 등, 아메리카 대륙에 사는 가죽이 딱딱한 동물인 아르마딜로armadillo, 일각고래의 나선형 어금니 뿔, 톱상어의 톱, 펭귄, 북극곰 가죽 등 그들이 처음 보는 희귀한 것들에 놀랐다. 여기엔 아메리카, 중국, 터키 등에서 온 이국적인 사물들도 전시되었다. 〈도 5〉에서 잘 볼 수 있듯이 에스키모인들이 쓰던 카약Kayak은 천장에 매달고, 창, 활, 화살, 옷, 악기 등은 벽에 걸어놓았다(Kenseth, 1991 : 81). 지금 우리의 시각으로 보면 온갖 잡동사니를 모아놓은 것 같지만 17세기 유럽인들에겐 그들의 일상에서 볼 수 없었던 거대하거나, 이국적이거나, 호기심을 자극하는 물건들이었다.

신대륙에서 가져온 물건들은 식물과 동물, 광물 등 다양했다. 물론 식물이나 동물은 살아있는 채로 가져올 수는 없었으므로 열매 말린 것, 단단한 씨, 동물의 뼈 등이 주를 이루었다. 이 단편적인 사물에 전해들은 이야기를 합쳐 환상적이고, 괴상한 동물을 상상하기도 했다. 17세기의 네델란드의 죠안 블라우 Joan Blaeu(1596~1673)가 쓴 지리책에

〈도 6〉 조안 블라우, 〈아메리카의 의인화〉, 1662-665, 53.5x34.5cm, 지오그라피아 마죠레, Vol. II, cat. no. 90, 뉴햄프셔 다트마우스 대학 도서관

그려진 의인화된 〈아메리카〉(〈도 6〉)는 당시 유럽인들의 아메리카에 대한 인식을 보여준다. 여인으로 의인화된 아메리카는 깃털로 된 머리장식과 치마를 입고 있으며 활로 사냥을 하는 모습이다. 화면 아래와 오른 쪽에는 흑인들이 광물을 채집하는 모습이어서 유럽인들이 아메리카 대륙에서 금은을 채집하여 공수하였던 실상을 보여준다. 왼쪽의 동물은 도마뱀처럼 생겼으나 악어처럼 크다. 그리고 배경인 바다, 즉 대서양에는 범선이 발달된 유럽을 암시하여서 원시자연의 아메리카 대륙과 대조를 이룬다. 하늘에 떠있는 기독교적인 도상들도 흥미롭다. 악을 퇴치하는 용감한 군인, 인디언을 보호하는 마리아와 천사들은 유럽대륙의 지배자적인 위치를 암시하고 있는 것이다(Welu, 1991 : 313~314). 실제로 유럽에서 수집한 많은 광물들은 아메리카와 아프리카에서 가져온 것들이었다. 광물을 자연 그대로 또는 가공하여 수집하기도 하고, 커다란 산호를 금은조각에 붙여 장식하기도 하였다. 그리고 깃털로 만든 추장의 머리장식이나 옷들도 유럽인들의 호기심의 대상이어서 박물관에 수집하였다.

4. 진기한 인공물

백과사전식의 관심에서 비롯된 수집의 대상은 희귀한 자연물naturalia을 넘어 이를 인간의 솜씨로 기막히게 만들어 놓은 인공물artificiale에 이르기까지 그 종류에 끝이 없었다. 처음 보는 식물의 단단한 씨, 거대한 산호, 아주 큰 진주, 빛나는 보석 등의 광물들을 모아 방을 꾸미거나 '진기한

캐비넷Kuriositäten-Kabinett'을 장식하
였으며, 이를 가공하여 인간의 솜
씨에 감탄하였다. '진기한 캐비넷'
은 16~17세기 동안 수없이 많이 만
들어져서 현재도 유럽과 미국 대부
분의 미술관들이 적어도 한 점 정
도는 소장하고 있다. 그 중 스웨덴
왕 구스타프 II세 아돌프Gustav II
Adolf가 소유하고 있었던 '진기한
캐비넷'을 통하여 자세히 살펴보
자. 독일 아우그스부르크Augsburg의
성공한 상인 필립 하인호퍼Philipp
Hainhofer(1578~1647)는 미술품을 거
래하고, '진기한 캐비넷'을 구상하
고 만들어서 유명해졌다. 그는 왕

〈도 7〉 필립 하이노퍼, 구스타프 아돌프 왕의
〈진기한 캐비넷〉, 1625-31, 240x120cm, 스웨덴,
웁살라 대학 구스타브 박물관

들의 예술품 수집 자문을 맡는 것을 계기로 외교관 역할까지 하였다. 그
가 만들어서 스웨덴 왕 구스타프 II세 아돌프왕에게 선물한 〈진기한 캐비
넷〉(〈도 7〉)은 자연물을 솜씨 있게 가공하여 진기한 인공물로 만든 좋은
예이다.

　높이 240cm, 폭 120cm의 캐비넷 안에는 귀한 돌과 동물, 식물의 표본
들이 있으며 필기도구, 외과 수술 기구, 악기 등이 모아져있다. 도판에서
보는 바와 같이 캐비넷은 문을 여닫게 되어 있다. 중간 문 안쪽에는 귀한

돌과 은 등을 타르시에 기법으로 상감한 형상이 보이며, 여러 가지 준 보석들을 동그란 형태로 잘라 장식하였다. 자세히 볼 수 없어 안타깝지만 이 안에는 시계의 원리를 이용한 특수 기계를 적용하여 자동으로 연주되는 악기가 있으며, 렌즈, 거울 등이 있다. 장의 가장 꼭대기 장식은 이 캐비넷의 백미이다. 세이셸 야자seychelles nut 껍질로 배와 같은 컵 모양을 만들어 청동과 은으로 도금하고, 그 안엔 바다의 신 넵튠 조각을 넣고, 커다란 산호로 장식하였다. 자연의 원재료는 인간의 솜씨에 의해 무한히 변형되어 감탄의 대상이 되고 있다.

이 캐비넷을 만든 과정을 상상해본다. 이를 구상한 하인호퍼는 그가 모은 많은 것들을 어느 부분에 쓸지 고심하였을 것이다. 그리고 여기에 지구의 산과 바다 등을 연상시킬 수 있는 전통적인 도상을 생각해 내었을 것이다. 장의 주 재료인 흑단을 잘 다루는 장인을 선택하고, 최고의 금은 청동 세공사를 기용하고, 시계공, 악기 제작자까지 동원하였을 것이다. 이 〈진기한 장〉을 만들어 놓고 하인호퍼 자신이 '세계에서 8번째로 진기한 것'이라 지칭하였다 하니 그의 자부심도 대단하였음을 느낄 수 있다. 하나의 캐비넷이지만 박물관이나 '진기한 방' 못지않은 경이로움을 담고 있다. 작은 장에 산과 바다에서 얻을 수 있는 진기한 것을 모으고 이를 인간의 손으로 정교히 만들었으니, 작은 것 안에 지구와 인간 존재라는 거대함을 담은 셈이다(Boström, 2001:90~101).

'경이의 시대'의 수집에 대한 전시를 기획한 미술사학자 조이 켄셋Joy Kenseth은 '진기한 캐비넷'을 "하나의 닫힌 장에 담은 경이의 세계"라 표현하였다(Kenseth, 1991 : 81). 16~17세기 당시의 수집가들도 이에 대한 인식이 강하였다. 그들이 수집한 수많은 물건은 단순히 희귀한 것이 아니라 이를 통하여 세계를 보는 매개체였다. 프랑스의 수집가 피에르 보렐Pierre Borel은 자기의 '진기한 캐비넷' 위에 다음과 같이 새겨 넣었다고 한다. "여기에 멈추어 서보아라! 당신은 집에서, 아니 실제로는 뮤지엄에서 이 세계를 바라볼 수 있다. 이것은 이 세상의 모든 희귀한 것들의 소우주 또는 백과사전이다."(Kenseth, 1991 : 100). 현재의 우리가 워싱턴 스미소니언 몰에서 볼 수 있는 자연, 역사, 미술 박물관을 하나의 장에 넣어 집에서 볼 수 있게 한 것이다. '진기한 자연물'을 넘어 이를 인간의 솜씨로 가공한 '진기한 인공물'에 감탄하였다. 그리고 이 작은 것을 통해 거대한 세계를 인식하고자 하였다.

5. 인공물의 정점, 예술품

우리는 인간의 솜씨 중 가장 뛰어난 것을 예술이라 칭송하며 그 중 조형예술품은 미술관에 모아 놓고 감상한다. 우리가 미술관이라 번역하는 영어의 갤러리Gallery는 이탈리아어 갈레리아 델리 우피치Galleria degli Uffizi에서 유래하였다. 갈레리아는 '회랑' 또는 '복도'라고 번역할 수 있는 긴 통로의 건축구조를 말하며 우피치는 지금의 오피스Office 즉 사무실이니 직역한다면 '사무실 복도'라는 뜻이다. 피렌체Firenze 메디치Medici가의 공작 코시모 1세(Cosimo I(1519~1574)가 바사리에게 설계를 주문한 우피치 건물이 완성되었을 때 그의 아들 프란체스코 1세Francesco I del Medici(1541~1587)는

3층에 메디치가의 소장품들을 모아 진열하였다. 긴 복도를 지닌 ㄷ자 건물의 사무실을 지어, 1, 2층은 사무실로 쓰고 3층에는 그가 모은 수많은 회화, 조각, 공예, 보석, 무기, 지도 등을 진열한 것이다.

현재의 우피치에서 대중적으로 인기가 있는 작품들은 보티첼리Sandro Botticelli, 레오나르도 다 빈치Leonardo da Vinci, 미켈란젤로Michelangello Buonarotti 등 르네상스 거장들의 작품이다. 14세기부터 시대와 화풍의 유파별로 나뉜 방들을 차례로 지나다 보면 각 시대의 대표적인 작품들을 만날 수 있으니 마치 서양미술사의 개설서를 차례로 보는 듯하다. 그러나 16세기 설립 당시의 우피치에는 미술품만이 아니라 금은보석, 무기, 지도 등 지금의 미술관에서는 볼 수 없는 것들이 함께 전시되어 있었다. 양식사적 흐름을 기준으로 한 지금의 진열은 18세기 말 이후 신고전주의 영향을 받은 루이기 학예관 란치Luigi Lanzi(1732~1810)의 의도에 따라 전시에 큰 변화를 겪은 결과이다. 그는 금은 세공품은 은 박물관으로 보내고, 천체기구들은 과학박물관에 보내는 등 미술품 이외의 전시품들을 정리하였다. 반면 교회에 있던 제단화를 가져오고, 별장에 있던 그림과 조각들을 우피치로 옮겨와서 14세기부터 18세기까지의 시대별, 유파별 대표 작품들을 진열하였다. 미술을 다른 영역에 종속되지 않고 독립된 순수미술 Fine Art로 인식한 새로운 미학에 기초하여 전시한 것이다. 그는 우피치를 '유령에 사로잡힌 듯한 분데르카메르에서 명쾌한 합리주의의 미술관'으로 바꾸고 '갑옷과 상아와 함께 있던 라파엘의 그림을 살려내었다'고 자화자찬했지만 그의 개혁 때문에 우리는 우피치의 원래 모습을 영원히 볼 수 없게 되었다.

당시의 진열은 지금과 사뭇 달라서 18세기까지만 해도 회화는 1/3 정도 밖에 되지 않았다. 무기를 전시하는 방이 다섯 칸이나 되었으며 그 외에 '귀중품의 방', '도자기의 방', '메달의 방', 수학 도구들과 천체 과학 도구들이 진열되어 있었던 '수학의 방'이 있었다. 자연물과 보석등의 귀중품, 그리고 당시 과학 중에서 가장 첨단을 차지했던 천문학 도구들이 있었으니 자연, 과학,

〈도 8〉 트리부나 전경, 1584-1588, 피렌체, 우피치

군사, 예술 등의 영역이 함께 전시된 '진기한 방'과 같은 개념의 백과사전식 수집이었음을 알 수 있다(이은기, 2000 : 7~34).

오랜 미술의 전통을 지닌 피렌체이기에 진기한 것을 수집하면서도 그 중 미술품 수집이 뛰어났다. 그럼에도 불구하고 이를 진열하는데 있어서는 이 또한 우주의 질서라는 구조 속에서 작용하도록 전시하였다. 우피치 중에서도 가장 공들인 방 트리부나Tribuna di Medici는 첫 번째 복도에 면해 있는 8각형의 작은 방이다〈도 8〉. 프란체스코 1세가 1584년에 조각가 부온탈렌티Buontalenti에게 주문하여 1588년에 완성한 이 방은 그동안 수집가들이 열망하던 '자연과 예술의 경합'을 잘 보여준다. 〈도 8〉에서 보는 바와 같이 여덟 벽은 붉은 융단으로, 8각 도움의 늑골은 금 도금으로, 창문의 양 옆 벽은 푸른 바탕에 금색 무늬와 진주로 꾸몄으니 붉은색

과 푸른색, 금색의 조화는 바로 메디치가의 상징이었다. 도움의 벽에는 조개를 박아 꼭대기의 탑에서 들어오는 빛을 반사하게 하고, 방 한 가운데 마늘통만한 진주를 늘어뜨렸다니 그 눈부심을 짐작할 만하다.

현재는 라파엘로Raffaello Sanzio(1483~1520)와 줄리오 로마노Giulio Romano(1499~1546) 등의 유명한 작품들 위주로 전시되어 있으나 1780년 경 전시가 완전히 바뀌기 전의 광경을 그린 드로잉은 작은 그림과 조각들도 가득 함께 진열되었음을 보여준다. 이 그림과 조각들은 단순히 훌륭한 작품이어서 선택된 것만은 아니었다. 여덟 벽의 진열은 자연계의 질서를 비유적으로 나타내고 있다. 네 벽에는 보레아, 갈라테아, 아폴로, 유노 등의 신상神像들이 놓였는데, 이 신상들은 각각 공기, 물, 불, 흙을 상징하였다. 즉 자연계를 형성하는 네 기본 요소를 체계화하여 이를 조각으로 보여주는 것이다.

1588년 이 방이 완성되었을 때 트리부나의 진정한 보물은 중앙에 놓였던 8각형의 신전이었다고 한다. 지금은 볼 수 없는 이 작은 신전은 당시 '스투디올로Studiolo'라 불렀다. '스투디올로'는 '서재'라는 뜻이지만 당시의 서재는 '진기한 방'에 해당하였으니 이 작은 신전은 일종의 이탈리아식 '진기한 캐비닛'이었다. 1599년 『피렌체 안내서』를 쓴 조반니 치넬리 Giovanni Cinelli는 "여러 가지 색깔의 귀한 돌들로 만들어진 이 (신전)을 보고 있노라면 그만 넋을 잃을 지경"이었다고 한다. 그리고 이 신전 안에 있는 가지가지 금은 보석과 메달 등의 수집품은 "예술과 자연이 아름다움의 진가를 더 발휘하기 위하여 서로 경쟁하고 있다."고 덧붙였다. 이 중에서 빼놓을 수 없었던 것은 카메오에 새긴 메디치가 인물의 초상이나 메달들 이었다. 우리가 앞 서 지도의 방에서 본 바와 같이 우피치와 트리부나 역시 수집과 진열의 진짜 목적은 메디치가의 정치적인 선전에 있었기 때문이다(이은기, 2000 : 334~340).

트리부나를 포함한 우피치의 수집품은 당시의 백과사전식 지식 체계를 지니고 있으며 이는 군주의 명예를 위하여 계획·전시되었다. 그럼에도 불구하고 우피치가 북유럽의 다른 수집들과 다른 점은 바로 좋은 미술품을 소유하고 있다는 점이다. 이를 '경이의 시대'라는 관점에서 보면 회화 작품과 고대의 조각들 또한 호기심의 대상이었다. 화가들마다 새로이 개발하는 테크닉, 새로운 회화 효과들에 매료되어 주문과 수집이 끊이지 않은 것은 이 예술품들이 인간의 솜씨로 만든 '인공적인 것artificiale'의 가장 정점이었기 때문이다.

참고문헌

이은기, 2000, "우피치의 전시와 변천", 『서양미술사학회 논문집』 13, 2000 상반기, 서양미술사학회, 7~34쪽.
_____, 2002, "공작 코시모1세의 초상화와 정치 선전", 『르네상스미술과 후원자』, 서울 : 시공사, 275~324쪽.

Boström, Hans Olof, 2001, "Phillipp Hainhofer and Gustavus Adolphus's Kunstschrank in Uppsala," in Impey and MacGregor, *The Origines of Museums*, Cornwall : House of Stratus Ltd., pp.90~101.

Fiorani, Francesca, 2001, "Maps, Politics, and the Gran Duke of Florence : The Sala della Gurdariba Nuova of Cosimo I de'Medici" in *Institutum Romanum Norvegiae, Acta ad Archaeologiam et Artium Historiam Pertinentia*, series altera in 8* Volumen XII, pp. 73~102, figg. pp.195~208.

Fossi, Gloria, 2001, *The Uffizi Gallery, Art History Collections*, Firenze : Giunti.

Heikamp D., 1976, "American Objects in Italian Collections of the Renaissance and Baroque : A survey", in *First images of America : the Impact of the New World on the Old*, (ed. by F. Chiappelli), Berkeley, Los Angeles, London.

Lugli, Adalgisa, 2005, *Naturalia et Meraviglia, Il collezionismo enciclopedico nelle Wunderkammern d'Europa*, Milano : Mazzotta.

Spitta, Silvia, 2009, *Misplaced Objects, Migrating Collections and Recollections in Europe and the Americas*, Austin : University of Texas.

Kenseth, Joy, 1991, "A World of Wonders in One Closet Shut" in *The Age of the marvelous* (ed. by Joy Kenseth), Hanover, New Hampshire : Hood Museum of Art. Dartmouth College, pp.81~102

Schulz, Juergen, 1987, "Maps as Metaphors : Mural Map Cycles of Italian Renaissance" in *Art and Cartography*, Six Historical Esseys, (ed. by David Woodward), Chicago, pp.97~123.

Vasari, Giorgio, 1568, *Le Vite de'piu eccellenti pittori scultori ed architettori*, (ed. Gaetano Milanesi), Firenze, 1906.

Welu, James A. 1975, "Vermeer : His Cartographic Sources" in *The Art Bulletin*, Vol. 57, No. 4(Dec., 1975), pp.529~547.

Welu, James A., 1991, "Strange New Worlds : Mapping the Heavens and Earth's Great Extent" in *The Age of the marvelous* (ed. by Joy Kenseth), Hanover, New Hampshire : Hood Museum of Art. Dartmouth College, pp.103~112, 312~314.

시민혁명과 박물관

‖ 박윤덕 ‖

1. 들어가는 말

오늘날 우리가 알고 있는 박물관은 서양 근대, 정확하게 말하면 프랑스 혁명의 산물이라 할 수 있다. 왜냐하면, 1793년 8월 10일, 프랑스 제1 공화정 수립 1주년을 경축하기 위한 국민축제의 일환으로, 왕실에서 인민에게로 소유권이 넘어온 예술품과 혁명전쟁의 전리품들을, 한때 왕궁으로 쓰이던 루브르Louvre의 그랑 갤러리Grande Galerie에 전시한 데서 근대적 의미의 박물관이 탄생했기 때문이다. 한 해 전인 1792년 8월 10일은 파리 민중이 봉기하여 800년을 이어 온 프랑스의 군주정을 타도한 역사적인 날이다. 이와 같이 박물관의 대명사라 할 루브르박물관Musée du Louvre은 탄생의 순간부터 매우 진지하고 의미심장한 정치적 함의를 그 화려한 외관 뒤에 숨기고 있었다.

주지하다시피, 여론을 동원하기 위한 대규모 선전선동propaganda은 프랑스 혁명에서 비롯된 많은 것들 가운데 하나였다. 정기적으로 발행되는 신문과 같은 근대적 언론이 이 시기에 처음 등장했을 뿐만 아니라, 현대적 대중매체가 존재하지 않는 상황에서 일반대중에게 혁명의 대의를 전파하고 지지를 확보하기 위해서 미술, 음악, 연극 등 전통적인 예술 활동이 적극적으로 활용되었다. 아마도 프랑스 혁명기 정치적 선전선동의 백미는 '혁명축제'일 것이다. 1790년 7월 14일 바스티유 함락 1주년을 경축하고 국민적 화합을 과시하기 위해 조직된 '연맹제Fête de la Fédération'를 시작으로 1794년 '최고존재Etre Suprême의 축제'에 이르기까지 다양한 축제를 통해서, 혁명 프랑스는 신체제를 보위할 새로운 국민nation을 만들어내고자 했다. 루브르박물관이 1793년 8월 10일 새로운 공화제 헌법의 제정과 8월 10일의 혁명 1주년을 경축하는 축제와 함께 개관했다는 사실만 보아도, 박물관이 "혁명적 선전도구"이자 "공화정의 아카데미", 즉 "혁명 정신과 시민의식을 고취하는 학교"로 기획되었다는 점은 쉽게 간파할 수 있다. 중세에 성채로 건설되어 근대 초 왕궁으로 사용되었던 루브르가 대혁명을 거치면서 시민의 교육기관으로 재탄생한 것이다.

다우드David L. Dowd에 따르면, 구체제의 파괴로 국왕과 신민 사이의 전통적인 유대가 와해되었을 때, 1789년의 혁명가들은 정서적으로 새로운 토대 위에 프랑스의 통일성을 재건해야 하는 상당히 어려운 문제에 직면하게 되었다. 당통Georges Danton의 표현에 따르면, 혁명가들은 시민들에게 "자유와 조국에 대한 사랑을 불어넣기 위해서" 클럽 및 협회 조직, 팸플릿, 신문과 같은 언론매체, 그리고 노래, 연극, 회화, 조각 등 시각과 청각을 자극하는 다양한 장르의 예술 활동을 총동원하였다. 다비드 Jacques-Louis David를 비롯한 상당수의 예술가들은 이러한 혁명의 문화정책을 수용하였을 뿐만 아니라 적극적으로 주도하면서 혁명의 대열에 동참하였다. 다비드는 혁명의 주요 사건들les journées을 장엄한 구도로 화폭에 재현함으로써 그 날의 감동을 영속화시켰는데, 루브르는 그와 동료들의 작업실이자, 후학을 양성하는 학교였고, 시민들에게 개방된 전시실이었다.

이와 같이 박물관이 정치적 목적에서 구상되고 '국가 만들기' 프로젝트의 일환으로 기획된 사례는 우리 주변에서도 적지 않게 볼 수 있다. 1961년 7월 1일 중국 공산당 창건 40주년을 기념해서 베이징 천안문 광장에 개관한 중국혁명박물관은 말할 것도 없고, 싱가포르 국립박물관은 국가의 정체성을 확립하고 대내외적으로 정통성을 과시하기 위해서 추진된 국가적 사업의 결과물들이다. 한국의 국립민속박물관이나 북한의 조선혁명박물관 역시 이러한 정치적 의도를 숨길 수 없을 것이다.

비교적 최근에 설립된 역사박물관들의 경우, 정치적인 설립 의도가 노골적으로 드러나기 때문에 논란의 여지가 별로 없지만, 앞에서 언급한 선행 연구자들의 루브르박물관에 대한 결론은 몇 가지 점에서 지나치게 단순하고 일방적이라고 판단된다. 왜냐하면, 샤텔André Chastel이 지적했듯이, 혁명 프랑스는 혐오의 대상으로 파괴될 수도 있었을 구체제의 잔재를 '문화유산patrimoine'으로 지정하고, 박물관이라는 제도를 통해서 단순히 과거를 담아내는 데 그치지 않고 새로운 원칙에 따라 과거를 재해석해냈기 때문이다. 실제로 혁명의 절정기였던 1793년 여름, 왕정과 연관된 유물들을 파괴하려는 움직임이 나타났고, 국민공회도 왕권과 관련된 기념물들을 제거하라고 명령함으로써 이를 부추긴 바 있다. 그러나 박물관은 내무장관 롤랑Jean-Marie Roland의 표현을 빌리면, "혁명을 강화하는 수단으로서, 영혼을 고양시키고 심장을 뜨겁게 만드는, 프랑스 공화국을 빛낼 가장 강력한 수단"으로 자리매김하였다.

또한 루브르에 박물관 설립을 처음으로 기획·추진한 것은 혁명가들이 아니라 절대왕정이었다는 점을 유념해야 한다. 18세기 후반 구체제의 역대 정부는 "유럽에 대한 프랑스의 문화적 패권의 상징"으로서, 그리고 "계몽사상의 정신에 호응하는 살아 있는 백과전서"로서 루브르에 박물관 설립을 추진하였다. 그들의 목표 역시 다분히 정치적이었다는 점에서, 프랑스 혁명의 박물관 정책을 정치적 선전술로 폄하하거나, 반대로 역사적 선례가 전혀 없는 혁명적 기획으로 과찬할 필요도 없는 것이다. 사실, 그보다 훨씬 더 전에 중세의 성직자들도 교회의 창문을 장식한 스탠드글라스와 신도들을 굽어보는 성인상, 그리고 각종 성유물을 통해서 일종의 종교 교육을 시행했다는 점에서 교회를 박물관처럼 활용했다고 할 수 있기 때문이다.

따라서 우리는 "일반대중에게 개방된 예술품 전시 공간"으로서 박물관이 갖는 정치적 효용성보다는 프랑스 혁명이 그 가능성을 어떻게 현실화했는지를 파악하는 데 주력하면서, 루브르박물관의 탄생 과정을 탐구하고 그 역사적 의미를 재음미해볼 것이다.

2. 절대왕정의 박물관 프로젝트

세계 최고의 박물관으로서 루브르를 설립했다는 명성은 프랑스 혁명의 차지가 되었지만, 처음 박물관을 구상하고 기획했을 뿐만 아니라 그 실질적 토대를 마련한 것은 절대왕정이었다. 1774년 이래 루브르에 박물관 설립을 추진했던 앙지빌레Angiviller 백작이 1789년 초에도 여전히 2-3년 안에 박물관을 개관할 수 있다고 믿고 있었던 것을 보면, 루이 16세는 불과 몇 년 차이로 이 명예를 놓쳤다고 할 수 있다.

18세기 중반부터 왕실 소유 예술품들을 일반대중에게 공개·전시하자는 의견이 제기되었고, 그 가운데 일부는 공식적으로 출판되어 진지하게 논의되었다. 라퐁드생티엔Étienne La Font de Saint-Yenne의 『위대한 콜베르의 그늘L'Ombre du Grand Colbert』(1749)이 대표적인 예이다. 저자는 위대한 대신 콜베르와의 가상 대화에서 왕궁을 장식하기 위해 이탈리아에서 비싸게 사들인 예술품들이 지난 50년 동안 베르사유의 "어두운 감옥"에 갇혀 빛을 보지 못하고 있다고 통탄하면서, 일반인들의 즐거움, 외국인들의 호기심, 그리고 예술가들의 연구를 위해서 이 진귀한 보물들을 공개할 생각이 없는지 묻고 있다. 볼테르Voltaire, 디드로Denis Diderot와 같은 계몽 사상가들이 이러한 제안에 화답한 바 있는데, 그들이 보기에, "한 지붕 아래 모든 지식과 기술을 포괄하는 살아 있는 백과전서"로서의 박물관은 지적 진보의 가장 훌륭한 구현具現이자 이를 위한 최상의 수단이었다. 국왕 정부도 이러한 견해를 수용해서 공식적인 정책으로 채택하게 되었는데, 파리에 유럽이 부러워할 만한 공공 미술관을 설립함으로써 프랑스의 문화적 우월성과 절대 왕권을 과시할 수 있기 때문이었다. 당시에 박물관 설립을 추진하던 유럽 주요 도시들에 대한 경쟁심도 이러한 결정에 적지 않은 영향을 주었을 것이다.

박물관 설립 제안자들이 주목한 장소는 루브르였다. 수도 한복판에 자리한 루브르는 한때 왕궁으로 쓰였던 웅장한 건물이고, 루이 14세가 베르사유로 떠난 이후에는 회화 및 조각 아카데미Académie royale de peinture et de sculpture를 비롯한 여러 왕립 아카데미들의 거점이었기 때문이다. 그러나 18세기 중반의 루브르는 예술품을 전시하기에 적합한 상태가 아니었다. 당시 루브르에는 여러 아카데미와 정부 부처의 사무실이 입주해 있었을 뿐만 아니라, 그곳의 작업실을 사용하는 예술가들과 국왕이 하사한 아파트에 기거하는 귀족들이 뒤섞여 살고 있었고 장사치들도 드나들었다. 또한 벽면에 기댄 판잣집 같은 가건물들 때문에 건물의 외관이 심하게 망가진 상태였으며, 내정에는 작은 상점들이 무질서하게 흩어져 있어 매우 번잡하였다. 루브르에 전시실을 설치하기 위해서는 대대적인 개보수가 불가피했는데, 만성적인 재정적자에 시달리고 있던 정부에게는 매우 버거운 일이었다.

결국 프랑스 최초의 박물관은 루브르 대신 또 다른 왕궁인 룩상부르Luxembourg에 설치되었다. 1750년에 문을 연 룩상부르 궁의 동편 건물에 위치한 전시실에는 100여 점의 그림이 다채로운 대리석 테이블과 여러 사치품들과 함께 일주일에 이틀 동안 일반 대중에게 공개되었다. 룩상부르 갤러리는 "선별" 체계라 불릴 만한 새로운 전시 방식을 채택하였는데, 관람자들은 이 체계에 따라서 연속적으로 배열된 이탈리아, 북유럽, 프랑스, 세 유파의 대표작들을 비교할 수 있었다. 당시의 개인 전시실cabinet de tableaux들은 조화롭고 대칭적인 장식효과를 얻으려는 목적에서 개별 작품의 스타일에는 거의 관심을 두지 않고 작품의 크기와 형태를 중시하여 작품을 배치했다면, 룩상부르의 갤러리에서는 여러 화가들과 상이한 장르의 작품들을 연속적으로 대조할 수 있었기 때문에 교육적 효과가 두드러졌다. 그러나 룩상부르 갤러리는 단명했다. 1779년 루이 16세가 룩상부르 궁을 동생 프로방스 백작Comte de Provence에게 왕자령apanage으로 하사했고, 새 주인이 궁을 그의 거처로 사용하기로 결정했기 때문에 룩상부르 갤러리는 폐쇄되었다.

룩상부르 갤러리의 폐쇄 이후 루브르박물관 설립이 다시 본격적으로 추진되었는데, 그 책임은 루이 16세의 왕실건물 관리책임자Directeur général des bâtiments였던 앙지빌레 백작에게 주어졌다. 경험 많고 세련된 총신이자 정력적인 행정가였던 그는 계몽주의적 박물관 프로젝트의 지지자였다. 1774년 취임 직후에 쓴 편지에서 밝혔듯이, 그는 "왕실 소장 회화 작품들이 그랑 갤러리의 너무나 긴 벽에 걸리기"를 희망했고, 왕실 컬렉션으로 유럽을 경탄케 하고 프랑스의 영광을 과시하게 될 최고의 공공 미술관을 건립하는 꿈을 추구하기 시작했다.

우선 건축가와 예술가들에게 루브르의 그랑 갤러리를 유럽 최고의 예술품들을 전시할 만한 공간으로 개조할 수 있을지 자문을 구했다. 건축가들은 화재 예방을 위해서 천장을 재시공하고, 접근성을 높이기 위해서 진입계단의 개조 및 추가 설치를 제안했고, 예술가들은 조명의 문제를 제기하였다. 1776년 가을에는 육군대신 생제르맹Saint-Germain 백작을 설득해서 그랑 갤러리를 차지하고 있던 군사용 지형도와 요새 모형들을 철거하였다. 당시에 그랑 갤러리에는 국경의 주요 도시 및 요새들의 축소 모형과 지도 수백 점이 보관되어 있었는데, 이는 국방 전략 수립을 위한 기밀 자료여서 일반인의 접근이 엄격하게 통제되었다. 이 자료들은 앵발리드Invaliedes로 이관되었다. 앙지빌레 백작은 1775~1789년 사이에 국왕을 위한 예술품 구입과 제작에 1백만 리브르 이상의 예산을 사용하였는데, 회화와 조각 작품뿐만 아니라, 넓은 공간에 최고의 박물관에 걸맞는 격조를 주기 위해서 새로운 대리석 테이블 및 장식품들을 구입했다.

1789년 혁명의 발발로 앙지빌레의 계획이 실현되지는 못했지만, 그의 예술품 구매목록을 보면, 루브르의 그랑 갤러리는 룩상부르의 갤러리보다 진일보한 근대적 박물관이었을 것으로 추정된다. 1775~1789년 사이에 구입된 그림들 가운데 거장들의 작품은 대개 북유럽과 프랑스 작가들의 것이었고, 소량 구입된 이탈리아 작품들은 거장들의 것이 아니라 오히려 명성이 덜한 화가들의 작품이었다. 이는 기존의 왕실 컬렉션에서 빠져 있거나 빈약했던 부분이었는데, 루브르에서 이탈리아, 네덜란드, 프랑스, 세 유파에 대한 한층 더 포괄적이고 균형 잡힌 미술사를 개관해보려는 의도를 보여준다. 이와 같이 앙지빌레는 룩상부르의 "선별"체계 대신 유파와 연대기에 따라 작품을 배열함으로써 교육적 효과를 더욱 강조한 것처럼 보인다. 당시에 뒤셀도르프 선제후의 갤러리와 빈Vienne에 있던 신성로마황제의 갤러리가 유파에 따라 작품을 배열하고, 각 유파 내에서의 미술사적 발전을 보여주는 "계보적progressive" 기준을 적용하였는데, 앙지빌레도 이러한 시도를 모방하려 했던 것으로 보인다. 이 점에서 앙지빌레의 루브르는 절대왕정의 "계몽주의 기획"이었다고 할 수 있다.

사실, 박물관의 기원이 계몽시대의 프랑스에 있었다는 것은 우연이 아니다. 사회에 대한 교육의 가치를 강조하고, 정보를 수집하고 체계적으로 제시하려는, 계몽주의적 열망이 왕실소장품을 공중에게 개방하도록 프랑스 국왕을 설득하는 데 일조했다는 점을 아무도 부정하지 못할 것이다. 그러나 계몽사상이 박물관 아이디어를 제시했을지라도, 박물관 설립을 책임 진 것은 현실 정치였다. 1750년 이후 파리에 박물관을 설립하고자 했던 국왕 정부는 이 "계몽된" 기관의 존재가 왕권에 이득을 가져다줄 수 있다는 것을 명확하게 알고 있었다.

그러나 실제로 박물관을 설립한 것은 혁명정부였다. 자코뱅은 "구체제에 대한 신체제의 승리를 위한 명료한 메타포"이자 신생공화국의 문화적 역량을 과시할 수 있는 수단으로서, 세계에서 가장 포괄적이고 이성적인 박물관을 단 1년 만에 완성했던 것이다. 1791년 4월 앙지빌레 백작이 망명을 떠난 뒤에도 루브르 프로젝트는 공식적으로는 국왕의 감독 아래 진행되었다. 1792년 4월, 건축가 미크Mique가 국왕의 승인을 받아 그랑 갤러리를 떠받치고 있던 경사진 벽들에 대한 아주 때늦은 보수를 하기도 했지만, 이미 박물관 설립 주체는 왕정이 아니라 혁명정부였다. 1793년 7월 내무장관 가라Dominique Garat는 국민공회 의장에게 보낸 서한에서 루브르박물관의 신속한 개관은 "군주정이 20년 이상 동안 하지 못했던 것을 공화국이 단 1년 만에 해냈다는 것을 보여줄 것"이라고 강조한 바 있다. 이 점에서 루브르박물관도 역시 "스스로를 개혁할 수 없는 국가에 대한 시민사회의 승리"로 해석될 수 있을 것이다.

3. 프랑스 혁명과 박물관

혁명의 발발로 앙지빌레 백작의 루브르 프로젝트는 중단되었지만, 혁명의 진전에 따라 박물관의 필요성은 점점 더 커졌다. 1789년 11월 2일의 교회재산의 국유화 조치, 1792년 4월 8일의 망명자 재산 몰수에 관한 법의 제정, 그리고 1792년 8월 10일의 혁명과 왕정 폐지로 인해 엄청난 양의 문화재가 "국민의 재산"이 되었기 때문이다.

1789년 11월 2일, 국민의회가 "모든 교회 재산은 국민의 처분에 귀속된다."고 선언했는데, 재정위기 타개를 위한 교회 재산의 국유화는 또 다른 문제를 야기했다. 바로 서적, 회화, 조각 등 교회가 보유한 각종 문화재의 처분 문제였다. 토지재산과 달리 예술품은 프랑스의 역사와 전통이 담겨있는 문화유산으로, 매각대상이 아니라 후손에게 물려주어야 할 소중한 가치로 인식되었기 때문에, 박물관 설립의 필요성이 또 다시 제기되었던 것이다. 1790년 10월 13일, 국민의회는 탈레랑Talleyrand의 제안에 따라, 각 도département의 집행부에 약탈과 파괴를 막기 위해서 "국유지가 된 교회와 가옥의 기념물들의 목록을 작성하고 최선을 다해서 보호할 것"을 명령하였다. 그 해 11월, 보호대상 예술품 목록 작성과 보존 업무를 담당할 기념물위원회Commission des monuments가 구성되었다. 이 위원회는 "지정된 모든 기념물을 국가 소유"로 선언하고, 각 도département가 "교육적 기능을 지닌 건물을 '박물관'으로 지정하여" 이를 보관하도록 조치할 것을 건의하였다.

1791년 5월 26일 국민의회에서 루브르에 박물관을 설치하자는 제안이

다시 제기되었다. 왕실이 계속 보유할 부동산을 명시해달라는 국민의회의 요청에 대해서, 루이 16세가 매우 협조적인 태도를 보이자, 보고자로 나선 바레르Bertrand de Barère는 흥분된 어조로 국왕이 "스스로 혁명의 수장을 자임했다."고 찬양하면서, "하나가 된 루브르와 튈르리는 국왕이 거처하고, 모든 과학과 예술의 기념물들이 한자리에 모이며, 공공교육의 주요 기관들이 있는 국민의 궁전"이 될 것이라고 제안했고, 국민의회는 이를 승인했다. 바렌Varennes 탈주가 한 달도 남지 않은 상황에서, 루이 16세는 의회를 안심시키기 위해서 의도적으로 이러한 상황을 연출한 것으로 보이지만 의원들은 이를 알 턱이 없었다.

국왕의 바렌 탈주로 말미암아 혁명이 급진화하면서 박물관 설립의 필요성은 한층 더 절박해졌다. 1792년 4월 8일의 법에 따라 망명자 재산이 몰수되어 국가에 귀속되었고, 1792년 8월 10일의 혁명으로 왕정이 폐지됨으로써 왕실 소유 예술품들이 국민의 처분에 맡겨졌기 때문이다. 이튿날 바로 왕실 소유의 그림, 조각, 귀중품을 조사할 위원회가 구성되었다. 8월 14일, 입법의회는 혁명의 열기 속에 "자유와 평등의 원칙에 따라, 거만, 편견, 폭정에 바쳐진 기념물들을 프랑스 인민이 계속 보게 놓아둘 수 없다."고 선언했지만, 곧 이성을 되찾고 예술품 보호를 위한 조치에 착수했다. 8월 22일, 입법의회는 예술품을 보호하기 위해서 박물관에 보관하자는 캉봉Pierre Joseph Cambon의 제안을 가결시켰고, 9월 19일에는 "여러 곳에 흩어져 있는 그림과 예술품들을 박물관에 모아놓는 것이 중요하다."고 선언하면서, 왕실소장품을 루브르로 이관하라는 법령을 채택하였다. 10월 1일, 내무장관 롤랑은 "박물관의 설립과 보존에 관한 임무와 소장품들의 배치"를 담당할 박물관위원회Commission du muséum를 구성하였다. 예술가 5명과 수학자 1명이 위원으로 임명되었는데, 위원들의 임명장에는 "박물관은 공공의 것이어야 하며, 예술가들에게는 그들의 교육을 위한 곳이고, 한 자리에 모은 국가의 부로 예술이 발전할 수 있도록 할 뿐만 아니라 많은 애호가들을 매혹하는 곳"이 되어야 한다고 명시되었다.

1792~93년 겨울 동안 상당히 서둘러서 작업을 진행한 덕분에 박물관위원회는 1793년 2월에 루브르 그랑 갤러리의 잠정적인 정비가 거의 완료되었다고 공표할 수 있었다. 박물관위원회의 접근방식도 순수하게 미학적인 것은 아니었지만, 혁명 프랑스의 정치적 상황이 루브르에 대한 혁명정부의 태도에 직접적인 영향을 미쳤다. 연방주의자와 서부 농민들의 반란, 혁명전쟁에서의 군사적 패배, 마라Jean-Paul Marat의 암살 등 일련의 사태로 말미암아 혁명이 위기에 몰리자 정치적 선전의 필요성이 훨씬 더 커졌기 때문이다. 4월 21일 박물관위원회에 보낸 편지에서 내무장관 가라Dominique Garat는 "현 상황 때문에 관심이 집중되고 있는" 박물관의 개관을 서두르라고 촉구하면서 다음과 같이 강조했다. "국내의 소요와 외부의 적들에 대한 이 승리의 획득, 즉 박물관의 완성은 현 시점에 국민적 노력을 기울여야 하는 매우 중요한 사업이다. 박물관 완성은 특히 여론을 좌우할 수 있고, 여론은 종종 제국들의 운명을 좌우하는 지배자이다." 그에 따르면, 박물관의 존재는 최소한 대내외의 혼란에도 불구하고 혁명 프랑스의 수도에 평온과 질서가 유지되고 있다는 점을 보여줄 수 있다는 점에서 중요하다.

1793년 5월 31일, 국민공회는 공공교육위원회Comité de l'instruction publique

에 8월 10일에 거행될 국민축제에 대한 계획을 작성하도록 지시하였는데, 내무장관 가라는 공화국 수립 1주년을 경축하는 의미에서 루브르박물관과 살롱Salon 미술전을 같은 날 개관하자고 제안했다. 그는 혁명의 성취와 박물관을 결부시킴으로써, "신생공화국의 동지뿐만 아니라 적들에게도 우리가 추구했고, 철학적 원리와 진보에의 믿음에 따라 수립된 자유가 미개하고 야만적인 것이 아니라는" 것을 입증하고자 했다. 7월 27일 국민공회가 루브르박물관 개관을 확정하였다. 가라는 "전제주의의 찬양자들은 언제나 루브르를 만들려고 노력했으나 헛수고였다. 왜냐하면 위대하고 관대한 사상을 아우르는 모든 것에 관심을 기울일 수 있는 것은 공화국 정부이지 결코 그들이 아니기 때문"이라는 말로 박물관의 개관 자체가 혁명으로써만 가능했던 일임을 분명히 했다.

내무장관 가라는 "개관식 때 컬렉션을 풍성하게 할 수 있는 모든 것을 끌어 모으라"고 박물관위원회에 지시했다. 내핍의 시대와 대조되는 매우 화려한 분위기를 만들어내기 위해서 화병, 테이블, 기둥과 흉상, 청동과 도자기, 다양한 대리석들이 수도의 여러 수장고에서 옮겨졌다. "축제에 참여하기 위해서 파리로 오는 사람들에게 깊은 인상을 심어줄 수 있도록, 개관식에 우리의 귀중한 컬렉션을 강화할 수 있는 모든 것을 한데 모으는 것이 적절할 것이다. 현재의 정치 문제들이 우리의 예술에 대한 교양을 감소시키지 못할 것이다." 동시에 루브르는 안정의 상징이자 인민의 승리를 떠올리게 하는 것으로서 이용될 것이었다.

4. 맺음말

혁명력 2년에 국민공회에 제출한 소논문에서 부아시당글라François-Antoine de Boissy d'Anglas는 혁명의 궁극적 목표를 요약하면서 정치체에서 시민축제가 가지는 결정적 역할에 대해 다음과 같이 언급했다. "그것은 인민을 단결시키고 인류의 절대적이고 항구적인 재생을 성취하는 것, 인간을 그의 권리에 대한 이해와 행사를 통해서 그의 순수하고 간결한 자연 상태로 되돌리는 것. 마지막으로, 그를 억압하고 노예화하는 모든 구속을 영원히 파괴하는 것이다."

혁명가들은 이 목표가 오직 교육의 도움을 받아 달성될 수 있다는 것을 알았다. 힘만으로 혁명을 지도할 수는 없고, 인민의 자발적인 동의와 참여가 필요했다. 혁명을 수호하기 위해서 반혁명 세력과 전全 유럽을 상대로 전쟁을 벌여야 했던 신생공화국의 입장에서는 더더욱 그러했다. 인민의 참여를 확보하기 위해서 그들의 정신이 확보되어야만 했는데, 이는 포괄적인 공공교육 체계를 통해서만 이루어 질 수 있었다. 부아시당글라에 따르면, "한 인간을 교육함으로써 당신은 절대적이고 완벽하게 그를 재생할 것이다." 인간은 자유롭기 위해서 배워야 한다. 그는 그의 낡은 가치를 거부하고 공화국의 미래를 확신하도록 가르침을 받아야 한다. 혁명이 진행됨에 따라 점차 확대된 공공축제의 프로그램이 국왕 찬양, 종교 숭배의 중단으로 공백이 된 빈틈을 채우면서 신체제에 정통성을 부여했다.

혁명축제에서 공화국의 상징인 속간fasces이 왕정의 상징인 백합문장을 대체하고, 신체제의 상징인 자유의 여신이 구체제의 상징인 성처녀를 대신하면서 굴종적인 과거로부터 자유롭고 평등한 현재를 끊어냈다면, 루브르의 그랑 갤러리에서는 특권계급의 어두운 성에 걸려 있던 그림들이 "정당한" 소유자인 인민의 품으로 돌아온 것을 보면서 혁명의 승리를 확인할 수 있었다. 이와 같이 축제가 공공교육의 개념에 매우 중요했다면, 박물관은 축제와 마찬가지로 그 핵심적 수단으로서 혁명 정치의 핵심에 자리했다.

참고문헌

강희정, 2011, 「머라이언과 박물관 : 싱가포르의 국가만들기」, 『동아연구』 60, 서울 : 서강대학교 동아연구소, 189~222쪽.

송기형, 2001, 「프랑스 역사가 살아 있는 루브르박물관」, 『역사비평』 56, 서울 : 역사비평사, 351~369쪽.

이영재, 2008, 「고딕 대성당을 중심으로 한 중세인들의 커뮤니케이션 : 샤르트르와 영국 대성당들을 중심으로」, 『서양중세사연구』 21, 서울 : 서양중세사학회, 77~79쪽.

전진성, 2004, 『박물관의 탄생』, 서울 : 살림.

정연복, 2009, 「루브르박물관의 탄생 : 컬렉션에서 박물관으로」, 『불어문화권연구』 19, 서울 : 불어문화권연구소, 341~375쪽.

조은희, 2009, 「남북한 박물관 건립을 통한 국가정통성 확립」, 『북한연구학회보』 13(1), 서울 : 북한연구학회, 301~336쪽.

조정우, 2002, 「민족국가 형성과 '역사만들기' : 민속박물관의 설립과 전개를 중심으로」, 『한국학보』 28(3), 서울 : 일지사, 64~101쪽.

최병진, 2012, 「서구 전시공간유형의 역사적 발전과 문화적 의미」, 『미술사학』 26, 서울 : 미술사학연구회, 261~293쪽.

Connelly, James L., 1972, 'The Grand Gallery of the Louvre and the Museum Project : Architectural Problems,' *Journal of the Society of Architectural Historians*, 31 (2), pp. 120~132.

Dowd, David L., 1951, 'Art as National Propaganda in the French Revolution,' *The Public Opinion Quarterly*, (3), pp.532~546.

Greene, Christopher M., 1981, 'Alexandre Lenoir and the Musée des monuments français during the French Revolution,' *French Historical Studies*, 12 (2), pp.200~222.

Hung, Chang-tai, 2005, 'The Red Line : Creating a Museum of the Chinese Revolution,' *The China Quarterly*, 184, pp.914~933.

McClellan, Andrew L., 1988, 'The Musée du Louvre as Revolutionary Metaphor during the Terror,' *The Art Bulletin*, 70 (2), pp.300~313.

Poulot, Dominique, 1997, *Musée, Nation, Patrimoine 1785~1815*, Paris : Gallimard.

_____, 2001, *Patrimoine et musées: L'institution de la culture*, Paris : Hachette.

_____, 2005, *Une Histoire des Musées de France*, Paris : La Découverte.

Schaer, Roland, 1993, *L'invention des musées*, Paris : Gallimard.

Tuetey, Alexandre & Jean Guiffrey, 1910, *La Commission du muséum et la création du musée du Louvre 1792~1793*, Paris : Unknown Publisher.

동아시아의 박람회와 박물관

‖ 하세봉 ‖

1. 모델로서의 서구

대항해시대부터 유럽의 팽창이 지속된 이후 동아시아 각국은 19세기 중후반에 서구와 본격적으로 만나게 되었지만 그 만남은 폭력으로 얼룩졌다. 중국의 청은 아편전쟁, 일본의 에도江戸막부는 흑선이변黑船異變, 조선 왕조는 양요洋擾 등으로 명명되는 일련의 사태와 같이 각국은 군함과 대포의 위력을 실감했다. 동아시아 각국은 처음에는 서양이 가진 근대적 무기 즉 물질문화만 도입하면 서양과 대적할 수 있다고 생각했다. 그러나 점차 서구사회의 제도를 받아들이지 않고서는 물질문명의 발전도 불가능하다는 것을 알게 되었다. 이에 서구를 배우기 위하여 유럽이나 미국에 유학생이나 사절단을 파견하면서 동아시아의 지식인들은 직접 서구사회를 목격하게 되었다. 그들은 구미사회의 다양한 측면을 목격하고 체험하였는데, 배우고자 하는 것의 대부분이 정치나 경제와 같이 개념적이고 제도적인 사회현상이었다고 한다면, 눈으로 직접 목격하며 화려한 스펙타클로 깊게 인상 박힌 것이 박람회와 박물관이었다. 헤아릴 수 없이 수많은 관람객이 모여드는 메가 이벤트 박람회와 장중한 건물에 미려한 전시품의 박물관은 문자언어보다도 시각언어로 구미의 문명을 실감하게 만드는 사회제도였다.

그러나 그러한 탐문이 개인의 경험에 그치지 않고 국가적으로 의미를 갖기 위해서는 누가 보았는가가 중요하다. 일본은 일찍이 막부 말기인 19세기 중반에 미국이나 유럽, 러시아 등에 유학생이나 사절단을 파견했고 그들은 미국의 스미소니언 박물관이나 영국의 대영박물관을 관람하고 기록을 남겼다. 그들은 스미소니언 박물관에서 각종 동물·곤충 표본이나 과학실험을 보고 박물관은 연구시설이라는 인상을 받았고, 대영박물관은 자연사박물관과 비슷한 것으로 인식했다(椎名仙卓, 2005 : 32~37). 이러한 인상은 얼마 지나지 않아 일본에서 박람회적 박물관이 등장하는 바탕이 된다. 그러나 그들의 지위는 아직 국정을 맡지 못하는 유학생이었거나, 혹은 고위직 인사들의 파견 목적이 서양오랑캐의 정세를 살펴본다는 '이정夷情탐색'이 강하였다. 명치유신 직후인 1871년 12월 구미에 파견되어 1년 10개월간 체류했던 이와쿠라岩倉사절단은 유신정부의 핵심인사들로 짜여졌고 그들은 일본의 문명개화라는 사명감에 불타고 있었기에, 그들의 견문은 곧장 일본으로 도입될 수 있었다. 그들의 눈에 박람회란 근대산업과 부국강병을 위해서는 없어서는 안 될 사회적 행사로 비쳐졌다. 그런데 그들은 "대박람회는 박물관을 확충하고 확장하여 이를 일시에 실행하는 것에 지나지 않는다. 따라서 항상 서로 이용하여 서로 떨어질 수 없는 관계"라고 박물관을 박람회와 유사한 존재로 파악했다. 천하의 물산을 모아 비교하여 백성에게 지식이나 기술을 교육하여 안목을 키우는데 양자는 별 차이가 없는 것으로 본 것이다(요시미 순야, 2004 : 136~138). 조선왕조에서는 1881년 신사유람단의 일원으로 일본을 다녀온 박정양의 보고서에 박물관에 관한 최초의 언급이 보인다. 이 보고서는 "천산天産 인조人造 고기금물古器今物을 수집하여 견문을 넓히고" "각국의 소산을 진열하여 인민을 가르치는" 곳으로 인식했다(한국박물관 100년사 편찬위원회 편, 2009 : 34). 이러한 인식은 이와쿠라 사절단의 인식과 다를 바 없었다.

이와쿠라 사절단이 구미에 파견될 무렵 중국의 청조는 미국에 어린이 유학생 120명을 보냈고 유럽에도 소수의 유학생을 보냈다. 하지만 그들은 정기적으로 유교 경전을 읽어야 했고 군사적 기술 훈련만을 요구받았다. 요구받은 훈련과 무관하게 서구문명을 체험한 이들이 근대중국의 건설에 일역을 맡기에는 상당한 세월이 흐른 후인 20세기를 기다려야 했다. 구미에 파견되었던 청조의 관료나 지식인들은 구미의 박람회를 관람하고 그 방대하고 호화찬란함에 놀랐다. 런던박람회의 수정궁을 직접 목격했던 인물은 "등불이 수없이 많고 신기한 물건들이 구름처럼 쌓여있고, 관람객이 개미같이 오간다"며 빛이나서 눈이 어지러울 정도라고 표현한 바 있다(俞力, 2009 : 10). 구미의 박람회에 다량의 중국물품이 전시되어 구미 관람객의 중국에 대한 호기심을 채워주었는데, 이 점이 구미를 방문한 청조의 관료·지식인들에게 중화문명에 대한 강한 자부심과 상응하여 박람회에 디스플레이 된 근대문명의 지적 충격을 감쇄시켜 버렸다(하세봉, 2001

: 63~65). 19세기 후반에 구미를 방문한 청조의 관료·지식인들은 서구의 박물관을 보고 그 위용에 놀랐지만, 박람회의 엄청난 기계문명에도 큰 충격을 받지 않았던 청조의 관료·지식인들이 중국에 박물관을 건립할 필요를 느꼈을 가능성은 희박하다.

중국에서 박물관의 시작은 중국인이 아니라 중국내 작은 식민지 조계租界가 있던 개항도시에서 외국인의 손으로 시작되었다. 1868년 프랑스예수회 선교사 유드Eudes가 세운 진단박물원震旦博物院과 1874년 영국의 아주문회亞洲文會가 세운 상해박물원上海博物院이 있었다. 외국인이 건립한 박물관은 자연사박물관의 성격이 강하여 동식물 표본이 중심이었고 고문물이나 고미술품은 부차적이었지만, 진단박물원은 중국의 고문물을 3,500점이나 소장하고 있었다. 20세기에 들어선 이후에도 천진天津, 성도成都, 대련大連 등에 프랑스인, 미국인, 일본인의 손으로 박물관이 설립되었다(王宏均, 2001 : 94~95). 외국의 박물관에 관한 지식을 중국이 점차 갖게되고 더욱이 외국인의 손으로 건립된 박물관의 존재는 박물관의 건립의 필요성을 촉발시켰지만, 그것은 20세기에 들어와서야 비로소 시작되었다.

2. 박람회적 박물관

1882년 일본에 최초로 박물관이 개관되었고 이것은 1889년에 제국帝國박물관으로, 1900년에는 동경제실東京帝室박물관으로 이름이 바뀌었고 이와 동시에 교토京都와 나라奈良 등에도 제실박물관이 설립되며 하나의 제도로서 박물관이 자리잡아 갔다. 1882년 우에노上野에 박물관을 개관했던 당시 소장물품은 약 11만 점으로 이것을 천산天産부, 농업산림부, 원예부, 공예부, 미술부, 사전史傳부, 교육부, 병기兵器부, 도서부의 9부로 나누어 관리했다. 박람회에서도 미술품이나 역사 혹은 전통문화가 전시의 일부를 차지했으니, 9부는 박람회의 분류방식과 유사하다. 개관 이전부터 수집된 박물관의 소장품은 고분출토품을 기증받거나 구입 혹은 발굴했고, 일부 천황가 소유물도 있었는데, 특히 박람회는 대량으로 소장품을 확보하는 기회로 활용되었다. 산업발전을 위한 사회교육을 중시한 고위인사들에게 박람회의 전시품은 둘도 없는 사회교육용으로 활용할 가치가 있었고, 이러한 전시품을 박물관으로 이관하였던 결과 박물관에서 산업자료나 식물표본 등이 중요한 비중을 차지했던 것이다. 말하자면 초창기 일본의 박물관은 박람회와 다를 바 없어서, "박물관은 상설의 박람회, 박람회는 확대된 박물관"이었다(松宮秀治, 2001 : 117).

1909년 11월에 제실(이왕가)박물관이 문을 열었다. 제실(이왕가)박물관이 당초 "신라 고려시대의 예술 및 세계 각국의 진기한 동식물을 관람케 하여 지식을 늘리고 오락을 즐기게 한다"거나 "국내 고래古來의 각도各道 미술품과 현 세계에 문명적 기관 진품을 수취 공람케 하여 국민의 지식을 계몽케 함"(「帝室博物館」, 『皇城新聞』, 1908. 2.12)을 설립목적으로 제시했다. 이는 오늘날 박물관의 사회교육 기능과 흡사하고, 회화 자기 등이 중요한 소장품이었다. 다만 "생산품과 공예품을 진열하여", "산업과 문화"의 발전에 이바지한다는 목적을 내세운 경성박람회(1907년)가 전시의 주요항목에 전통미술품도 배치시키고 있었다는 점에서, 이왕가박물관을 식산흥업적 맥락 위에 자리매겨 볼 수 있다. 대만총독부박물관은 1908년 10월 대만을 남북으로 관통하는 종관철도 개통에 맞추어 부랴부랴 개관했다. 그런데 대만총독부박물관의 주된 소장품은 지질, 광물, 식물, 동물, 농업 등이었고 역사나 문화재에 관한 소장품은 부수적인 것에 지나지 않았다. 뒤에 보듯이 조선의 박물관이 주로 문화재를 수집 전시하였지만 대만의 박물관은 자연자원이 위주였다는 즉 박람회적 성격이 식민지 시기 내내 유지되었다. 그것은 박물관의 식민지성은 동일하여도 대만은 지역성, 조선은 예술성이 부각되는 차이이기도 했다(하세봉, 2011, 339~363).

중국에서 박물관 설립의 중심운동의 인물은 고위관료이자 기업가 장건張謇이었다. 그는 1905년 북경北京에 제실帝室박물관을 설립할 것을 건의했다. 그의 '북경의 제실박물관'이라는 구상은 동경제실박물관을 염두에 둔 발상이었다. 청조의 반응이 없자, 그는 같은 해 고향 남통南通에 스스로 박물관을 설립하니, 이것이 중국 최초의 박물관 남통박물원南通博物苑이다. 그가 진력하여 수집한 물품은 중국 내외의 동식물 광공물鑛工物, 고향의 금석金石, 선조의 문필文筆 등이었다. 전시는 천산天産, 역사, 미술의 3부와 교육부로 나누었다. 남통박물원의 소장 및 전시품은 동식물 표본, 서화 도자기 금속유물 등이 대부분으로 소장품 자체는 오늘날 박물관과 흡사하다. 그러나 장건의 박물관에 대한 사상에서 박람회와의 연관성을 발견할 수 있다. 실물을 직접 눈으로 관찰하여 과학지식을 보급하여 교육구국敎育救國하겠다는 것이 그의 박물관 사상의 요체였다. 또한 1910년 남경南京에서 열린 당시 중국 최대의 박람회 남양권업회南洋勸業會에 전시되었던 물품 일부를 가져와 남통박물원의 소장품을 확장하는 기회로 활용했다. 남통박물원의 개성은 중국 전통의 원림苑林 양식을 도입한 점에 있었다. 박물관의 주변에 나무와 꽃을 심고 온실을 만들었으며, 약용식물 재배지 그리고 인공 동산과 호수를 조성했고, 여기에 정자를 세웠다. 일본의 사례에서 '박물관博物館'이라는 용어를 익히 알고 있음에도 '박물관博物館'이 아니라 '박물원博物苑'으로 명명했던 이유가 여기에 있었다.

3. 박물관과 박람회의 분화

서구 박물관에 대한 일본의 지식이 점차 증대하고 전통문화재의 가치에 대한 인식이 높아지면서, 명치유신 정부의 고위인사들은 박물관에 산업발전보다는 '국위의 표상'을 위한 기능을 중시하기 시작했다. 이후 박물관이 천황가에 소속되면서 제실帝室박물관으로 개명했고 동경제실박물관은 사회교육보다도 황실의 위용이나 국체國體의 상징을 드러내는 것을 주요 역할로 삼았다. 그러면서 고미술로 수집의 초점이 옮아갔고 동식물표본 등은 전시에서도 제외되었다(차문성, 2008 : 127~134). 이후 경도京都제실박물관은 헤이안平安 시대에서 에도江戶시대에 걸친 경도의 문화를 중심으로 한 문화재를, 나라奈良제실박물관은 불교미술을 중심으로 한 문화재를 중점적으로 수장했다. 박람회적 소장품은 상품진열소와 동경東京교육박물관 혹은 제국대학식물원으로 분리되었다. 또한 박물관에서 일정한 비중을 차지했던 도서는 도서관으로 분리 독립되어 나갔다. 이로써 19세기말 일본의 박람회적 박물관은 20세기에 들어서면서 박물관은 박람회와 확연하게 구분되었다.

이왕가박물관은 개관 이후 얼마 지나지 않은 1912년에 박물관 본관이 건축된 후, 사회교육에서 멀어지고 예술품을 위주로 한 예술성이 강조되었다. 왕실의 박물관이라는, 그래서 동경제실박물관과 그 위상을 같이 하려는 의도를 엿볼 수 있다. 예술성을 강조하는 흐름은 1938년 이왕가미술관으로 개명하면서 보다 강화되었다. 1915년 12월에 개관된 조선총독부박물관은 조선물산공진회의 미술관을 개조하여 개관했다. 식산흥업을 기본목표로 하는 공진회(=박람회)를 모태로 출범하였음에도 불구하고 산업의 발달에 도움이 될 소장과 전시는 삭제되고 "조선 고래의 제도, 종교, 미술, 공예와 기타 역사의 증거"를 위주로 한 박물관으로 출범했다. 식민지 조선의 박물관에서 일찍부터 박람회적 요소가 제거된 까닭은 이미 일본에서 박물관과 박람회가 분화된 시점에 박물관 제도가 조선에 도입되었기 때문이다. 이후 전국 각지에서 고적조사와 발굴이 추진되면서 그 지역의 발굴유물들을 주로 소장하는 조선총독부박물관 지방분관이 경주와 부여에 건립되고, 부립으로 개성박물관과 평양박물관, 그리고 공주박물관이 들어섰다. 이러한 지방 박물관의 설립은 지역유지와 식민지권력의 협력으로 추진되었고, 식민지지배의 역사적 명분을 실물로 보여 주었다(최석영, 2008 : 114~166).

1911년 청조가 무너지고, 국민정부가 수립되었다. 루브르박물관이 시민혁명의 유산이고 일본에 제실박물관이 있어서, 곧장 그와 유사한 박물관의 설립을 도모했을 법하다. 전제왕조가 무너지자 장건을 비롯한 일부 지식인들이 궁궐 황실의 유물로 박물관을 만들자는 논의를 제기했다. 그러나 국민정부가 부의溥儀 등 청 황실의 자금성紫禁城 거주를 부분적으로 인정하고 있어서, 10여년 넘게 황실의 유물을 공공재로 해야할지 황실의 사유재산으로 인정해야 할지도 분명하지 않았다. 1914년 청조 궁궐의 일부 유물만을 자금성 내에 고물진열소를 설립하여 소장하다가, 1925년 10월 자금성이 황궁에서 고궁박물원으로 정식 전환되면서 일반에게도 공개되었다. 당시 불안정한 국내 정국에다 이윽고 일본의 중국침략으로 말미암아 공개 전시는 겨우 몇 년에 그치고 소장한 문화재는 북경北京에서 상해上海로 다시 남경南京으로 다시 사천四川으로 피난하다가 중일 전쟁 종전 이후 대만으로 옮겨져 대만의 고궁박물원古宮博物院이 되었고 또 자금성에도 고궁박물원古宮博物院이 병존하게 되었다(산궈창, 2002 : 9~15 : Tamara Hamlish, 1995 : 23~24).

남통박물원이 교육구국을 위한 박물관이었지만, 청조의 멸망 이후 박람회는 고궁박물원이나 역사박물관에서 보듯이 완전히 분리되었다. 고궁박물원의 소장품은 명청 황실이 보유했던 옥새, 가구, 장식품 등의 진기한 보물과 궁정생활과 관련된 각종 문화재들이었다. 1912년에 시작된 국립역사박물관은 14년의 준비기간을 거쳐 1926년 10월 북경국립역사박물관으로 정식 성립되었지만, 1949년 당시 소장품이 겨우 12,000건에 불과했다. 1933년 현재 당시 정부문건에 의하면, 중국 전국에 17개의 박물관이 있는데, 산동성립山東省立박물관을 비롯하여 지방정부가 세운 박물관이 14개, 사립이 3개였다. 지방정부가 세운 박물관은 미술품 등의 역사적 문화유산에 치중하는 박물관과 과학교육 등 사회교육에 중심을 둔 박물관으로 분화한 경향을 보인다(中國第二歷史檔案館 編, 1994 : 606~608, 呂濟民, 2004 : 145~147, 153~155).

4. 박람회와 박물관의 사이

이상에서 우리는 몇 가지를 관찰할 수 있다. 첫째는 동아시아에서는 박람회가 먼저 시작되고 박물관이 나중에 설립되었으며 초기의 박물관은 박람회적 박물관이었다. 일본에서 박물관이 1882년에 개관했는데, 박람회는 경도京都에서 1871년, 1877년에 동경東京에서 제1회 내국권업內國勸業 박람회가 열렸다. 박람회 다음에 박물관이라는 순서는 조선이나 대만 그리고 중국도 대체로 유사했다. 동아시아에서 초기의 박물관은 박람회로 표상된 식산흥업적 맥락 위에서 등장했고 소장품의 수집도 박람회에 의지하는 경우가 많았다. 그러나 20세기에 들어서서 박람회와 박물관은 분리되어 박물관은 문화재나 예술품을 수집·전시하는 것을 위주로 하게 되었고 그 흐름은 오늘날의 박물관에까지 닿아 있다.

둘째로 미래와 과거가 혼합되었던 초기 박물관에서 분화된 후, 박람회의 전시에서 시제는 미래이나, 박물관의 시제는 과거로 향하게 되었다. 박람회는 식산흥업이라는 산업의 발전에 전시의 목적이 있었다. 거기에는 서구의 근대산업을 본받아 자국의 산업을 발전시키려는, 수잔 벅-모스의 표현을 빌리자면 대중 유토피아의 꿈이 투사되어 있었다(수잔 벅-모스, 2008). 그러나 역사적 문화재와 발굴품, 예술품에 치중된 박물관은 그것들이 전시될 때, 관중들은 언제나 과거를 보게 되었다. 박물관에서 현재는 과거를 통하여 과거의 연장선상에 위치하게 되었다.

셋째로 초기 박물관은 대중을 상대로 사회교육을 목표로 했지만 분화된 이후, 박물관은 엘리트주의로, 반면에 박람회는 대중주의로 갈라졌다.

박물관이 이념적 가치나 상징적 가치를 중시한다면 박람회는 현실적 가치와 세속적 가치를 중시하는 것과 맥락을 같이한다. 박물관이 늘 '국민'을 위한 공간이라고 표방되었지만 예술성 높은 문화재는 대중들이 함부로 근접하는 것을 허락하지 않았다. 반면에 박람회는 산업의 발전을 위한 우열과 비교, 그리고 경쟁의 전시에 수백, 수천 만 명의 관중을 끌어들이기 위하여 더욱 더 흥행오락적 요소가 가미되었다.

참고문헌

산궈창, 2002, 「북경고궁박물원의 역사와 특성」, 『미술사논단』 14, 서울 : 한국미술연구소, 9~15쪽.
윤일성 · 김주영 역, 2008, 수잔 벅-모스, 『꿈의 세계와 파국 – 대중유토피아의 소멸』, 부산 : 경성대학출판부.
이태문 역, 2004, 요시미 순야, 『박람회』, 서울 : 논형.
차문성, 2008, 『근대 박물관, 그 형성과 변천과정』, 파주 : 한국학술정보.
최석영, 2008, 『한국박물관 100년 역사; 진단&대안』, 서울 : 민속원.
하세봉, 2001, 「20세기 전환기 박람회 속의 동아시아에 대한 시선과 의식」, 『동아시아 사상과 문화』 6집, 동아시아 문화 포럼.
_____, 2011, 「20세기초 동아시아 박물관과 역사적 지식의 조형」, 『동북아문화연구』 28, 동북아시아문화학회, 339~363쪽.
한국박물관100년사편찬위원회, 2009, 『한국박물관100년사(본문 편)』, 서울 : 사회평론.

「帝室博物館」, 『皇城新聞』, 1908. 2. 12.
呂濟民, 2004, 『中國博物館史論』, 北京 : 紫禁城出版社.
王宏均, 2001, 『中國博物館學基礎』, 上海 : 上海古籍出版社.

俞力 主編, 2009, 『歷史的回眸－中國參加世博會的故事 1851~2008』, 上海：東方出版中心.

中國第二歷史檔案館 編, 1994, 『中華民國史檔案資料滙編』 第5輯第1編 文化(2), 江蘇古籍出版社.

松宮秀治, 2001, 「岡倉天心と帝國博物館」, 『立命館經濟學』 50-5, 立命館大学, 117面.

椎名仙卓, 2005, 『日本博物館成立史』, 東京：雄山閣.

Tamara Hamlish,Preserving the Palace:Museum and the Making on Nationalism(s) in the Twentieth－Century China, *Museum Anthropology*, Vol 19 Number 2, 1995, pp.23~24.

일본의 박람회와 박물관

‖ 권혁희 ‖

1. 일본의 근대화와 박람회

19세기 후반 서구의 박람회 열풍은 메이지明治 이후 일본에서도 비슷하게 나타나게 된다. 서구를 강렬하게 흡수해 가고자 했던 일본은 메이지 초기부터 박람회를 식산흥업과 부국강병을 위해서 꼭 필요한 것으로 인식하고 있었다. 메이지 초기 서구 각 나라들을 순방했었던 이와쿠라岩倉 사절단이 남긴 「미구회람실기」에는 박람회가 "무역을 활발하게 하고, 제작을 격려하고, 지식을 사람들에게 넓히는 데는 절실하게 필요한 회장으로 국민의 치안, 부강의 촉매가 되게끔 준비한다."고 밝히고 있다. 또한, 사노 쓰네타미佐野常民의 『오국(오스트리아 : 필자 주)박람회보고서奧國博覽會報告書』에서도 서구의 박람회가 근대 국민 국가로서의 초석을 다지는 데 필수임을 강조하는 등 일본은 서구의 박람회 정책을 적극 수용하게 된다(요시미 순야, 2004 : 133~141).

초기 일본에서의 박람회는 주로 에도江戶시대 물산회物産會와 유사한 구경거리의 성격이 컸지만, 1873년 빈만국박람회와 1876년 오스트리아 필라델피아 만국박람회의 참가를 거쳐, 1877년 일본 정부에서 제1회 내국권업박람회內國勸業博覽會를 개최하면서 점점 변화해 갔다. 특히, 내국권업박람회가 열린 1877년은 세이난西南전쟁으로 천황제를 중심으로 하는 근대국가의 체제가 확립되는 시기에 개최되어, 부국강병과 식산홍업을 위한 메이지 정부의 중대한 산업정책의 출발점이 되었다. 제1회 내국권업박람회[1]의 취지는 당시 관람객 주의사항에 잘 나타나 있는데, "공예의 진보를 돕고, 물산무역의 판로를 개척하는 데 있다. 쓸데없이 놀이 장소를 설치해 유항거리로 삼으려는 것에 있지 않다."라고 설명하고 있어 오락거리와의 경계를 구분짓고 있었다(요시미 순야, 2004 : 142~143). 따라서 초기 내국권업박람회는 식산홍업의 중요성을 일반대중에게 널리 알리고 국가의 산업과 무역의 발전을 꾀하기 위한 국가주도의 전시 이벤트였다고 할 수 있다.

그러나 이러한 국가주도의 권업박람회는 1903년 제 5회 내국권업박람회 때에 이르러 계몽과 오락이 결합되는 특성을 보여준다. 관람인원도 1회 개최 시 45만 명 정도였던 것이 5회 때는 5백만 이상으로 10배 가량 증가했다. 이것은 제5회 내국권업박람회가 그 이전의 박람회와 차별성이

---

1 '內國'이라는 것은 주로 국내를 중심으로 이루어지는 규모로 서구의 'International'에 해당되는 국제박람회보다 규모가 작은 'national'의 의미이고, '勸業'은 서구의 산업박람회라고 할 수 있는 'Industrial'을 번역한 것이라고 할 수 있다.

있었음을 보여준다. 당시 일본은 1894년 청일전쟁 승리 이후 다음 해 1895년 대만을 합병하고, 조선에 대한 세력권을 확장하기 위해 1902년 영일동맹을 맺는 등 제국으로서의 면모를 대외적으로 보여주기 시작하는 시기였다. 따라서 1903년 박람회는 새로운 세기전환기로서 일본의 국력을 대외적으로 보여주는 기회로서 단순히 국내적 행사가 아닌 국제적인 박람회의 성격을 지닌 만국박람회의 성격을 지니고 있었다. 실제로 외국 제품을 모은 참고관이 설치되었으며 다른 서구 국가와 같이 대만관臺灣館이라는 식민지 전시관이 등장했다. 그 외에도 일본 최초로 등장하는 메리고라운드Merry-go-round(회전목마), 워터슛을 비롯해 후시기[진기함 : 필자 주]관不思議館, 세계일주관과 각 지방의 매점과 각종 음식점등의 위락시설은 대규모 테마파크를 연상시키고 있었다.

이와 같이, 메이지 시기 박람회는 내국권업박람회를 중심으로 국가에 의해 추동되어갔으며, 이후 1907년 도쿄권업박람회를 비롯해 1912년에는 메이지척식박람회明治拓植博覽會를 개최하여 일본제국의 판도 내에 있는 '조선, 대만, 랴오둥 반도, 홋카이도, 사할린'을 주제로 식민지박람회를 개최하기도 했다. 메이지 시기 이후 다이쇼大正와 쇼와昭和시기에도 지속적으로 박람회의 열풍은 지속되었는데, 국가주도의 대형박람회뿐 아니라 각 산업별 테마와 황위즉위식을 기념하는 박람회와 같은 다양한 형태의 박람회가 출현하기도 한다. 특히, 1929년에는 시정施政 20주년 기념하는 조선박람회朝鮮博覽會가 1935년에는 시정 40주년 대만박람회臺灣博覽會가 개최되어, 식민지 경영에 대한 성과를 전시하기도 했다. 또한, 1930년대 말 전시체제에서는 전쟁과 연관된 박람회가 나타났는데, 1939년 대동아

건설박람회大東亞建設博覽會, 1941년 국방과학대박람회國防科學大博覽會, 흥아국방대박람회興亞國防大博覽會 등이 개최되었다(朝日新聞社, 1988 참고). 이런 점에서, 근대 시기 일본에서 박람회는 제국경영의 성과와 전쟁의 수행, 산업의 발전과 근대지식의 재현, 대중문화의 형성을 보여주는 전시장치로서 실행되어 왔다고 할 수 있다.

2. 박람회에서 박물관으로

메이지 시기 박람회의 역사 속에는 일본 근대 박물관의 형성과 발전에 깊은 연관을 가지고 있다. 서구의 박람회에 준비하기 위해 일본을 대표하는 전시물을 수집하는 과정과 일본 내 박람회장에 만들어진 수많은 각종의 전시관pavilion들 중의 하나가 바로 미술관과 박물관과 연관된 것들이었다. 박물관 외에도 박람회장에 등장한 임시적인 전시시설인 동물원, 식물원들은 박람회가 끝난 뒤에도 대중들을 위한 영구적인 시설로 남겨지게 되었던 것이다. 물론, 박물관의 역사는 박람회 하나로 설명할 수 없는 근대화의 복잡한 과정 속에서 탄생된 사회적 구성물로 이해할 수 있지만, 박람회가 초기 박물관 설립과 대중화에 직접적인 계기가 된 것 또한 명확하다.

예를 들어, 일본의 가장 대표적인 박물관인 도쿄국립박물관 역시 박람회가 중요한 계기가 되었다. 당시 메이지 정부에서는 1873년 빈만국박람회에 출품하기 위한 준비로 1872년 도쿄의 유시마성당湯島聖堂에 박람회를 개최하게 되는데, 이때 고기구물古器舊物과 관련된 유물들이 처음 전시되었다. 이후 빈만국박람회 이후에 출품된 유물들은 박람회가 끝난 이후 영구적인 박물관의 필요에 의해 국립박물관으로 이어지게 된다. 이러한 박물관의 형성은 단순히 전시시설로서만이 아닌 메이지 정부에 의해 추진된 고기물보존방안과 문화재 보호와 수집과 같은 정책과 연관을 가지고 있었다. 이러한 정책과 동조되어 빈만국박람회 이후 본격적인 박람회 건설계획이 추진되어, 1877년 개최되었던 제 1회 내국권업박람회 전시관들을 철거하지 않고 남긴 '미술관'과 '기계관'을 활용하여, 1882년에 도쿄 우에노上野에 '박물관'을 개관하게 된다. 이후 박물관은 제국박물관, 제실박물관 등으로 변모해가며 국립박물관의 역사를 써가게 된다(세끼 히데오, 2008 참고). 이와 유사하게 일본의 국립과학관國立科學館의 역사 역시 국립박물관과 거의 동일한 연원을 가지고 있다. 국립과학관 역시 빈만국박람회의 일환으로 설치된 유시마성당의 전시장을 기원으로 하고 있다. 곧 고기물古器物과 같은 문화재 성격의 유물들이 도쿄국립박물관으로 유입되었다면, 식물표본 등의 교육자료들은 빈만국박람회 이후 따로 1875년에 동경박물관으로 개칭하여 존재하게 된다. 이후 1877년에는 건물을 다시 신축해 교육박물관教育博物館으로 개칭하였다가 1931년에 동경과학박물관東京科學博物館으로 개칭하였으며, 이후 국가가 주최가 되는 국립과학박물관으로 성장하게 된 것이다.

이와 같이, 박람회와 깊은 연관 속에서 탄생되었던 박물관이라는 전시장치는 이후 근대국민 국가의 필수적인 공공시설로 자리를 잡아가게 된다. 박람회라는 거대한 전시이벤트 속에서 대중들에게 국가와 민족, 제국의 번영을 드러내는 시각장치로 자리매김하게 된 것이다. 식민지 조선 역시 1915년 조선물산공진회장에 설치되었던 박물관이 이후 조선총독부박물관이 되는 역사를 가지고 있다(최석영, 2008 참고). 서구를 강렬하게 흡수했던 일본의 박물관이 박람회의 역사 속에서 탄생되었듯이, 일본의 영향 하에 있었던 조선 역시 박람회가 박물관 형성에 큰 영향을 끼치게 된다. 차이점이라고 한다면, 일본의 박물관은 만국박람회에 출품한 품목을 수집하는 과정이 계기가 되었다면, 식민지 조선에서의 박물관은 그 보다 작은 규모의 공진회를 개최하기 위해 유물을 수집하고 전시하게 되면서 만들어졌다는 차이를 보일 뿐이다.

참고문헌

세끼 히데오, 최석영 옮김, 2008, 『일본 근대 국립박물관 탄생의 드라마』, 서울 : 민속원.
최석영, 2008, 『한국 박물관 100년의 역사』, 서울 : 민속원.
요시미 순야, 이태문 옮김, 2004, 『박람회 : 근대의 시선』, 서울 : 논형.
朝日新聞社, 1988, 『日本の博覽會』.

http://www.kahaku.go.jp

중국의 박물관과 박물관학

‖ 오일환 ‖

1. 근대화와 혁명시기의 중국 박물관

중국에서 박물관은 고대에 황실이나 관료 및 사대부를 비롯한 수집가들이 종실 제기 및 고도서와 서화 등의 진귀한 골동물건을 종묘宗廟나 창고府庫에 보관하던 개념이었다. 박물관은 집보루集寶樓, 집기루集奇樓, 집골루集骨樓, 행관行館, 공소公所, 화각畵閣, 군기루軍機樓 등으로 기록되어 있다. 19세기 중반부터 중국은 서양 제국주의 세력이 확장하자 세계 각국의 역사나 정치정세 등을 파악하기 위하여 관리와 지식인들을 해외로 파견하였다. 이에 왕타오王韜는 서양을 유람한 후 저술한 『만유수록漫遊隨錄』(1867)에서 Museum을 박물원博物院으로 번역하여 소개하였다.

1860년 후반부터 중국 상하이上海를 비롯한 연해도시의 교회를 중심으로 서양선교사들이 소규모의 사설박물관을 설립하기 시작하였다. 그러나 중국인이 처음으로 세운 근대적 의미의 박물관은 쟝쩬張謇이 장쑤성江蘇省에 설립한 난통박물원南通博物苑(1905)이다. 그는 베이징北京에 중국제실박람관中國帝室博覽館을 건립하려 하였으나 무산되자 난통사범학원에 학생 교육용으로 설립하였다. 신해혁명(1911)시기에 차이웬페이蔡元培가 루쉰魯迅과 함께 학교 교육에서 박물관의 중요성을 강조하며 중국역사박물관을 건립하고자 하였으나 실패하였다.

군벌의 혼란 속에서도 장제스蔣介石는 1929년에 10개이던 박물관을 1936년에 72개소로 확장하였다. 국공내전을 거치면서 중화인민공화국 성립(1949)시기에는 21개로 대폭 감소하였지만 박물관 사업을 중시하면서 1952년에는 40개로 증가하였다. 그리고 문물보호 조항이나 박물관 관련 법률, 조례, 규정 등을 재정비하여 법적인 요건을 갖추었으며 지방박물관 건설방침, 임무, 성질, 발전방향 등을 공포하였다.

혁명시기의 중국 박물관은 소련의 영향을 받아 사회주의 유형의 지지박물관地志博物館을 건설하였다. 그리고 토지개혁전람회, 혁명운동사전람회, 사회발전사전람회 등 각종 정치운동의 전람회나 정치적 기능을 대폭 강화하였다. 또한 과학연구의 주요사업으로 박물관을 과학연구기관이며 문화교육기관 그리고 물질문화와 정신문화유산 혹은 자연표본의 중요한 수장고라는 기본성격과 과학연구와 광대한 인민을 위한 임무를 주요목표로 하였다.

이 시기의 중국 박물관은 서양선교사에 의해 연해도시 중심의 교회에서 시작되었으나 근대화와 혁명시기를 거치면서 주요도시 뿐 아니라 각 성으로 확대되어 칭하이성青海省과 시장西藏지역을 제외하고 1957년에는

72개가 되었다. 그리고 문화대혁명 시기(1967~1976)에는 정치적 영향으로 침체하였음에도 불구하고 혁명기념관 성격의 박물관이 증가하여 1976년에 263개가 되었다.

2. 개혁개방과 현대화의 중국 박물관

중국은 개혁개방을 추진하면서 중국식 사회주의 체제를 확립하기 위하여 각종 제도를 정비하였다. 중국 박물관은 문화대혁명 기간에 대폭 증가한 개인 혁명기념관을 정비하고 박물관 건설을 헌법이나 당의 12대 문건, 국가경제와 사회발전 5개년 계획에 포함하였다. 그리고 사회주의 현대화를 위하여 과학적 연구 및 수집, 보관, 그리고 전시와 교육을 강화하였다.

개혁개방 이후 중국의 박물관은 첫째, 1980년 이래 10여 년 동안 박물관의 수량이나 규모, 유형과 활동에서 커다란 변화가 나타났다. 1980년에는 365개 그리고 1985년에는 711개로 증가하였고 1990년에는 1,013개로 증가하였다. 유형에서도 사회·역사류 박물관이 주류를 이루고 있었으나 지역적 특색과 민족성을 강조하면서 민속, 민족, 과학기술, 자연역사, 원림, 유적지 및 야외박물관을 신설하였다. 그리고 무연탄, 방직, 우편, 지질 등의 전문적인 박물관을 건립하고 주요도시를 비롯하여 현급縣級이나 중소도시까지 박물관 건설이 급속하게 확산하였으며 대도시에서는 개인 소장품 전람회가 등장하였다. 이러한 성과를 바탕으로 중국박물관학회에서는 1995년에 1,441곳을 선정하여 『중국박물관지中國博物館志』
를 발간하였다.

둘째, 사상의 해방이나 실사구시를 전시의 기본개념으로 확대하면서 진
열내용과 표현방식을 특성화 하였다. 관리인원을 고급, 중급, 초급으로 나
누었고 진열에 대한 내용연구, 예술적 설계, 제작, 시공, 선전교육, 진열공
작을 포괄한 기본적인 체계를 갖추었다. 그리고 역사적 유물주의를 바탕
으로 애국주의적 혁명교육을 강화하면서 학교수업과 조화되도록 하였다.

셋째, 고고발굴을 비롯하여 전국의 소장품이 1,000만 건에 달하였고 자
연과학류 박물관의 표본이 약 100만여 건에 이르렀다. 문화계통 소장품
678만여 건(1986) 중에서 1급품이 6만여 건이다. 그리고 소장품의 관리와
안전에 대해서도 기술적인 설비를 강화하고 소장품의 전산화와 검색체계
연구도 진행하였다. 또한 소장품 관리에 대한 법적규정의 제정과 소장품
관리법 등을 공포하여 관리를 더욱 강화하였다.

넷째, 인재양성과 학술연구를 촉진시켰다. 박물관 전문인력과 관리간
부의 훈련을 진행하였으며 교육센터를 설립하여 보관, 진열, 관리에 대한
전문인력을 양성하였다. 이와 함께 대학에서 문물과 박물관 전공교육을
확대하고 박물관 인력에 대한 교육을 강화하였다. 그리고 해외박물관 전
시회를 비롯한 국제교류 활동을 증진하였다.

이와 같이 개혁개방시기의 중국 박물관은 중국식 사회주의경제를 발전
시키면서 박물관 시설의 현대화와 함께 소장품 관리와 보호를 비롯한 다
양한 전시를 통하여 대중에게 접근하는 박물관을 건설하기 위하여 노력
하였다.

3. 조화로운 사회건설과 중국 박물관

중국은 홍콩(1997)과 마카오(1999) 반환으로 반봉건 반식민 제국주의를 청산하면서 정치, 경제 뿐 아니라 사회문화적인 변화를 모색하였다. 그리고 중국 박물관은 난통박물원 건립 100주년(2005)을 계기로 새로운 발전 방안을 모색하였다.

특히 급격한 경제적 변화에 대한 전통적 문화유산 보존과 중화민족의 역사적 정통성을 유지하기 위하여 문화유산에 대한 애국주의 교육을 더욱 강조하였다. 뿐 만 아니라 인간과 자연의 조화 및 생태의 균형유지를 중시하면서 도시와 농촌간의 경제적 격차를 줄이고 전면적인 협력과 지속적인 발전을 위한 조화로운 사회건설和諧社會을 추진하면서 문화건설계획十一五計劃을 수립하였다. 이에 박물관 관련법의 법제화, 문화유산보호 현황과 기초조사, 과학기술정보 인재양성, 문물의 안전에 대한 협력, 문물보호에 대한 안정적 관리, 문물의 사회공헌에 대한 봉사의식 제고 등을 중점적으로 추진하였다. 그리고 문화유산의 보존과 전시기능 뿐 아니라 사회교육의 중요성을 더욱 인식하게 되었으며 새로운 박물관 형태인 생태박물관에도 관심을 기울이게 되었다.

조화로운 사회건설 시기의 중국 박물관은 첫째, 수량적으로 대폭 증가하여 1999년에는 1,356개 그리고 2004년 말에는 2,200여개를 넘었다. 그리고 박물관의 형태에도 종합성류, 사회 역사류, 혁명사류, 군사류, 역사 명인, 고유적지류, 예술류, 자연류, 지질광물류, 과학기술류, 산업류, 민족 민속류 등을 비롯한 다양한 박물관이 설립되었다.

이와 함께 문화와 문물관련기관에서 운영하는 박물관을 비롯하여 민간 기업과 개인이 신설하는 박물관도 대폭 증가하였다. 그리고 동부와 중부의 경제적 발전지역에 집중되었던 박물관을 낙후지역이었던 서부 12개성에 400여개를 신설하였다. 또한 기존의 박물관을 최신 현대화 시설의 대규모 박물관으로 확장하거나 보수를 마치고 새롭게 개관하였다.

둘째, 소장품의 대폭적 증가와 이에 대한 보호를 강화하였다. 중국 박물관의 주요 소장품은 930만 건이며 전체적으로 1,200만 건에 이른다. 이에 소장품에 대한 관리와 보관에 대한 제도적 관리를 비롯하여 금속류, 종이류, 칠기류, 직물류, 동식물 등의 관리를 강화하였다.

셋째, 박물관 관리인력의 증가와 학술연구에 대한 커다란 성과를 거두었다. 1970년대 말에는 대학에서 고고, 역사, 미술 등을 전공한 졸업생이 박물관 인력의 주축을 이루었다. 그러나 1980년대에는 졸업생 이외에 석사, 박사 그리고 국가문물국과 대학이 연합하여 배출한 인력을 비롯하여 박물관 관련학회와 협회 그리고 학술단체 등에서 배출한 인재들이 중심이 되었다. 그리고 수십 종에 이르는 간행물과 박물관학 논저, 각종 연구발표 성과 등 학술적인 연구성과가 훨씬 높아졌다.

넷째, 사회교육 기능이 다양화되었다. 매년 8,000여건의 전시회가 열리고 있으며 2억 명에 가까운 관람객이 방문한다. 전시는 주제와 표현방식 그리고 과학기술과 예술적 감각으로 역사와 문화를 결합하여 다양한 문화지식을 전달하고 있다. 또한 대규모의 명품 전시와 외국 교류전을 개최하여 1천만 명에 가까운 관람객을 모으고 있다.

다섯째, 다양한 박물관 활동은 인본주의 정신에 따라 실생활과 밀접하고 관람객에게 접근하는 정책을 실현하기 위하여 노력하였다. 전시내용과 방법 그리고 인문적 환경의 우수한 생태환경, 봉사의식 강화, 시민과 청소년 참여를 강화하였다. 이에 중앙선전부, 문화부, 교육부에서는 박물관을 애국주의 교육기지로 지정하였다. 학생은 물론 시민들에게 혁명지도자와 위대한 역사명인들에 대한 애국주의 교육과 혁명전통 교육을 실시하였다. 이러한 노력으로 중국 박물관은 인식이 개선되었으며 애국교육의 중요기지와 감성의 배양장소가 되었다.

그러나 조화로운 사회건설시기의 중국 박물관은 아직까지 사회요구에 부응하는 다양한 박물관의 종류와 수량이 부족하고 지역적 편중의 해소가 미흡하다. 그리고 문물 보호활동 및 법률적 미비, 과학적 분석과 표준화, 전문적 관리인재와 운영비 부족, 민간박물관의 증가에 따른 관리체계 미흡을 비롯하여 사회 변화에 따른 박물관 활동의 부적응 등 여러 가지 어려움을 겪고 있다. 이에 중국 박물관은 경제발전과 환경의 변화에 적응하고 소수민족에 대한 문화유산을 보호하는 새로운 박물관의 역할을 모색하기 위하여 노력을 기울이고 있다.

4. 21세기 미래의 중국 박물관

21세기 중국 박물관은 문화에 대한 공공서비스 강화와 인민의 기본권익을 실현하기 위하여 지속적인 박물관 건설과 함께 2011년부터 무료개방을 추진하고 있다. 또한 박물관을 신도시 건설과 도시 개발사업의 도시문화 기초시설로 삼았다. 그리고 시안西安, 쿤밍昆明, 청두成都 등을 박물관 도시로 건설하고 닝포寧波 등은 사립박물관을 건립하여 지방경제의 중요한 역량으로 삼고 있다.

이와 함께 중앙과 지방이 공동으로 대형박물관을 건설하고 있다. 중국 31개성(자치구, 직할시)의 박물관에 대한 평가를 진행하면서 상하이박물관, 난징南京박물원, 후난성湖南박물관, 허난성河南박물원, 산시陝西역사박물관, 후베이성湖北박물관, 져장성浙江박물관, 랴오닝성遼寧박물관 등 8개 박물관을 중앙과 지방이 합작하여 새롭게 건설하였으며 충칭 샨샤重慶 三峽박물관, 서우두首都박물관, 샨시山西박물원 등 3개 박물관을 집중 육성하고 있다.

중국에서 2020년까지 선진 국가 대열의 세계적인 박물관으로 진입하기 위하여 박물관 사업 중장기 발전계획(2011~2020)을 발표하였다. 이에 따르면 중국 박물관이 현재 인구 40만 명당 1개에서 25만 명당 1개가 되도록 건설하여 5,900개의 박물관이 되도록 한다. 박물관 유형에서도 과학기술, (현대)미술, 자연, 민족, 민속, 공업유산, 20세기 유산, 비물질 문화유산 등의 전문박물관과 생태, 지역사회, 디지털박물관 등 새로운 형태의 박물관을 건설하고 지방 시급市級 이상의 중심 도시에 자연과학 혹은 과학기술 박물관을 건립한다. 그리고 2015년까지 지방의 중심도시에 1개 이상의 현대시설을 갖춘 박물관을 건립하고, 동부의 경제 발달지구의 현급 박물관의 현대화가 2020년에 전부 달성할 수 있도록 한다. 또한 사립박물관이 전국 박물관의 20%에 육박하고 있으나 대부분 영세하다. 따라서 법인 관리의 높은 수준과 사회 영향력이 큰 대형의 사립박물관 비율이 10%에 이르도록 한다. 그리고 국가 1, 2, 3급 박물관이 전국박물관의 30%를 점하도록 정착시킨다. 이러한 관리와 시설을 완비하면서 공공박물관을 전면적으로 무료개방하고 상설전시 외에 매년 특별전을 3만개 정도 개최하여 관람객이 년간 10억 명에 이르도록 한다는 계획이다.

그러나 21세기 미래의 중국 박물관이 경제발전에 따른 도시와 농촌간의 빈부격차 및 급속한 인구 노령화와 생태환경의 변화에서 중국 특색의 사회주의 이념을 어떻게 실현하고 세계적인 현대적 박물관을 건설할 것인가는 앞으로 해결해 나가야 할 과제이다

5. 중국의 박물관학

중국 박물관은 송나라에 이르러 관료와 사대부를 비롯하여 소장가와 감상가들이 대거 출현하였다. 이들은 공개하지 않고 감상하기 위한 수장고를 건립하고 자료를 편찬하기 시작하였다. 청나라에 이르러 금석학이 발달하면서 전통적 경험을 바탕으로 소장품에 대한 감정연구, 편목분류, 보관복원 등을 연구하고 자료를 편찬하면서 중국의 박물관학 형성에 기초가 되었다.

19세기 중엽부터 중국에 서양의 박물관과 과학문화가 소개되었다. 그리고 박물관 교육활동의 중요성이 제기되면서 박물관 건립과 함께 근대적인 박물관학 체제가 형성되기 시작하였다. 1920~30년대는 박물관 자료를 출판물에 소개하는 학술활동이 중심이었고 1930~40년대에는 박물관

학 개론서와 소장품의 보호, 진열 등에 대한 기초연구와 함께 유물의 보존과 박물관 관련법규 등이 마련되었다. 그러나 실질적으로 박물관학 연구는 중국박물관협회가 창립(1935)되면서 시작되었다.

중화인민공화국(1949) 성립에서 문화대혁명(1967) 발생 이전까지 1950~60년대는 마르크스 레닌주의와 마오쩌둥毛澤東사상이 중심이었다. 소련 박물관학의 이론과 방법을 기초로 공산당과 정부정책을 선전하였으며 문물의 보호, 연구와 전시는 물론이고 중국 박물관의 성격과 박물관학 이론 및 실천방안이 논의되었다. 그리고 중국역사박물관과 중국혁명박물관이 개관하면서 소장품에 대한 체계적 관리가 되었고 지역박물관의 경험을 종합하여 출판하였다. 그러나 문화대혁명이 발생하자 모든 학술활동이 중단되었다. 1970년대에 사회주의 현대화 건설계획을 시작하면서 대학에서 고고, 역사, 미술 등을 전공한 졸업생이 박물관의 주축을 이루었다.

1980년대는 박물관 전공 졸업생과 석사, 박사 그리고 박물관 관련 학회와 협회 및 학술 단체에서 수십 종에 이르는 학술간행물과 박물관학 논저, 각종 연구발표 등 수 많은 학술성과가 나타났다. 그리고 중국자연과학박물관협회(1980), 중국박물관학회(1982), 국제박물관협의회 중국위원회(1983)가 결성되면서 학술토론회와 박물관학 연구가 더욱 활기를 띠면서 각종 전문위원회와 지방도시에도 전문적인 학회가 등장하였다. 이에 중국 특유의 박물관학 연구와 이론 정립을 위하여 대학에 관련학과가 설립되고 국제적 박물관학 학술교류 활동을 전개하였다.

1990년대에는 박물관 및 고고문물, 인류민족학 등 관련의 개설서가 대량으로 출판되기 시작하였다. 서방의 박물관학 이론과 박물관 공작방법3

도 소개되면서 중국 박물관학 연구에 활력을 더해 주었다. 그리고 2000
년대에는 중국 박물관학을 비롯한 심층적인 전문적 연구서가 활발히 간
행되고 있다. 또한 중국 박물관에 대한 『회고와 전망 : 중국 박물관 발전
100년』, 『중국생태박물관』 등이 출판되어 중국 박물관의 과거와 현재 그
리고 미래에 대한 논의가 진행되었다.

　　최근에는 이러한 연구성과를 기반으로 중국박물관협회와 중국박물관
학회를 중심으로 정기적인 학술토론회 및 매월 발간되는 논문집 그리고
전문화된 저서 등의 출간이 더욱 활발해지고 있다. 그리고 박물관의 사
회적 역할과 전시 및 사회교육 방안에 대하여 대학을 비롯한 박물관 관
련 기관에서 다양한 학술 활동을 전개하고 있다.

참고문헌

徐士進 · 陳紅京編, 2007, 『中國大學博物館志』, 上海科學技術出版社.

蘇東海 主編, 生態博物館國際論壇組委會編, 2005, 『中國生態博物館』, 紫禁城出版社.

宋向光, 1998, 「中國高校博物館, 中國高校博物館專業委員會, 中國高校博物館發展構想」 (발표문).

中國大百科全書編輯委員會, 1993, 『中國大百科全書-文物, 博物館』, 中國大百科全書出版社.

中國博物館學會, 『中國博物館』 月刊, 中國博物館協會.

中國博物館學會編, 1993, 『中國博物館學會成立十周年紀念暨學術討論會文集』, 紫禁城出版社.

　　　　　　　　, 1995, 『中國博物館志』, 華夏出版社.

　　　　　　　　, 2005, 『回顧與展望 : 中國博物館發展 百年』, 紫禁城出版社.

中國博物館學會高等學校博物館專業委員會, 2006, 『中國高校博物館縱覽』, 吉林大學博物館.

呂濟民, 오일환, 1999, 「중국박물관의 현황과 과제」, 『박물관학보』 2, 한국박물관학회.

宋向光, 오일환, 2012,「중국의 박물관 현황과 대학박물관 발전방향」,『古文化』79, 한국대학박물관 협회.

오일환, 1998,「중국의 박물관학 : 연구와 성과」,『박물관학연구』3, 대전보건대학박물관학연구소.

_____, 1998,「중국대학의 박물관 전문인력 양성과정에 대하여 : 대학의 고고박물관학교과과정을 중 심으로」,『박물관학보』1, 한국박물관학회.

_____, 1998,「중국의 박물관 : 형성과 발전을 중심으로」,『古文化』52, 한국대학박물관협회.

_____, 2006,「중국의 생태박물관(에코뮤지엄)형성과 실태에 관한 연구」,『古文化』68, 한국대학박 물관협회.

_____, 2008,「중국대학박물관의 설립과 역할에 대한 연구」,『古文化』71, 한국대학박물관협회.

제국주의와 식민지 한국의 박물관

‖ 국성하 ‖

1. 제국주의 그리고 식민주의

문화가 제국의 확장과 관련한 관계를 보여주는 것, 또 스스로의 독특한 특성을 유지하면서 동시에 정치적인 것과 연관되어 있는 예술을 관찰하는 일은 결코 쉽지 않다고 에드워드 사이드E. W. Said는 말한다. 왜냐하면 제국주의는 자신이 소유가 아닌 다른 사람들이 소유하고 있는 것을 조종·정착·생각하는 것을 의미하고 제국주의의 필연적인 산물인 식민주의와 연결되기 때문이다(Edward Said, 1995). 한국은 1910년부터 1945년까지 일본 제국주의의 직접적인 영향 아래 있었다. 일본은 무력으로 한국을 지배하려 했으며, 동양척식주식회사 등을 통한 경제적 수탈뿐만 아니라, '창씨개명'으로 상징되는 민족의 정신까지 바꾸려는 식민지 정책을 추진하였다. 이렇게 극명하게 드러나는 제국주의와 식민주의의 모습은 한국인이라면 누구나 알고 있는 상식적인 수준의 내용이지만, 문화·예술적인 측면에서의 조종, 정착, 생각 등을 드러내는 것은 쉬운 일이 아니다. 일제강점기 박물관이라는 한 영역에서 이를 고찰했을 때 박물관이라는 큰 구조 속에 제국주의와 식민주의가 숨어있기 때문이다.

제국주의란 한 나라가 다른 나라에 대해 효과적인 정치적 주권을 행사하는 공식적 및 비공식적 관계를 의미한다(1870년부터 1914년까지 서구열강들이 아프리카, 아시아의 국가를 식민지화하는 현상을 보통 제국주의라고 말한다. 산업혁명에 따른 과잉생산이 불황으로 연결되는 것을 타개하기 위해 식민지 시장을 개척하게 된 것에서 제국주의가 시작되었다고 보는 견해가 일반적이다. 김웅종, 2012). 그와 같은 관계는 무력에 의해서 또는 정치적인 협상에 의해서 또는 경제적·사회적·문화적 의존에 의해서 이루어진다(Michael W. Doyle, 1986). 1905년 을사늑약 이후 제국주의의 본색을 드러낸 일본은 제국주의의 후발주자로서 한국에서의 효과적인 주권행사를 위해 노력한다. 일본은 1907년부터 시작된 '한국의 진보와 개혁에 대한 연례 보고서'라는 영어판 간행물을 수차례 발행하면서, 각종 설명, 사진, 그리고 통계적 증거들을 이용해 한국이 일본의 식민지가 된 이후 어떻게 달라졌는지를 과거와 현재의 비교를 통해 서양인들에게 알리려 하였다(Andre Schumid, 2007 : 373~379). 이러한 증거들은 1915년 경복궁 안에서 진행된 '시정오년기념 조선물산공진회'의 전반적인 진열방법 곧 일본이 조선을 강제로 병합한 이후 달라진 조선총독부에서 주장하는 긍정적인 측면만을 대상으로 한 것과도 의미를 함께한다. 특히 이때 건립된 미술관이 조선총독부박물관이 되며, 조선총독부박물관이라는 틀 안에도 제국주의와 식민주의의 면모를 살펴볼 수 있다(국성하, 2012 : 115~121).

2. 조선총독부박물관 : 숨어있는 이야기

조선총독부박물관은 경복궁 안에 위치했는데, 조선 전역에서 온 수많은 출토유물이 궁궐의 전각과 새로 지은 박물관 본관 건물 안에 놓여 있었다. 관람자들은 건춘문으로 들어와서 박물관 본관을 관람한 후 근정전 회랑과 수정전, 사정전의 전시를 본 후 곳곳에 세워진 탑과 비석을 보면서 관람을 마무리 하였다. 그렇지만, 조선총독부박물관의 전시구성을 보면, 조선총독부박물관의 전시구성에서의 식민성을 확인할 수 있다. 관람자가 박물관 본관으로 들어가서 처음으로 만나는 전시는 불교 유물이며, 두 번째 만나는 전시가 삼국, 통일신라 시대유물이라는 점이다. 마치 한국 문화가 원류가 불교 미술인 것으로 이 문화가 가장 활기찼던 시기가 삼국시대와 통일신라 시대였던 것으로 관람자가 이해하게 한다. 또한 고려・조선시대와 같은 비중으로 낙랑・대방시대를 전시함으로 우리나라에 위치했던 한사군의 존재를 한국인들이게 각인시키는 역할을 하고 있었다(국성하, 2007).

일본의 식민지 정책이 강화된 1930년 이후에 열리는 조선총독부박물관의 몇 번의 특별전에서는 보다 노골적인 식민지 정책을 확인할 수 있다. 1930년의 조선사료전람에서는 조선이 중국의 영향 아래 있었다는 점과 일본과는 동등한 외교적 관계에 있었다는 점을 강조하여 전시하였고(조선총독

〈도 1〉 조선총독부박물관
출처 : 국립중앙박물관

부, 1930), 1938년의 고대내선일체관계특별전에서는 조선과 일본이 고대부터 긴밀한 관계를 가지고 있었음을 전시하였는데(조선총독부, 1938), 고대부터 이어지는 조선과 일본의 유사성은 조선과 일본을 하나로 만드는 정신적·물질적 기초로 이용되었다.

경성(현재의 서울)의 조선총독부박물관은 각 지역의 분관 및 부립박물관을 총괄하는 역할을 하였다. 이러한 체제는 마치 나폴레옹이 뮤제 나폴레옹(현재의 루브르박물관)을 프랑스 내부와 정복한 국가의 위성도시에 있는 박물관의 체제적 중심에 위치시킨 것(Edward P. Alexander 등, 2007)을 연상하게 한다. 고적조사사업에서 확보한 유물을 조선총독부박물관에서 관리하였기에 각 분관 및 부립박물관에서는 일부 유물을 조선총독부박물관에서 대여하여 사용하기도 하였다. 특히 각 분관과 부립박물관에서 식민성과 관련하여 생각해야할 사항은 조선총독부박물관 경주분관의 통일신라 시대의 문화적 우수성 전시, 부여분관의 백제와 일본과의 영향관계 전시, 평양부립박물관의 낙랑시대 유물과 청·일전쟁 유물전시, 개성부립박물관의 불교유물 전시이다. 이러한 전시는 조선총독부박물관에서 주도하는 전시맥락과 일치하는 것이었다. 또한 각 분관과 부립박물관은 조선총독부박물관이 진행하는 고적조사보존사업을 시행하였고, 조선총독부 시정정책에 협조하였다(국성하, 2007).

3. 고적조사사업 : 문화 원류의 기초 다지기와 체계화

조선총독부박물관에서 생각하였던 전시의 맥락이 각 지역의 분관 및 부립박물관에 영향을 미칠 수 있었던 것은 고적조사사업 또는 인류학적 조사연구를 통한 조사에서 기인한다. 일본은 청·일전쟁 직후에 야기 쇼자부로八木奘三郎를 한국에 보내 지석묘 조사와 삼국시대 고분 조사, 부산과 경성간의 인종, 고고, 민속학적 자료수집을 진행하게 했으며, 1902년에는 세키노 타다시關野 貞에게 조선 고건축조사를 하게 하였고, 1909년부터는 한국의 전역을 각 권역별로 나누어 고건축조사를 진행하게 하였다. 또한 1916년에는 「고적급유물보존규칙古蹟及遺物保存規則」을 제정하고 고적조사위원회를 설치하여 선사시대부터 조선시대에 이르는 분묘의 조사, 중요 역사 기념물, 불상, 탑 등의 금석물, 고문서 등을 광범위하게 조사하였고, 1933년부터는 조선고적연구회와 보물명승천연기념물보존회를 설치하여 같은 업무를 담당하게 하였다(국성하, 2007).

일본의 고적조사사업은 계획에서 머문 것이 아니라 조선총독부박물관과 지역 분관 및 부립박물관 등의 조직을 통해서 실행되고, 그 결과가 정리된다. 세키노 타다시가 조사했던 내용은 시대별로 보존 평가 우선순위가 '갑', '을' 등으로 부여되어 이후 조선총독부가 '보물', '고적' 등으로 지정하는 근거가 된다. 조선총독부의 고적조사사업은 고적도보古蹟圖譜, 고적조사특별보고, 고적조사보고 등의 형태의 책으로 발간되었고, 고적도보에는 일본어와 동시에 영어로 인쇄되어 서양 국가에 배포되었다(국성하, 2007). "일본만큼 외국인들에게 좋은 인상을 주기 위하여 그토록 열정적으로 노력한 나라는 일찍이 없었다"고 어떤 서양인이 말한 것은(앙드레 슈미드, 2007) 일제강점기 당시 일반적인 서양인들의 생각이었는지도 모른다.

실제로 고적조사보존사업은 「고적급유물보존규칙」 등을 통해 규제되었고, 각 지역의 고적보존회 등에 상당한 조선총독부의 예산이 주어져 보존업무를 진행할 수 있게 하였다. 특이한 것은 조선총독부박물관이 담당했던 업무 중에 문화재의 발견에 관한 부분이 가장 많다는 점이다. 「고적급유물보존규칙」에 따라 매장 문화재를 발견한 사람은 경찰에 신고하고, 경찰은 조선총독부 학무국으로 이를 보고하게 되는데, 이후 문화재로 중요하다고 여겨지는 것은 조선총독부박물관으로 보내지고 문화재의 금액을 평가하여 보상금을 지급하고 조선총독부박물관에 이 발견문화재를 귀속했다(이순자, 2009). 결국 고적조사보존사업 중 실제적인 조사사업과 아울러 전국에서 일어나는 문화재의 발견을 조선총독부박물관에서 통제했던 것으로 생각할 수 있다. 이러한 과정에서 수집된 유물이 일정한 절차를 거쳐 조선총독부박물관으로 귀속되었던 것, 이를 선별해서 전시하였던 것은 일본의 한국문화 원류의 기초를 확보하고, 이를 식민지적 가치를 통해 체계화하려 한 생각의 발현이었다.

4. 이왕가박물관에서 이왕가미술관으로, 예술적인 범주의 재구성

그렇다면, 문화 특히 예술적인 부분에서의 제국주의 또는 식민주의는 어떻게 드러나는가? 이왕가박물관李王家博物館(1909년 처음 박물관이 설립되었을

〈도 2〉 이왕가박물관   출처: 『사진엽서로 보는 근대풍경』

때의 명칭은 제실박물관이었다. 그러나 일제강점기가 시작된 이후 제실박물관이라는 명칭 대신 이왕가박물관이라는 명칭을 공식적으로 사용하였다.) 이 이왕가미술관으로 바뀌어가는 과정을 살펴보자. 일본 제국주의는 1905년 11월 18일 을사늑약을 강압으로 체결하여 대한제국의 외교권을 빼앗고, 1906년 2월 1일 통감부를 설치하여 외교와 내정을 간섭하였다. 이에 고종은 1907년 4월 헤이그에 밀사를 파견하여 을사늑약의 파기를 꾀하였으나 일본은 이를 빌미로 1907년 7월 19일 경운궁 중화전에서 고종이 황태자에게 "군국대사를 대리시킨다."는 조칙을 승인함으로써 일본은 친일각료들로 하여금 7월 20일 고종이 강제퇴위토록 한다. 그 후 1908년 8월 27일 경운궁 돈덕전에서 순종이 황제로 즉위하여 태황제 고종의 궁호를 덕수궁으로 명명하고, 1907년 11월 6일부터 창덕궁 수선修繕공사를 추진하여 1908년 11월에 창덕궁으로 옮긴다. 1908년 9월 어원사무국御苑事務局을 설치하여 창경궁에 동물원, 식물원, 박물관 건립을 추진한다. 1909년 11월 1일 개관한 제실박물관은 1938년 덕수궁 내 서쪽에 미술관을 신축하여 창경궁의 이왕가박물관에 진열했던 고미술古美術과 미술공예품을 신축한 이왕가미술관으로 옮겨왔다. 1933년부터 덕수궁 석조전에서 문을 열었던 일본 미술품 전시관과 신축 미술관을 합하여 1938년에 이왕가미술관이라는 이름으로 불리게 되었다(국성하, 2007).

그런데, 덕수궁 석조전에서의 일본 미술품 전시는 일본의 의도가 그대로 반영된 것이었다. 이왕가박물관의 원래 계획은 덕수궁 석조전을 상설 미술관으로 하여 창경궁에 있던 조선의 옛 그림 수천 점을 전시하려는 것이었는데, 이 계획은 완전히 바뀌어 '일본의 현대 그림을 조선에 소개하여 현대미술의 모범이 되고자' 하는 것으로 달라졌다(『조선일보』, 1933. 9.17). 이에 대해 조선총독부는 '최고의 예술품을 접할 수 있는 기회가 모자라는 조선 거주자들에게 이를 관람하게 하여, 조선에서 이 분야의 계발 사표가 되게 했는데, 이른바 덕수궁미술관이다'라고 표현하였다(조선총독부, 1938). 말하자면 덕수궁 석조전의 일본 미술품 전시는 이른바 '발전한' 일본 예술을 한국인들로 하여금 배우게 하는 의도가 내재되어 있는 것이었다. 결국 한국 고유의 예술적인 작품을 대할 수 있는 기회는 원천적으로 차단시키고, 일본의 현대화를 볼 수 있는 기회를 늘리고자 하는 의도가 내재되어 있었던 셈이다. 결국 이왕가박물관에서 이왕가미술관으로 그 이름이 바뀐 것은 한국 고유의 예술품을 전시하는 것에서 일본의 예술품 중심으로 바뀌게 된 '예술의 일본화日本化'의 시초였다고 생각할 수 있다.

5. 제국주의와 식민주의의 계속

1945년 8월 15일 한국은 일본 제국주의로부터의 광복을 맞았다. 광복 직후 3년간의 미군정이라는 기간을 한국은 거칠 수밖에 없었고, 제국주의와 식민주의는 외면적으로 종말을 고했지만, 박물관의 측면에서는 그 연속성을 유지하였다. 에드워드 사이드의 말대로, '오늘날 직접적인 제국주의는 거의 종말을 고했지만, 제국주의는 문화적인 측면에서 정치적·경제적·사회적 실천에서 언제나 있던 바로 그 자리에 여전히 남아 있게'(Edward Said, 1995)된 것이다.

국립박물관이라는 체제 아래 국립박물관, 국립박물관 경주분관, 부여분관, 공주분관, 개성분관, 국립과학박물관, 국립민족박물관이 위치하게 되었으며, 1946년 새로 건립된 국립민족박물관을 제외하고는 일제강점기의 체제를 그대로 유지하였다. 또한 이왕가미술관은 광복 직후 잠시 문을 닫았다가 1946년 덕수궁미술관으로 개관하였다(최석영, 2012). 결국 광복과 일본 제국주의의 종식은 박물관이라는 문화기관의 영역에서는 그 박물관을 운영하는 사람들을 제외하고는 큰 변화를 가져오지 않았다. 조선총독부박물관의 유물과 이왕가미술관의 유물이 현재 국립중앙박물관 등의 유물의 기초가 되었다는 것, 국립박물관의 체제도 조선총독부박물관 이후 그대로 유지되었다는 점, 발굴 유물을 중심으로 한 국립박물관 지방분관의 체제도 일부 유지하고 있다는 점 등은 문화적인 측면에서 여전히 남아있게 되는 제국주의 또는 식민주의의 영향력을 엿보게 한다.

참고문헌

『조선일보』, 1933. 5. 10; 9. 7; 9. 15; 9. 17.

국성하, 2007,『우리 박물관의 역사와 교육』, 서울 : 혜안.

_____, 2012,「일제강점기의 박람회」,『내일을 여는 역사』47(2012년 여름), 서울 : 선인.

김성곤 · 정정호 역, 1995, Edward W. Said,『문화와 제국주의』, 서울 : 도서출판 창.

김응종, 2012,『서양사 개념어 사전』, 서울 : 살림.

부산박물관, 2009,『사진엽서로 보는 근대풍경 8』, 서울 : 민속원.

이순자, 2009,『일제강점기 고적조사사업 연구』, 서울 : 경인문화사.

정여울 역, 2007, Andre Schmid,『제국 그 사이의 한국』, 서울 : Humanist.

朝鮮總督府, 1930,『朝鮮史料特別展覽目錄』.

_____, 1938,『古代內鮮關係資料特別展覽觀案內』.

_____, 1938. 6,『朝鮮』.

최석영, 2012,『한국박물관의 역사와 전망』, 서울 : 민속원.

Edward P. Alexander, Mary Alexander, 2007, *Museum in Motion*, Altamira.

Michael W. Doyle, 1986, *Empires*, Ithaca : Cornell University Press.

제국주의와 영국 및 인도의 박물관

‖ 서원주 ‖

17세기에 등장한 서구 근대 박물관의 가장 큰 특징은 소장품을 대중에게 공개하는 공공박물관으로서 보편적 진리의 탐구와 지식의 전파를 박물관의 가장 중요한 임무로 삼았다는 점이다. 그러나 19세기 이후에 제국주의가 발호하게 되면서 근대 박물관의 성격은 진리와 합리성을 추구하는 연구·교육기관에서 문화재를 약탈하고 식민지 점령을 정당화하기 위한 행정·선전기관으로 변화하게 되었다. 대영제국으로 위세를 떨치던 영국은 다른 서구의 제국들과 마찬가지로 제국의 효과적인 운영을 위하여 본국과 식민지에서 박물관을 적극적으로 활용하였다.

1. 계몽주의와 근대 박물관의 탄생

14세기에 이탈리아를 중심으로 한 일부 유럽인들은 고대 그리스와 로마의 사상과 학문을 재인식하고 이를 적극 수용해야 한다고 주장하며 중세를 거치며 사장되었던 고대의 저작물들을 발굴하기 시작했으니 이것이 바로 르네상스Renaissance, 즉 문예부흥운동의 시작이었다. 이러한 과정을 통하여 프톨레마이오스나 에라토스테네스 등 고대 그리스 학자들의 업적이 재조명받게 되었고 르네상스 시대의 천문학과 지리학이 비약적인 발전을 하게 되었다. 과학적인 지식으로 새롭게 무장한 유럽인들은 더 먼 세계를 향하여 항해하기 시작했고 15세기부터 18세기까지 지속된 '대항해시대'가 시작되었다. 이 기간 동안에 포르투갈과 스페인, 네덜란드, 영국 등의 유럽 국가들을 중심으로 소위 '신대륙'에 대한 탐험이 이루어지면서 유럽인들은 기존에 알지 못했던 다양한 문물과 자원에 접하게 되었다.

이들은 아메리카 대륙에서 방대한 양의 금과 은을 약탈하여 유럽으로 가져왔고 옥수수, 감자, 고추, 카카오, 담배 등 여러 종류의 과일과 채소, 향신료를 유럽에 소개하였다. 또한 아프리카, 중동, 인도, 중국 등 세계 각 지역에서도 이전에는 보기 힘들었던 진귀한 물품과 동·식물을 직접 수입하였다. 이와 같은 과정을 통해 유럽의 일부 귀족들과 상인들은 막대한 부를 축적하였고 유럽의 여러 나라들이 부강하게 되었다. 이러한 분위기에서 신대륙으로부터 유럽으로 유입된 희귀한 물품과 그 가치가 다시 인정되기 시작한 고대 그리스·로마의 유물들은 서구의 귀족과 부호들에게 수집품으로 각광 받았다. 이러한 수집가들은 취미활동으로서

〈도 1〉 16세기 페란테 임페라토 소유의 '경이로운 방' 삽화 출처: The Warburg Institute

또는 위세를 높이기 위하여 방대한 규모의 개인 수집품을 축적하였고 이를 저택 내부에 진열하였는데 이를 영어권에서는 'Cabinet of Curiosities' 그리고 독일어권에서는 '분더캄머Wunderkammer', 즉 '경이로운 방'이라고 불렀다. 〈도 1〉은 경이로운 방을 묘사한 최초의 삽화 기록으로서 16세기 나폴리의 약제사였던 페란테 임페라토Ferrante Imperato의 개인 소장품을 묘사하고 있는데, 현재의 자연사박물관과 유사한 형태로 전시가 이루어져 있는 것을 볼 수 있다(서원주, 2010). 이렇게 시작된 개인 소장품의 전시실은 현대 박물관의 원형이 되었고 그 중 피렌체의 메디치Medici가문이나 프랑스 국왕 프랑수아 1세의 '경이로운 방'은 나중에 박물관으로 발전하였다.

르네상스 시대에 고대 그리스·로마의 고전을 재번역, 재해석한 유럽인들은 대항해시대를 통해 세계를 탐험하면서 더 많은 지식을 축적하였고 이성적인 존재로서 인간의 능력과 가능성을 자각하기 시작했다. 이러한 과정에서 중세에 절대적인 것으로 숭배되었던 그리스도교의 지적 체계는 이론적으로 그리고 실험적으로 도전을 받게 되었다. 이러한 인본주의적 자각은 점차 심화되어 17~18세기에는 계몽주의Enlightenment가 일어나게 되었다(김인회, 2002). 계몽주의 사상가들은 인간의 이성reason을 판단의 준거로 삼고 실험과 관찰을 통한 진리의 탐구를 통해서 보편적 원리 및 자연법칙을 발견하고자 하였고 과학에 의한 인류의 점진적인 진보를 확신하였다(양유성, 2011). 이러한 시각을 바탕으로 하여 과학적 합리주의에 대한 믿음이 시대정신으로서 등장하게 되었다.

계몽주의 시기의 유럽 지식인들은 고대 문명의 발상지를 견학하고 르네상스 문화를 체험하기 위해 보통 2~3년 혹은 그 이상의 장기간에 걸쳐 수학여행을 떠났다. '그랜드투어Grand Tour'라고 불린 이 여행은 영국의 귀족 자제들이 유럽 대륙, 특히 이탈리아 문명을 체험하기 위하여 시작했으나 점차 유럽 전체로 확산되었고 19세기에 들어서는 미국의 상류층 자제들 사이에서까지도 유행하게 되었다(설혜심, 2013). 이들은 학식이 뛰어난 동행교사와 함께 고대 유적과 유물을 현장에서 직접 보고 배웠다. 이들은 여행을 기념하기 위해 고대 유적을 배경으로 자신의 초상화를 제작하였고 고대 유물이나 복제품을 수집하였는데 본국으로 가져온 고대의 유물들은 서양 박물관의 주요 소장품이 되었다(서원주, 2010).

17세기 중반에 이르면 르네상스와 대항해시대, 계몽주의를 거치며 축적

〈도 2〉 애쉬몰리안 박물관 도안을 사용한 영국 우표 세트 표지 출처: 집필자 소장자료

된 지식과 유물을 기반으로 하여 근대 박물관modern museum이 탄생하게 되었다.

그 이전에도 수집과 전시의 기능을 담당하는 기관들은 다양하게 존재했지만, 근대 박물관은 오늘날 통용되는 의미로서 'museum'이라는 용어를 기관의 명칭에 사용하기 시작했고 소장품을 대중에게 공개하기 시작했으며 지식의 전파 또는 교육을 박물관의 주요 임무로 삼았다는 특징을 지니고 있다. 따라서 근대 박물관의 등장이 가지는 가장 큰 의미는 '공공박물관public museum'의 시대가 시작되었다는 점이라고 할 수 있다. 이렇게 볼 때 최초의 근대 박물관은 1683년 영국 옥스포드에 세워진 '애쉬몰리안 박물관Ashmolean Museum'이라고 볼 수 있다. 변호사인 앨리아스 애쉬몰Elias Ashmole이 귀족들의 정원사였던 존 트라데스칸트John Tradescant 부자가 소장하여 대중에게 공개하던 소장품 'Musaeum Tradescantianum'을 양도받은 후 이에 자신의 수집품을 더하여 옥스퍼드 대학에 기증하면서 1683년에 옥스포드대학 부설 '애쉬몰리안 박물관Ashmolean Museum'이 설립되었다(MacGregor, 2001). 애쉬몰리안 박물관은 대학박물관으로서 교육기관의 기능을 하였고 도서관과 강의실, 화학 실험실 등의 부속시설을 가지고 있었다.

2. 제국주의의 등장과 영국 국립박물관의 역할

르네상스와 대항해시대 그리고 계몽주의로 이어지는 서구의 근대화 과정은 '인간중심주의' 및 '합리주의'라는 밝은 면 그리고 '유럽중심주의'와 '제국주의'라는 어두운 그늘을 동전의 양면처럼 지니고 있었다. 대항해시대가 시작된 15세기부터 스페인은 아메리카 원주민들을 노예로 팔기 시작했고 결국 아즈텍 문명과 마야 문명을 무력으로 멸망시켰다. 또한 포르투갈은 대항해시대 전반에 걸쳐 노예무역으로 막대한 이득을 보았는데 16세기 이후에는 브라질과 서인도제도에서 운영하던 사탕수수 플랜테이션에 흑인 노예를 제공하기 위해 서아프리카 해안을 중심으로 노예사냥과 노예무역에 박차를 가했다. 17세기부터는 영국과 프랑스도 노예무역에 가담하여 노예제가 폐지되기 시작한 19세기까지 최소한 천만 명 이상의 아프리카인들이 노예로 팔려나갔다.

15~17세기에 걸친 소위 '지리상의 발견'이 막바지에 이르자 18세기부터는 지리적 탐험보다는 과학적 탐구를 목적으로 하는 항해가 활기를 띠었고 지리학자, 천문학자, 박물학자, 의사 등 과학자들이 승선하여 세계 각지에서 관찰과 실험을 수행했으며 그 과학적 성과는 제국의 우월성과 영광을 알리기 위한 선전의 수단이 되었다(이영림 외, 2011). 이러한 분위기에서 진리의 추구를 연구의 주요 목적으로 삼았던 과학자들은 각 제국의

국력과 위상을 증명하기 위한 첨병이 되었다. 또한 18세기에 증기기관이 발명되면서 서구사회는 과학혁명의 시대에서 산업혁명의 시대로 들어서게 되었다. 가내수공업 형식의 소규모 생산단위 위주로 운영되던 산업구조에 방적기와 같은 산업설비가 도입되었고 공장에서 대량생산, 고속생산이 이루어졌다. 이러한 산업구조의 변화로 귀족과 지주의 지배체제가 붕괴되기 시작했고 공업화로 인해 인구와 자본, 물자가 도시에 집중되기 시작했다(박지향, 1997). 급격한 대량생산의 결과로 상품의 재료가 고갈되고 유럽대륙 내에서 시장이 포화상태에 이르자 서구 국가들은 대량생산체제의 유지를 위해 보다 많은 자원과 노동력을 필요로 하였고 동시에 생산된 제품을 판매할 새로운 시장이 필요했다. 이러한 배경에서 서구 국가들은 식민지를 적극적으로 '개척'하기 시작하였고 영국의 동인도회사와 같은 척식회사를 설립하여 식민지무역을 주도하였다.

그러나 18세기까지 진행된 서양 국가들의 노예무역과 다른 문명에 대한 약탈은 제국주의의 전주곡에 불과했으며 사실 본격적인 제국주의 시대는 산업혁명 이후 서구 국가들 사이에 식민지 쟁탈전이 벌어진 19세기부터로 볼 수 있다. 더구나 19세기에는 서구 제국들의 식민주의 정책을 정당화할 수 있는 이론이 등장하였다. 1859년에 찰스 다윈이 『종의 기원에 대하여On the Origin of Species』를 출판하여 진화론을 이론적으로 증명하자 서구사회는 창조론과 진화론을 두고 격렬한 논쟁에 빠지게 되었다. 그러나 허버트 스펜서 등이 '사회진화론Social Darwinism'을 주장하며 다윈의 '적자생존설'을 인간 사회에 적용하자 세계의 각 지역을 우등한 사회와 열등한 사회로 나누는 이분법적 접근에 의해 인종간의 우열이 '과학적인' 사실로 인식되었고 '우월한' 백인이 '열등한' 유색인종을 통치할 수 있다는 제국주의의 이데올로기로 발전하였다(윤일 외, 2007). 기술력과 군사력 그리고 '과학적' 이론으로 무장한 제국주의는 20세기 초반에 이르러 전성기를 맞이하였고 세계는 제국과 식민지로 양분되었다.

공공박물관public museum으로서 근대 박물관의 등장은 앞서 이야기한 트라데스칸트 박물관(1656)과 애쉬몰리안 박물관(1683)의 경우에서 볼 수 있듯이 이미 17세기 중반부터 시작되었다. 그러나 18세기에 들어서면서 영국의 대영박물관The British Museum(1753)이나 프랑스의 루브르박물관 Musée du Louvre(1793)의 경우에서 볼 수 있듯이 공공박물관들이 '국립박물관national museum'의 형태로서 등장하기 시작한다. 물론 18세기의 국립박물관들 역시 대중의 접근성 보장, 지식의 확산 및 교육기회의 확장과 같은 계몽주의적 공공박물관의 특징을 나타내고 있었다. 그러나 이전의 박물관들이 개인 저택의 일부 또는 저택 자체를 전시실로 사용한 것과는 달리 18세기의 국립박물관들은 국가나 왕실이 대규모의 소장품들을 일반 대중에게 공개하기 위하여 왕궁의 시설을 이용하거나 박물관 전용 건물을 신축하는 경향이 나타났고 박물관의 규모나 그 건축 양식의 웅장함이 국가의 위상과 연계되기 시작하면서 제국주의 박물관으로서의 특징을 드러내기 시작했다. 19세기에 들어서는 각 제국의 국립박물관들이 문화재의 약탈과 수집, 제국주의의 선전과 식민의 정당화라는 역할을 수행하며 제국주의의 선봉에 서게 되었다.

19세기 중엽이 되자 산업화와 식민지 경영으로 경제적 전성기를 맞은 유럽의 국가들이 제국의 위상을 대내외적으로 과시하기 위하여 경쟁적으로 박람회를 개최하기 시작했다. 1840년대에는 프랑스에서 개최된 일련의 산업박람회Expositions Universelles를 비롯하여 스페인과, 러시아 등 유럽 각지에서 박람회가 개최되었다. 이에 자극을 받은 영국은 과학기술과 산업혁명을 통해 광대한 식민지를 경영하며 정치·경제적으로 우위를 차지하게 된 대영제국을 산업시대의 선도자로 선전하기 위해 1851년에 '만국공산품박람회The Great Exhibition of the Works of Industry of All Nations'를 개최하였다. 결과적으로 만국박람회는 성공리에 개최되었지만 대부분의 메달은 프랑스 제품이 수상하였고 '원시적인' 도구로 만들어진 인도와 중국의 상품들이 영국의 상품보다 미학적으로 우수하다는 사실에 직면한 영국 사회는 충격에 빠졌다. 이러한 문제를 해결하기 위해서는 결국 영국의 제조업자들과 소비자들의 미적 취향을 향상하기 위한 체계적인 교육을 시행해야 한다는 결론이 도출되었고 해당 교육을 위한 기관으로서 박물관이 대두되었다. 박물관에는 만국박람회 전시품 중 일부를 영구 보존 및 전시하기로 결정하였고 박람회 수익금으로 1852년 런던에 '제조업박물관The Museum of Manufactures'을 설립하였다(임소연, 2005). 그러나 미적 취향에 대한 교육을 목표로 했던 제조업박물관은 1854년에 현 위치인 사우스켄싱턴으로 이전한다는 계획이 세워지면서 그 명칭이 '사우스켄싱턴박물관The South Kensington Museum'으로 변경되었으며 1893년에는 소장품의 일부였던 과학 관련 유물이 분리되어 과학박물관The Science Museum으로 독립해 나가면서 소장품의 디자인적인 측면에 더욱 집중하게 되었다.

사우스켄싱턴 박물관에는 영국 식민지를 비롯한 세계 각지에서 수집한 상품들을 전시하였는데 다양한 지역의 식민지에서 보내온 이국적인 유물들은 대영제국의 규모와 위상을 확인시켜 주었고 영국의 '첨단' 공산품들과 대비되어 '야만'과 '문명'의 차이를 극명하게 나타내었다(권의신, 2008). 사우스켄싱턴 박물관은 특히 인도 유물을 집중적으로 수집하였는데, 1851년에 박물관 건립을 위해 구입한 소장품의 목록을 살펴보면 영국의 미술작품은 총 183점에 지나지 않는 것에 비하여 인도의 유물은 262점이나 구입하였다는 것을 알 수 있다(강은주, 2008). 그러나 박물관은 무굴제국의 유물이나 장식 예술품 등 일부 인도 유물의 우수성을 인정하면서도 인도의 역사, 종교, 산업에 대한 포괄적인 전시를 통해 인도를 후진국으로 규정하려고 하였다. 특히 인도의 종교적 조각품들은 그 높은 예술성에도 불구하고 인도가 우상을 숭배하는 비기독교적 '미개사회'라는 사실을 강조하는 데에 이용되었다(임소연, 2005). 박물관에서 식민지의 유물들에 대한 전시는 유물의 역사적이고 미적인 가치를 보여주기보다는 해당 문화권의 타자성과 열등성을 강조하는 방향으로 표현되었으며(강은주, 2008), 그들이 이제 대영제국의 통치 아래 있다는 사실을 확인하고 영국은 '미개한' 식민지 현지인들을 문명화해야 할 사명이 있다는 신념을 선전하기 위한 수단으로서 이용되었다. 더구나 식민지로부터 영국으로 유물을 운반하는 작업은 육군 공병대와 같은 군인들에 의해 수행되었고 19세기 영국의 국립박물관에는 군인들이 주요 요직을 차지하고 있었다(권의신, 2008).

이밖에도 사우스켄싱턴 박물관과 같은 제국의 박물관들은 식민본국에서 사회구성원들을 통합하는 역할도 수행하였다. 19세기에 산업사회로서 세계 최대의 경제적 번영을 누리고 있던 영국은 경제력의 상당 부분을 도시 노동자들의 노동력에 의지하고 있었으며 이들을 통제하고 제국의

일원으로 통합하는 것이 매우 중요
한 문제로 대두되었다. 이에 영국
지배층은 '사회개혁운동'을 통하여
노동자들의 생활을 위생적이고 규
칙적으로 변화시켜 경쟁력을 강화
하려고 노력하였다. 이러한 맥락에
서 노동자들의 처우도 점진적으로
개선되어 1847년에 개정된 공장법
Factory Act에 따르면 면직물공업에
종사하는 모든 노동자의 노동시간
이 하루 10시간으로 제한되었다.
이렇게 되자 일부 노동계급에도 여
가leisure라는 것이 가능해졌고 박물
관과 도서관, 정원 등이 '합리적인
여가'를 제공할 수 있는 장소로서
주목받게 되었다(임소연, 2005).

〈도 3〉 빅토리아알버트 박물관 신관 개관식에
참석하는 영국 왕실의 행렬(1909년)
출처: 집필자 소장자료

　　1899년에는 사우스켄싱턴 박물관의 건물을 새로 착공하면서 대영제국
전성기의 상징이자 만국공산품박람회를 성공적으로 주관한 빅토리아 여
왕과 그 부군의 이름을 기리고자 '빅토리아-알버트 박물관The Victoria
and Albert Museum(The V&A)'으로 명칭을 다시 변경하였다. 박물관의 명칭
이 그 위치인 '사우스켄싱턴'에서 영국 여왕이자 인도 여제라는 칭호를
가졌던 '빅토리아 여왕'의 이름으로 바뀌었다는 사실은 박물관이 제국주

의 박물관으로서의 정체성을 대외적으로 공공연하게 표방했다는 증거라고 볼 수 있다. 이로서 '빅토리아-알버트 박물관'은 대영제국의 중요한 상징으로 부상하였다. 박물관 신관 건물의 초석은 1899년에 빅토리아 여왕이 놓았으며 1909년에 있었던 신관 개관식에는 〈도 3〉의 사진에서 볼 수 있듯이 빅토리아 여왕의 장남이자 당시 영국 국왕이었던 에드워드 7세와 알렉산드라 왕비가 직접 참석하였다.

3. 대영제국과 식민지 인도의 박물관

제국들은 국가의 위상을 과시하고 식민지 통치에 이용하기 위하여 본토에는 물론 각 식민지에서도 고고학 연구를 진행하였고 다수의 박물관을 건립하였다. 1814년 당시 자바의 총독이었던 토마스 래플즈Thomas Raffles가 보로부두르Borobudur 유적을 발견한 것을 계기로 식민지에서의 고고학 연구가 중요하다는 인식이 점차 확산되었고 1899년에는 당시 인도에 합병되어 있었던 영국령 버마에도 고고학부가 설립되었다(권의신, 2008). 약 200여 년간 영국의 지배를 받았던 인도의 경우 역시 주로 영국인에 의해 고고학적 연구가 진행되어왔고 1814년에 설립된 캘커타의 '벵골아시아협회박물관The Museum of the Asiatic Society of Bengal'을 필두로 19세기 중반부터는 인도 전역에 박물관이 건립되기 시작했다(MacKenzie, 2009).

영국 통치하의 인도에 세워진 박물관들은 그 명칭부터 영국의 지배를

〈도 4〉 인도 우다이푸르Udaipur시 빅토리아 박물관 출처: 집필자 소장자료

명백하게 상징하는 경우가 많았는데 주로 영국의 왕족이나 총독 등 제국
을 대표하는 통치자의 이름이나 칭호를 따라 명칭이 정해졌고 그 개관식
에는 왕족이 직접 참석하는 경우가 많았다. 예를 들어 1874년에 인도 북
부 마투라Mathura에 건립된 '커즌고고학박물관The Curzon Museum of
Archaeology'은 인도 총독이었던 조지 커즌의 이름에서 유래되었다. 이밖
에도 1887년에는 자이푸르Jaipur에 영국 왕 에드워드 7세의 이름을 딴 '알
버트 홀 박물관The Albert Hall Museum'이 건립되었고, 1890년에는 우다이
푸르Udaipur에 '빅토리아 박물관The Victoria Museum'이, 1922년 봄베이
Bombay에는 인도를 방문했던 영국 왕세자를 기념하기 위해 '영국왕세자
박물관The Prince of Wales Museum'이 설립되었다.

　〈도 4〉는 영국 통치 시대에 인도 서부 라자스탄Rajasthan주의 호반도시인

〈도 5〉 인도 봄베이Bombay시 영국왕세자박물관 출처: 집필자 소장자료

우다이푸르Udaipur시 사모르Samor공원에 세워진 빅토리아 박물관Victoria Museum의 그림이다. 박물관과 도서관으로 사용된 이 건물은 1887년 당시 영국의 여왕이자 인도의 여제였던 빅토리아 여왕의 재위 50주년Golden Jubilee을 기념하기 위해 우다이푸르 지방정부에 의해 착공되었으며 그림의 오른쪽에 보이듯이 건물의 상징성을 강조하기 위하여 박물관 정면에 여왕의 동상이 세워졌다(The British Library, 2009). 1888년에 『메이와르Meywar지역 안내서』를 집필한 인도인 저자 파테 메타는 '빅토리아 박물관'이 "매우 아름다운 건물이 될 것이며 대중들에게 즐거움과 교육의 원천이 될 것"이라고 주장하였다(The British Library, 2009에서 재인용). 1890년에 건물이 완성되자 빅토리아 여왕의 손자인 알버트 빅터 왕자가 박물관을 방문하여 동상의 제막식을 직접 거행하였다. 인도의 독립 이후에 이 박물관은 '우다이푸르 정부박물관Udaipur Government Museum'으로 바뀌었으며 빅토리

아 여왕의 동상은 마하트마 간디의 동상으로 교체되었다.

〈도 5〉는 봄베이(현 뭄바이)에 건립된 '영국왕세자박물관The Prince of Wales Museum'이다. 1904년에 당시 영국 왕세자 신분이었던 조지 5세가 인도를 방문했는데 이를 기념하기 위하여 1905년 '왕세자저하 방문기념 기금Royal Visit Memorial Funds'이 조성되었고 시정부의 재정지원과 인도인 귀족들의 성금을 통해 박물관을 건설하였다(Punja, 1998). 1915년에 완공된 이 건물은 제1차 세계대전의 발발로 인해 영국 귀족의 이름을 딴 군병원 Lady Hardinge War Hospital으로 사용되다가 1922년에야 박물관으로 개관하였다. '영국왕세자박물관'이라는 명칭은 1995년에 인도 마라타Maratha왕국을 창건한 왕의 이름을 따 '짜뜨라바띠 시바지대왕 박물관Chhatrapati Shivaji Maharaj Vastu'으로 바뀌었다.

자신의 역사와 문화를 기반으로 한 명칭보다는 제국의 통치자들의 칭호를 따라 명칭이 지어졌다는 점을 제외한다면 인도와 같은 식민지에 세워진 박물관들도 식민본국에 세워졌던 박물관처럼 유물을 수집·전시하고 이를 대중에게 공개하여 교육적 기능을 수행한다는 점에서는 큰 차이가 없어 보인다. 예를 들어 1878년 캘커타Calcutta(현 콜카타)에 설립된 '인도박물관The Indian Museum'의 경우를 보면 초기에는 유럽인들에게만 개방되었으나 인도 현지인들의 이용이 점차로 증가하여 1904~1905년에는 연간 유럽인 방문자의 수가 10,000명 미만인 것에 비하여 인도인 방문자는 50만 명을 초과하게 되었다(MacKenzie, 2009).

그러나 식민지에 건설된 박물관들은 문화식민주의 또는 문화제국주의와 불가분의 관계를 가지고 있으며(전경수, 1998), 식민지에서 발굴된 유적이나 운영되는 박물관이 대중에게 적극적으로 공개된 중요한 이유 중 하나는 제국이 이성적이고 문화적으로 식민지를 통치하고 있다는 인상을 식민지 현지인들과 세계 각국에 인식시키고 결과적으로 제국의 위상을 높이는 것에 있었다. 따라서 제국들은 역사적인 유적을 발굴하고 복원함으로써 식민통치의 정당성을 입증하기 위해 고고학에 많은 지원을 하였고 복원된 유적과 유물들은 식민지의 '발전'에 기여한 제국의 치적으로서 선전되었다. 박물관에 전시된 식민지의 유물들은 그 소유자인 식민지 주민들로부터 역사적으로 분리되는 경우가 많았고 현지인들은 과거의 우수한 문화유산을 창조하거나 보존할 능력이 없는 집단으로 규정되어 유물을 만들어낸 선조들로부터 단절되면서 스스로를 부정적으로 인식하도록 조장되었다(권의신, 2008). 반면에 영국인이 운영하고 있는 박물관은 소장품과 유적들을 '과학적'이고 '근대적'인 방식으로 보존하고 관리한다는 인식을 심어주어 제국의 우월성을 강조하고 식민지 통치를 정당화하려고 하였다.

제국이 식민지에서 실시하는 교육의 목적은 자국민을 대상으로 하는 교육과는 그 목적과 양상이 다르다. 식민지 교육은 보통 식민지를 예속화하기 위한 방편으로서 수행되었으며 영국은 인도인들이 스스로를 '미개'하다고 인식하도록 하고 그들에게 '선진적인' 영국적 가치관과 규범을 이식하여 인도를 정치적으로 통제하고 인도인들을 경제적으로 영국에 종속시키는 데에 그 목적을 두고 있었다(김진식, 1990). 다시 말해 식민지 인도에서의 교육은 인도의 대중을 교육시키는 것 자체에 목적이 있는 것이 아니라 영국식 교육을 받고 영국을 동경하는 인도인 집단을 양성함으로써 인도에 대한 영국의 지배를 공고히 하는 데에 있었다(조길태, 2004). 식민지의 박물관들은 그 운영과 전시를 통하여 대영제국과 식민지의 권력관계를 제도적·시각적으로 표현하였고, 박물관의 전시 관람을 통하여 자국 문화에 대한 열등감과 무력감을 경험한 인도의 현지인들, 특히 교육을 받은 인도인들은 프란츠 파농이 지적한 바와 같이 식민본국인 영국의 문화와 제도에 대한 동경을 통하여 점차 '영국인화'되었고 이에 따라 인도에 대한 영국의 지배도 확고해져 갔다.

17세기에 계몽주의에 입각한 공공박물관으로 출발한 서양의 근대 박물관은 19세기 이래 제국의 식민 지배를 정당화하는 한편 식민지에 식민본국의 정체성을 이식하는 등 제국주의 이데올로기의 전파에 핵심적 역할을 담당해 왔다. 제국주의 박물관들은 식민지인들을 동화시키고 식민통치를 정당화하기 위한 방편으로써 잘 알려지지 않았던 식민지의 문화유산을 과학적이고 체계적으로 연구하여 이를 박물관에서 전시하였고 이러한 과정을 통하여 식민지의 '보호국'으로서 제국의 위상을 고양하려고 하였다. 따라서 서구의 박물관들은 제국주의가 몰락한 20세기 중반까지 계몽주의적 성격과 제국주의적 성격을 동시에 지니고 있었다고 볼 수 있다. 우리나라의 박물관은 1909년 대한제국의 국운이 스러져가던 시기에 일제를 통하여 도입되었다. 일본이 메이지유신明治維新을 통하여 서양의 근대화 과정을 모방하고 결국 서구 제국주의의 전철을 답습하여 아시아에서 식민정책을 추진했다는 점을 고려할 때, 대영제국과 그 식민지에서 어떠한 방식으로 박물관이 운영되었는지를 알아보는 것은 아직도 일제청산의 논란으로부터 자유롭지 못한 우리에게도 시사점을 줄 수 있을 것이다.

참고문헌

강은주, 2008, 「사우스켄싱턴 박물관의 아시아 컬렉션(1851년~1899년) 연구」, 『역사비평』 95, 역사문제연구소, 218~242쪽.

권의신, 2008, 「박물관의 식민주의 혐의 – 빅토리아기 영국 사우스켄싱턴 박물관을 중심으로 – 」, 『역사와 세계』 33, 효원사학회, 245~275쪽.

김인회, 2002, 『교육사·교육철학 강의(개정판)』, 서울 : 문음사.

김진식, 1990, 『인도에 대한 영국 제국주의 정책의 한 연구 – 전환의 세기에 전개된 커어즌의 정책 – 』, 서울 : 지식산업사.

박지향, 1997, 『영국사 : 보수와 개혁의 드라마』, 서울 : 까치.

서원주, 2010, 「서양 박물관(미술관)교육의 역사」, 최종호 외 저, 『한국박물관교육학』, 서울 : 문음사.

서원주 역, 2004, The British Museum(2003), 『대영박물관 한국어판』, London: The British Museum Press.

설혜심, 2013, 『그랜드 투어 – 엘리트 교육의 최종 단계』, 서울 : 웅진지식하우스.

양유성 역, 2011, Thomas L. Hankins(1985), 『과학과 계몽주의 : 빛의 18세기, 과학혁명의 완성』, 서울 : 글항아리.

윤일·남송우·손동주·서은선, 2007, 「사회진화론과 1900~1920년대 반제국주의 – 신채호와 코토쿠 슈스이를 중심으로 – 」, 『동북아시아문화학회 15차 국제학술대회 자료집』, 동북아시아문화학회, 87~101쪽.

이석호 역, 1998, Franz Fanon(1995), 『검은 피부 하얀 가면』, 고양 : 인간사랑.

이영림·주경철·최갑수, 2011, 『근대 유럽의 형성 : 16~18세기』, 서울 : 까치.

임소연, 2005, 「사우스켄싱턴 박물관과 빅토리아기 문화를 통한 사회통제」, 『서양사연구』 32, 한국서양사연구회, 253~284쪽.

전경수, 1998, 「한국박물관의 식민주의적 경험과 민족주의적 실천 및 세계주의적 전망 – 이데올로기 지배와 문화표상의 정치인류학 – 」, 서울대학교 인류학연구회 편 『한국인류학의 성과와 전망』, 서울 : 집문당.

조길태, 2004, 『영국의 인도 통치 정책』, 서울 : 민음사.

The British Library (2009) 'Victoria Hall, Udaipur' (http://www.bl.uk, accessed 21 December 2012).

MacGregor, Arthur, 2001, *The Ashmolean Museum : A Brief History of the Institution and Its Collections*, Oxford : Ashmolean Museum.

MacKenzie, John M., 2009, *Museum and Empire : Natural History, Human Cultures and Colonial Identities*, Manchester : Manchester University Press.

Punja, Shobita, 1998, *Museums of India*, 2nd ed., Hong Kong : Local Colour.

제국주의 시대의 프랑스 박물관

‖ 신상철 ‖

1. 계몽주의 사상과 종합 박물관의 설립

근대 박물관의 성립 시기 계몽주의자들은 역사와 예술 그리고 과학에 이르는 인간 정신 행위의 모든 산물을 박물관에 결집시켜 보편적 지식의 장을 구현하고자 했다. 계몽주의 사상의 영향으로 설립된 프랑스의 주요 박물관들은 백과사전식 박물관을 추구하였다. 디드로의 백과사전에 정의된 박물관은 인간의 모든 정신 행위의 산물을 결집시킨 장소라는 의미를 담고 있다. 계몽주의자들은 사유에 의해 축적된 지적인 경험을 성문화하고 체계적으로 조직화하기 위해 백과사전 편찬 작업을 수행하면서 근대 박물관을 예술과 과학, 역사 분야의 모든 보편적 지식을 포괄적으로 수용하는 공간으로 설정하였다. 18세기 철학가들에게 박물관은 상상의 공간이었다. 박물관이 수용할 대상은 실체가 있는 것에 국한되지 않았으며

〈도 1〉 전시 작품을 선정하고 있는 **루브르박물관**
초대 관장 Vivant- Denon

이들에게 중요한 것은 무엇보다도 정신적인 분야였다. 계몽주의 시대의 박물관이 지향한 것은 사회적이고 문화적인 목적에 부합하는 보편적인 인식의 활동을 수집하는 것이었다. 이를 통해 박물관은 시간에 따라 사라져가는 인류의 지적 활동을 보관하고 시공을 초월한 절대시간absolute time의 공간을 제공하고자 했다. 따라서 근대 시기 프랑스에서 박물관은 인간이 자신의 역사적 현존에 대한 성찰을 수행하는 장소였으며 이를 위해 역사와 예술, 과학과 자연사 유물을 수집, 보관하는 종합 박물관의 성격을 표방하였다. 루브르박물관은 이러한 보편적 지식의 장을 추구했던 종합 박물관의 전형을 보여주는 대표적인 사례이다.

1793년 프랑스 대혁명 시기에 설립된 루브르박물관은 18세기 계몽주의 철학에 영향을 받아 대중의 교양 교육과 예술가들에게 창작의 영감을 제공하는 공간으로 형성되었다. 고전 시대의 조각과 유럽 회화를 기반으로 출발한 루브르박물관은 19세기에 들어서면서 중동 및 이집트의 고고학 분야로 유물의 범주가 확대되었다. 1850년 이후에는 박물관이 위치한 루브르궁 안에 해양박물관, 장식예술박물관, 동양예술박물관 등이 신설되면서 여러 개의 전문 박물관들이 결합된 형태의 종합 박물관으로 발전하였고 1945년 법령에 의해 지금과 같은 하나의 통합된 박물관으로 재편되었다. 현재 루브르박물관은 8개의 주제로 특성화된 부서들départements로 구성되어 있다. 하지만 실상 각 부서를 형성하는 유물의 성격과 전문 인력의 구조를 살펴보면 루브르박물관은 회화, 조각, 그리스-로마, 오리엔탈, 이집트, 이슬람, 가구 및 장식예술, 그래픽 아트 등 8개의 전문분야 박물관들이 연합된 형태로 운영된다는 점을 알 수 있다. 이와 같이 루브르박물관이 서로 이질적이고 상이한 지리적, 시대적 특성을 갖고 있는 유물들을 한 곳에 모아 전시하는 것은 세계사적인 관점에서 인류의 역사를 조망하고 장르의 구분을 뛰어넘어 예술의 보편적 가치를 보여주기 위함이다. 루브르박물관은 다양한 인류 문화유산을 한곳에서 전시함으로써 관람객들에게 서로 다른 문명의 개별적인 특성과 상호 연관성을 이해하고 체험할 수 있는 기회를 제공하고자 한다. 각 분야별로 전문성을 가지고 있는 주제관들이 연계하여 종합적인 지식의 공간을 창출하고자 하는 루브르박물관은 계몽주의 철학에 기반을 둔 근대 종합 박물관의 개념을 계승한 곳이다.

2. 근대 시기 전문 박물관의 출현과 지식의 확산

종합 박물관을 추구했던 근대 박물관들은 지식 사회의 발전과 더불어 점차 전문화되기 시작하였다. 18~19세기 유럽의 박물관들은 근대 학문의 발전에 필요한 학술 자료를 제공하였고, 체계화되고 전문화된 학문은 박

Palais de l'Industrie. (Exposition universelle de 1855.)

〈도 2〉 1855년 파리 만국박람회 전시장

물관의 소장품을 조직하는 원리로 작용하였다. 학술적 성과를 기반으로
미술사, 고고학, 역사, 자연사 및 인류학 분야의 전문성을 확보한 박물관
들은 전시, 조사 연구, 교육 프로그램, 출판물, 문화 행사 등을 통해 유럽
사회에 있어서 정신문화의 구심점 역할을 수행하게 되었다. 이 시기 박
물관의 영역은 더욱 세분화되었고 하나의 주제를 심도 있게 다루는 전문
박물관들이 출현하기 시작하였다. 과학과 학문의 진보에 대한 믿음을 기
반으로 19세기 박물관들은 자신들의 학술적 목표를 설정하고 이를 실현
하기 위해 소장품과 학예사들의 역량을 강화하는 노력을 기울였다. 특히
19세기 프랑스 사회의 근대화를 이끌었던 자연과학과 산업기술 분야에서
새로운 박물관들의 출현이 주도적으로 이루어졌다.

1793년 국립자연사박물관Muséum national d'Histoire naturelle과 1794년 국립기술공예박물관Musée des arts et métiers이 설립된 이래 과학·기술·산업 분야에서의 박물관 건립이 19세기 전반에 걸쳐 확대되었다. 이들 박물관들은 과학과 산업기술 분야에서의 발전성과를 대중들과 공유하고 이를 사회교육적 도구로 이용하기 위한 목적에서 설립되었다. 과학과 산업 기술 분야의 주제를 다루는 전문 박물관들은 역사적 가치를 지닌 과학과 기술 분야의 실험도구 및 공구, 도면, 전문 서적, 발명품, 기계 등을 안전하게 보관하고 지속적으로 보존해야할 임무를 부여받았다. 이 분야의 전문 박물관들은 각 시대의 과학과 기술의 발전상을 대표하는 유물들을 수집하여 전시함으로써 그 시대의 사유와 창조 정신을 프랑스 국민들에게 소개하는 역할을 수행해 왔다. 또한 이곳에서 이루어지는 전시, 연구, 학술 및 교육 활동을 통해 프랑스의 과학 및 산업 기술사를 재조명하고 미래를 향한 프랑스의 비전을 국민들에게 제시해 주는 역할을 담당하였다. 1855년 파리 만국박람회를 기점으로 1867년, 1878년, 1889년, 1900년 등 총 5회에 걸쳐 19세기 중후반 파리에서 개최된 만국박람회 또한 이러한 과학과 산업 기술의 발전상을 전시를 통해 대중들에게 전달하고 이 분야의 국가적 중요성을 부각시키는 데 기여하였다.

19세기에 설립된 전문박물관들이 지니는 공통적인 특징은 연구 및 학술 활동을 통해 전문성을 강화하고 그 성과를 대중들과 공유하기 위한 교육 프로그램 운영에 적극적인 노력을 기울였다는 점이다. 계몽주의 전통을 계승하여 지식 창출의 공간으로 활용되었던 프랑스 박물관들은 이 시기에 들어서서 점차 박물관에 축적된 지식을 사회에 환원하기 위한 교육 기관으로서의 임무를 중요하게 인식하게 되었다. 박물관 운영 전반에 교육적 기능과 실용적 가치를 중시하는 풍토가 조성되었고 이를 실현하기 위해 박물관 조직과 전시 운영 방식의 변화가 이루어졌다. 프랑스 박물관에서 전시 유물의 의미를 관람객에게 설명하기 위한 텍스트의 사용이 보편화되고 교육 프로그램의 시행을 위한 시설 확충과 전문 인력의 충원이 이루어진 것도 이 시기였다. 19세기 박물관에서는 작품 정보가 쓰인 레이블label이 전시 공간에 부착되고 전시 주제에 관한 상세한 설명이 담긴 카탈로그가 제작되어 관람객에게 제공되었다. 이러한 변화는 박물관이 전시 감상의 대상자를 작품에 대한 사전 지식을 갖고 있지 않은 일반 대중으로 상정하였다는 것을 의미한다. 전문적인 학술연구의 성과를 기반으로 이성화되고 논리적인 체계를 갖춘 박물관의 전시 유물들은 이제 텍스트의 사용과 교육 프로그램의 운영을 통해 보다 폭 넓은 대중들에게 지식과 예술을 소개하는 역할을 수행하게 된 것이다.

3. 제국주의 시기 민족학박물관의 역할

유럽 사회가 본격적인 제국주의 시기에 접어든 19세기 중반 프랑스에서는 식민주의 사상에 기반을 둔 민족학박물관Musée d'ethnographie이 건립되었다. 1878년 파리 만국박람회 전시장으로 사용된 트로카데로 궁Palais du Trocadéro 내부에 설치된 이 박물관은 인류학자 어네스트-테오도르 하미Ernest-Théodore Hamy의 제안으로 1878년에 설립되었으며 개관 당시부터 프랑스 국립박물관의 위상을 지녔다. 연구 중심의 박물관 성격을 띠고 건립된 프랑스 국립민족학박물관은 기존 국립 루브르박물관과 달리 프랑스 대중교육부Ministère de l'Instruction publique 산하 과학 및 인문학 분과에 소속되었으며 이곳에서의 전시는 인류학적 연구 성과를 바탕으로 인류 문명의 발전 과정을 학술적으로 조명하는데 중점을 두고 있었다. 당시 프랑스 민족학박물관에서 주로 사용했던 전시기법은 다윈Darwin

〈도 3〉 1878년 파리 민족학박물관 내부 모습

의 진화론을 사회 과학에 적용한 문명 비교사적 방법론이었다. 이것은 인류 문명의 발전 과정을 하나의 생명처럼 탄생에서부터 죽음까지의 주기를 가지고 변화 혹은 진화한다는 개념을 설정하고 그에 기반하여 각 문명권의 발전 수준을 비교 연구하는 방법론이며 19세기 제국주의 사상의 이론적 토대를 제공해준 역사관이기도 하였다.

프랑스 국립민족학박물관의 주된 전시 개념으로 채택된 문명 비교사적 방법론은 19세기 제국주의 사상과 결합되어 유럽 국가들의 식민지 지배를 정당화하는 이데올로기로 작용하였다. 이 사상은 인류 발전사에서 유럽 문명이 가장 발전된 단계에 도달한 문명으로 가정하고 있으며 다른 지역의 문명 발전 정도를 비교 분석함으로써 유럽 문명이 진화해온 과정을 정립하겠다는 것을 주요한 연구 과제로 설정하고 있다. 특히 아프리카, 오세아니아 그리고 아메리카 문명권을 원시 사회Primitif로 규정하고 이 지역에 원주민들을 다윈의 진화론적 관점에서 분석하려 하였다는 점에서 유럽 문명의 비교 우위 관점을 적극적으로 표출하는 사상이라고 평가를 받고 있다. 따라서 이러한 문명 비교사적 방법론에 기반을 둔 민족학박물관 전시에서 미학적 관점은 철저하게 배제되어 있었으며 유럽인들에 의해 원시 부족으로 규정된 제3세계 지역권의 유물들은 오직 문명 비교사적 연구의 도구이자 증명 자료로서만 활용되었다. 당시 프랑스 민족학박물관에서 주로 사용한 전시 기법은 자연과학적인 분류 방법을 적용하였다. 동일한 기능의 유물들을 기능별로 세분화하고 한 종류의 오브제를 서로 비교 분석하여 각 문명권의 발달 정도를 관람객에게 소개하는 방식이었다. 더불어 마네킹을 사용하여 원시 부족의 생활환경을 재현하여 보여주는 전시 기법이 오랫동안 민족학박물관 전시실에서 활용되었다.

제국주의 정치 논리와 다윈의 진화론이 결합된 문명 비교사적 사상은 아프리카, 오세아니아 및 아메리카 지역의 부족들을 유럽인들과 다른 단계에 있는 인류 사회로 분류하였다. 이 시기 유럽인들은 진화론적인 관점에서 이들을 동물 사회에서 인간 사회로의 변화 과정 중에 있는 중간 단계로 파악했다. 그래서 이 부족들을 진화론적 순서 개념이 반영된 프리미티프primitif라는 원시 사회로 규정했다. 심지어 1889년 파리 만국박람회에서는 아프리카 원주민 부족 일부가 파리로 옮겨져 대중들 앞에 전시되기도 하였다. 결국 문명 비교사적 연구 방법론은 인종차별주의의 사상적 근간을 마련해 주었고 20세기에 들어서서는 인종 우생학적 이론으로 발전되어 제2차 세계대전 당시 독일 군국주의자들에 의해 자행된 인종학살의 이론적 도구가 되었다. 이러한 19세기 문명 비교사적 방법론에 기초하여 건립된 파리 민족학박물관은 1937년 민족학'ethnographie 개념에서 벗어나 보다 폭넓은 주제를 다루는 인류학'anthropologie 박물관으로 변경되었다. 이후 이 박물관은 인류학적 의미를 담은 뮤제 드 옴므Musée de l'Homme라는 새로운 명칭으로 운영되었다. 그러나 최근 국립 인류학 박물관의 전근대적인 전시 기법과 낙후된 시설로 인해 관람객의 방문수가 급격히 감소하고 이와 더불어 문명 비교사적 방법론에 대한 학계의 문제제기와 사회적 비판이 증대하면서 프랑스 정부는 19세기 제국주의 사상을 기반으로 건립된 국립박물관들에 대한 대대적인 개편 작업을 진행하였다. 2003년 국립 아프리카 및 오세아니아 박물관이 폐관되었으며 트로카데로 궁에 위치한 국립 인류학 박물관 또한 전시실 개편 작업을 위해 잠정 폐쇄되었다. 그리고 이 두 박물관이 소장했던 비유럽권 지역의 유물들이 통합되어 2007년 개관한 케 브랑리 박물관Musée du quai Branly으로 이전되었다. 이곳에서의 전시는 기존 박물관들과 달리 인류 문명 간의 비교 우위를 가늠하는 것에 있지 않다. 케 브랑리 박물관은 오브제의 기능에 따른 분류와 배열의 전시 개념을 배제하고 하나의 문명권을 자신의 문화적 논리를 갖춘 독립된 공간으로 소개하는 전시 기법을 사용하고 있다. 케 브랑리 박물관의 건립 목적은 관람자들이 이곳의 유물 전시를 통해서 새로운 세계에 대한 발견과 인식의 기회를 부여받고 더 나아가 이들에게 타 문명을 이해하는 과정을 제공하는 것에 있다. 이러한 프랑스 국립 인류학 박물관의 변화는 제국주의 시대에 형성된 종속과 지배 논리에서 벗어나 공존의 시대를 살아가는 현대 사회의 흐름을 반영한 결과이다. 이를 통해 우리는 박물관이 변화의 과정을 겪는 사회 발전의 산물이며 박물관에서의 전시는 유물을 해석하는 그 시대의 시각과 관점을 담고 있다는 사실을 확인할 수 있다.

참고문헌

신상철, 2008, 「19 세기말 프랑스 박물관 역사와 아시아 콜렉션 : 동양 예술에 대한 새로운 인식」, 『미술사학』 22호, 미술사교육학회.

_____, 2010, 「박물관 운영에 있어서 장르간 연계 및 네트워킹 강화 : 종합박물관과 박물관 집적단지 형성과정 분석」, '문화가 있는 용산공원' 조성 공개토론회 – 21세기 복합문화공간으로서의 박물관의 역할, 국립중앙박물관.

_____, 2010, 「프랑스 박물관의 법인화와 박물관 경쟁력의 쟁점 : 루브르박물관 사례를 중심으로」, 『한국프랑스학논집』 70집, 한국프랑스학회.

_____, 2013, 「창조경제 시대 산업기술박물관의 역할 : 산업사의 기억보존과 기술혁신의 기반 조성」, 한국박물관협회, 2013년 한국박물관대회 키노트 섹션.

Bazin G., 1967, *Le Temps des musée*, Liège-Bruxelles, Desoer.

Dias N., 1991, *Le musée d'ethnographie du Trocadéro 1878-1908*, Paris, CNRS.

Impey O., 1985, MacGregor A., *The Origins of Museums*, Oxford, Oxford University Press.

Monnier G., 1995, *L'Art et ses institutions en France*, de la Révolution à nos jours, Paris, Gallimard.

Pomian K., 1987, *Collectionneurs, amateurs et curieux, Paris-Venise : XVIe-XVIIIe siècle*, Paris, Gallimard.

Pommier E. (ed.), 1995, *Les Musées en Europe à la veille de l'ouverture du Louvre*, Paris, Klincksieck.

Poulot D., 1997, *Musée, nation, patrimoine, 1789-1815*, Paris, Gallimard.

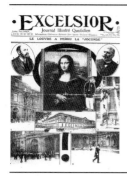

미술품의 위작과 도난
세상을 떠들썩하게 했던 위작 사건과
도난 사건
‖ 이연식 ‖

1. 들어가며

　미술에서 위작이 부각된 것은 미술품의 환금성이 높아지면서부터이다. 교회나 영주가 주문한 천장화나 벽화가 아니라 공간적인 제약을 벗어난 유화나 판화가 활발하게 매매되면서, 그리고 미술가들이 개별적인 창작자로 활동하게 되면서 미술가의 스타일과 명성이 경제적인 가치로 환산되었고, 어떤 미술가의 스타일과 명성을 훔쳐서 부당한 경제적 가치를 획득할 수도 있게 되었다. 시민혁명과 산업혁명을 거치면서 사회의 주역이 된 시민계급의 문화적 욕구가 높아지면서 19세기 후반부터 유럽에서는 국제적인 미술시장이 성립되었고, 미술품의 매매가 활발해질수록 위작 또한 번성했다.

　위작을 제작하고 유통한 이들은 자신들이 상업적 차원에서 입힌 손실에 대해 단죄를 받아야 할 것이지만, 가격과 유통이라는 맥락을 벗어나 생각해 보자면 위작은 그 자체로 미술계의 가치 판단과 감식안에 대한 도전이기도 하다.

미술품의 도난은 제2차 세계대전 이후 미술품 가격이 가파른 상승세를 탄 것과 밀접하게 관련된다. 특히 1980년대에 들어서면서 몇몇 유명한 미술품이 이전에는 상상도 하기 어려웠던 고가에 매매되면서 미술품 도난 사건도 급증했다. 그런데 미술품 도둑들은 미술품이 쉽게 돈으로 바꿀 수 있고 운반하기 쉬운 귀중품이라고만 생각할 뿐 적정한 온도와 습도를 유지하지 않으면 바로 손상을 입는다는 사실에는 무지하고, 미술품을 안전하게 운반하는 방법조차 알지 못한다. 도난 사건의 기록은 미술품이 겪어 온 실종과 파괴의 기록이다.

2. 판 메이헤런Han van Meegeren(1889~1947)

제2차 세계대전 중 서유럽의 대부분을 장악한 히틀러와 독일 제국의 고관들은 다량의 미술품을 약탈하거나 구입했다. 유럽에서 전쟁이 막 끝난 1945년 5월 17일, 연합군은 오스트리아의 아우스제Aussee에 가까운 암염갱嚴鹽坑으로 진입해서 그곳에 나치가 숨겨 두었던 다량의 미술품을 찾아냈는데, 이들 중에서 〈간음한 여인과 그리스도〉라는 제목이 붙은 그림 한 점이 주의를 끌었다. 이 그림에는 요하네스 베르메르Johannes Vermeer(1632~1675)의 서명이 있었다. 이 그림과 함께 나온 문서에는 괴링 원수가 1942년에 바이에른의 은

행가 알로이스 미들Alois Miedl을 통해 165만 휠덴gulden이라는 거금을 주고 이 그림을 구입했다고 기록되어 있었다. 그리고 미들에게 이 그림을 제공한 이는 암스테르담의 화가 한 판 메이헤런Han van Meegeren(1889~1947)이라는 인물이었다. 1945년 5월 29일, 네덜란드 경찰은 판 메이헤런을 대독對獨협력죄로 체포하고는, 이 그림이 어디서 났는지를 추궁했다. 그런데 그의 진술은 뜻밖이었다. 그는 〈간음한 여인과 그리스도〉가 애초부

〈도 1〉 판 메이헤런이 베르메르를 흉내 내어 그린 〈간음한 여인과 그리스도〉, 1942년

터 베르메르의 작품이 아니고 자신이 베르메르를 흉내 내어 그린 것이라고 했다.

판 메이헤런의 본명은 헨리퀴스 안토니위스 판 메이헤런Henricus Antonius van Meegeren이며, 1889년 12월 10일 네덜란드 데벤터르Deventer 시의 한 독실한 가톨릭교도 집안에서 태어났다. 헤이그의 왕립 아카데미에서 학위를 따고는 본격적인 화가의 길로 들어섰다. 이 무렵 네덜란드 미술계에서는 입체주의와 초현실주의를 비롯한 전위미술이 득세하고 있었다. 판 메이헤런은 초상화가로서 물질적인 풍요를 누리긴 했지만 미술계에서는 독창성이 부족한 화가로 취급되었다. 그는 미술계가 자신의 역량을 과소평가하고 자기를 부당하게 대우한다는 생각을 굳혀 가던 끝에

미술계에 대한 '복수'를 다짐했다. 복수의 방법으로 그가 선택한 것은 위작이었다.

1932년 판 메이헤런은 아내와 함께 남부 프랑스의 로크브륀Roquebrune으로 이사했다. 그는 베르메르와 관련된 서적을 읽으면서 그의 기법을 연구했고, 17세기 무렵 무명 화가가 그린 그림과 오래된 안료 따위를 사 모았다. 판 메이헤런은 이렇게 손에 넣은 옛 회화에서 캔버스의 못을 모두 뽑아내고, 캔버스 위에 입혀진 물감은 팔레트 나이프로 깨끗이 벗겨냈다. 경우에 따라서는 캔버스를 지탱하고 있던 나무틀과 캔버스의 크기를 바꾸고는, 앞서 뽑았던 못을 주의 깊게 다시 박아 넣었다. 그는 오래된 안료를 베르메르와 당시의 다른 화가들이 그랬던 것처럼 손수 갰고, 오소리 털로 된 붓으로 그림을 그렸다. 이렇게 그린 그림은 오븐에 굽는 한편, 둥근 통에 둥글게 말았다가 펴는 작업을 거듭하고 롤러로 문질렀다. 이렇게 하면 물감층 표면에 균열이 생겼는데, 이 균열에 잉크를 부어서 스며들게 하고 닦아내서는 오래된 그림처럼 보이게 했다. 캔버스와 나무틀 군데군데에 일부러 홈집을 내기도 했다.

마침내 1937년에 〈엠마오의 그리스도와 제자들〉을 완성하여 미술시장에 선보였다. 이 그림은 1938년 로테르담의 보이만스Boijmans 미술관이 52만 휠던의 기금을 모아서는 구입했다. 이어서 1941년에는 〈그리스도의 두부頭部〉가 발견되었고, 이를 로테르담의 해운海運 사업가인 판 뵈닝헌Van Beuningen이 47만 5천 휠던에 매입했다. 이어서 같은 해에 〈최후의 만찬〉이 나타났다. 이번에도 판 뵈닝헌이 매입했는데, 이번에는 160만 휠던이라는 거액을 지불했다. 다음 해인 1942년에는 베르메르의 서명이 들어 있는 〈이삭에게 축복받는 야곱〉이 로테르담의 수집가 판 데르 포름 Van der Vorm에게 125만 휠던에 팔렸고, 이 와중에 괴링 원수가 문제의 그림 〈간음한 여인과 그리스도〉를 165만 휠던에 매입했다. 1943년에는 네덜란드 정부가 〈사도使徒들의 발을 씻는 그리스도〉를 130만 휠던에 매입했다. 물론 이들 그림은 모두 판 메이헤런이 만든 위작이었다.

사법 당국은 위작을 만들었다는 판 메이헤런의 고백을 쉬이 받아들일 수 없었다. 그가 대독협력죄에서 벗어나기 위해 거짓 진술을 하고 있다고 여겼다. 결국 당국은 그에게 베르메르의 위작을 실제로 한 점 그려보라고 명령했고, 이에 따라 판 메이헤런은 베르메르풍 종교화를 제작했다. 판 메이헤런이 제재題材로 선택한 것은 '학자들 사이에 앉은 그리스도'였다. 이 그림은 149×192cm로 상당히 컸는데, 그는 불과 2개월 만에 이를 완성했다. 다소 미흡하긴 했지만 이 그림은 그가 베르메르의 위작자라는 증거로는 충분했다. 전문가들과 대중은 완성된 그림을 보고 경탄했고, 그의 솜씨를 칭찬하기 시작했다. "우리는 베르메르를 잃었지만 대신 판 메이헤런을 발견했다"라는 말까지 나돌았다. 판 메이헤런은 침략자 괴링을 감쪽같이 속여 넘긴 영웅 취급을 받았다.

판 메이헤런은 대독협력 혐의를 벗었고 사기죄로 1947년 10월말부터 재판을 받았다. 검찰은 징역 2년을 구형했고, 11월에 판사는 징역 1년을 선고했다. 이때는 이미 그가 구속된 뒤 2년이 훨씬 지난 시점이었다. 체포되었을 무렵부터 건강이 나빴던 그는 판결이 내려진 다음 달인 12월 30일에 심장마비로 사망했다. 그의 나이 쉰여덟이었다.

3. 엘미르 드 호리Elmyr de Hory(1906~1976)

엘미르 드 호리는 제2차 세계대전 직후부터 르누아르, 모딜리아니, 블라맹크, 드랭, 뒤피 등 주로 유명한 현대 프랑스 화가들을 흉내 낸 위작을 만들어 팔았고, 1950년대 말부터 1960년대 말까지는 중개업자인 페르낭 르그로Fernand Legros, 레알 르사르Réal Lessard와 함께 활동하면서 여러 나라에 위작을 팔았다.

드 호리는 1906년 오스트리아─헝가리 제국의 유복한 집안에서 태어났다. 부다페스트의 미술학교에 들어갔다가 열여덟 살 때 뮌헨으로 가서 고전 미술을 공부했고, 이어 1926년부터 파리에서 공부했다. 그는 몽파르나스에 자리를 잡았다. 1946년 4월 어느 날, 그가 그린 그림을 지인이 피카소의 그림으로 착각하며 아는 체를 했다. 여기서 착상을 얻은 그는 옛 카탈로그를 펼쳐들고 1920년대의 피카소를 흉내 내어 그림을 그리기 시작했다. 그는 이를 화상에게 가져가 "오래 전에 피카소에게서 직접 받은 것"이라며 보여주었다. 그 다음에는 뒤피와 마티스의 위작을 만들어서 들고 다녔다. 화상들은 기뻐하며 이들 위작을 사들였다. 리우 데 자네이루와 뉴욕을 거쳐 마이애미에 정착한 드 호리는 가명을 쓰면서 미국 여기저기에 우편으로 피카소 · 마티스 · 르누아르 · 모딜리아니 등을 흉내 낸 위작을 팔았다.

드 호리가 만든 위작은 대부분이 소묘이다. 이는 소묘를 위작으로 만드는 쪽이 유화보다 훨씬 쉬웠기 때문이다. 그는 헌책방에서 옛 그림이 들어간 책을 사서 빈 쪽을 오려내서는 그림 재료로 사용했다. 옛날 책에서 오려낸 종이를 쓰는 건 소묘를 위조하는 이들 사이에서 널리 사용되었던 수법이다. 드 호리는 자신이 흉내 내려는 화가의 테크닉을 나름대로 날렵하게 파악했다. 예를 들어 마티스가 그은 선에는 멈칫거리는 부분이 많은데 이는 선을 그으면서도 종종 모델을 쳐다보는 마티스의 습관과 리듬 때문이라는 것을 간파했다. 드 호리 역시 마티스의 리듬에 맞춰 적절하게 멈칫거리면서 선을 그으니 감쪽같았다.

하지만 1950년대 중반부터 드 호리의 위작은 하나둘씩 들통 나기 시작했다. 드 호리는 마이애미를 떠나 멕시코로 갔다가 캐나다를 거쳐 뉴욕으로 가서 다시 위작을 만들어 팔며 사치를 즐겼지만 이내 꼬리가 잡히기 시작했다. 그는 궁지에 몰려 워싱턴에서 수면제를 먹고 자살을 시도했다가 실패했다. 친구의 도움으로 플로리다에서 요양을 하던 그는 여기서 페르낭 르그로를 만나게 된다. 프랑스 출신으로 미국 국적을 갖고 있었던 르그로는 드 호리에게 동업을 제안했다. 르그로와 드 호리는 수익을 4대 6으로 나누기로 정했다.

한편 르그로는 당시 열아홉 살이었던 캐나다인 레알 르사르를 사귀고 있었다. 르그로는 실은 동성애자였고, 르사르는 르그로의 애인 겸 비서 노릇을 했다. 1962년에 드 호리는 스페인의 발레아레스 제도諸島에 속한 유명한 섬 이비사Ibiza에 정착했고, 르그로는 드 호리를 위해 이 섬에 작업실이 딸린 집을 지어주었다. 잠깐씩 휴지기가 있기는 했지만 세 사람의 동업은 1967년에 발각될 때까지 10년 가까이 계속되었다. 이들이 1961년부터 67년 사이에 벌어들인 돈은 무려 6천만 달러나 되었다. 나중에 드 호리는 이 중에서 자기에게 떨어진 돈은 25만 달러뿐이었다고 털

〈도 2〉 드 호리가 마티스를 흉내 내어 그린
〈실내의 여인〉, 1965년.

어놓았다.

르그로의 위작 사업은 1967년에 꼬리를 잡혔고, 다음해 그는 스위스에서 체포되었다. 드 호리는 각지를 전전하다가 1969년에 이비사로 돌아와서 얼마간 즐겁게 지냈는데, 그러던 중 프랑스 당국이 스페인 당국과 협상 끝에 자신의 신병을 인도받게 되었다는 소식을 들었다. 그는 이제 감옥에 가면 끝장이라고 생각했고, 또다시 수면제로 자살을 시도했다. 이번에는 깨어나지 못했다. 1976년 12월 11일이었다.

한편 르그로는 1970년대 말에 잠깐 수감생활을 하고 풀려나와서는 1983년, 쉰두 살의 나이에 식도암으로 사망했다. 그 뒤 1985년, 르그로의 비서이자 애인이었던 레알 르사르가 『위작을 향한 정열L'Amour du Faux』이라는 책을 출간했는데, 이 책에서 르사르는 르그로가 팔았던 위작 대부분을 드 호리가 아니라 자신이 그렸다고 주장했다. 드 호리보다 자신의 솜씨가 더 뛰어났다는 것이다.

4. 톰 키팅Tom Keating(1917~1984)

영국의 위작 제작자 톰 키팅―정식 이름은 토머스 패트릭 키팅Thomas Patrick Keating―은 드가, 들라크루아, 드랭, 뒤피, 뒤러, 고야, 마네, 마티스, 밀레, 모딜리아니, 뭉크, 렘브란트, 르누아르, 루오, 루벤스, 시슬레, 로트레크, 위트릴로, 블라맹크, 컨스터블, 새뮤얼 파머 등 모두 121명이나 되는 미술가를 흉내 내서 2천 점 가량의 위작을 만들었다.

키팅은 런던 템스 강 남안南岸 루이셤Lewisham의 노동자 집안에서 태어나 골드스미스 미술학교Goldsmiths College에서 공부했는데, '회화기법은 뛰어나지만 독창적인 구성 능력은 없다'는 평가를 받았고, 결국 졸업 자격시험에서 떨어지고 말았다. 이 뒤로 그는 옛 회화 작품을 본격적으로 위조했다. 그런데 키팅은 자기가 만든 위작에 일종의 '시한폭탄'을 설치했다. 주의 깊게 살펴보면 진품이 아님을 알 수 있는 장치를 넣은 것이다. 이를테면, 옛 그림이 그려진 캔버스 위에 위작을 그린 경우, 바탕이 된 옛 그림은 그대로 남겨 두었다. 키팅은 "아무리 형편없는 그림이라도 내 동료화가들의 그림을 망가뜨리는 건 싫었다"라고 했다. 이를 위해 톰은 우선 그림 위에 반수礬水(백반 물)로 피막을 입히고, 경우에 따라서는 템페라tempera를 칠했다. 이렇게 해 두고 50년쯤 지나면 자신이 위에 그린 그림은 떨어져나가기 시작할 거라고 했다. 또, 위작을 그리기 전에 바탕에 백연白鉛으로 "이 그림은 가짜"라고 써두기도 했다. 옛 그림을 수리하거나 진위를 가려야 할 때 X선을 비춰 보는 경우가 많은데, X선을 비추면 흰 물감으로 쓴 글씨가 고스란히 드러날 터였다. 일부러 해당 미술가와 시대가 어긋나는 재료를 쓰기도 했다. 예를 들어 19세기의 화가인 새뮤얼 파머Samuel Palmer(1805~81)를 흉내 낼 때는 20세기의 종이를 쓰고 17세기의 화가인 렘브란트를 흉내 낼 때는 18세기의 종이를 사용하는 식이었다.

『런던 타임스』의 기자였던 제럴딘 노먼의 끈질긴 추적 끝에 키팅의 정체가 드러났다. 키팅은 노먼이 자신의 턱밑까지 쫓아오자 노먼에게 전화를 걸어 자신이 위작을 만들어왔다고 순순히 고백했다. 1976년 8월 27일, 마침내 키팅의 기자 회견이 열렸다. 당시 쉰아홉 살로 백발이 성성하고 흰수염을 기른 키팅이 등장했다. 그는 TV 카메라 앞에서 자신이 지금까지 2천 점이 넘는 위작을 만들어왔다며, 자신의 작업은 미술가를 착취하는 데 여념이 없는 화상과 미술계에 대한 항의였다고 했다. 언론은 키팅을 둘러싼 뉴스를 계속 내보냈고, 키팅은 유명인이 되었다.

키팅은 사기죄로 체포되어 재판을 받았다. 그런데 키팅은 오랜 흡연 습관과 회화 수복修復 일을 하면서 다루었던 갖가지 화학 약품 때문에 기관지의 상태가 몹시 나빴고 심장에도 문제가 있었다. 이 때문에 재판은 중단되었고 키팅은 석방되었다. 1982년부터 몸이 조금 나아진 키팅은 TV에 출연해서 모네, 마네, 드가, 세잔 등 인상주의 전후의 화가들의 그림을 그려 보이거나 옛 그림을 수복하는 방법을 해설했다. 하지만 얼마 지나지 않아 1984년 2월 12일 콜체스터Colchester에서 심장발작으로 사망했다.

5. 에릭 헵번Eric Hebborn(1934~1996)

에릭 헵번은 1934년, 런던의 사우스켄징턴에서 식료품 점원의 아들로 태어났다. 왕립아카데미Royal Academy에서 공부한 그는 1959년에 은메달을 따서 이탈리아 로마의 브리티시 스쿨British School at Rome에서 공부할 수 있는 장학금을 획득했고, 이를 계기로 이탈리아에 정착했다. 헵번은 자신의 재능을 확신하는 의기양양한 화가였지만 미술계는 헵번을 주목하지 않았다.

헵번이 만든 대부분의 위작은 유명한 미술가들의 스타일을 흉내 내어 조금씩 변형시키거나 몇몇 작품들의 요소를 조합한 것이었다. 그는 위작의 세계에서 자타가 공인하는 '소묘의 대가'였다. 비슷한 시기에 활동한 톰 키팅이 주로 19세기 이후 화가들의 그림을 흉내 낸 데 반해 헵번의 취향은 고풍스러웠다. 그는 만테냐, 루벤스, 브뢰헬, 반다이크, 푸생, 티에폴로, 피라네시Piranesi, 부세 등 르네상스와 바로크, 로코코 시기에 걸친 화가들을 흉내 냈고 가짜 조각품도 만들었다. 헵번의 위작은 크리스티나 소더비 같은 유명 경매 회사와 런던의 콜나기Colnaghi 갤러리를 통해 팔려나갔고 브리티시 뮤지엄British Museum과 미국의 피어폰트 모건 라이브러리Pierpont Morgan Library, 워싱턴의 내셔널 갤러리 등 쟁쟁한 기관들의 소장 목록에 포함되었다.

헵번이 만든 위작이 드러나기 시작한 것은 1978년의 일이다. 워싱턴 내셔널 갤러리의 큐레이터와 피어폰트 모건 라이브러리의 큐레이터가 런던의 콜나기 갤러리를 통해 구입한 르네상스 시대의 소묘들이 위작임을 알아차렸다. 이들 소묘는 앞서 여러 단계의 감정을 거쳐 진품으로 인정받았던 것들인데, 모두 당시 로마에 거주하던 헵번에게서 구입한 것이었다. 이 소식에 런던의 미술시장은 크게 술렁였다. 과거 미술가들의 작품에 대한 의구심이 증폭되면서 미술품 판매는 위축되었고, 진품 소묘까지 반품하는 사태가 벌어졌다.

1984년에 헵번은 자신이 위작을 만들었음을 인정했지만, 그러면서도 자신이 잘못을 저지른 건 아니라고 강변했다. 그는 자신의 한창 시절이던 1963년부터 1978년까지 옛 화가들의 소묘를 5백 점 이상 그렸다고 했다. 1991년에 출간한 자서전 『곤경에 빠져서Drawn to Trouble』에서도 헵번은 자신에게 속아 넘어간 화상과 전문가들을 조롱했다. 1978년에 위작이 들통 난 뒤에도 위작 만들기를 그만두는 대신 오히려 더욱 정교한 위작을 만들었으며, 1978년부터 1988년 사이에 5백 점이 넘는 소묘를 새롭게 만들어서 이를 미술시장에 풀어놓았다고 했다. 그는 거짓과 진실을 뒤섞어놓으며 미술시장과 전문가들을 혼란에 빠뜨리려 했고, 위작 제작자로서의 입장을 적극적으로 변호했다. 그는 "감정가들은 가짜와 진짜를 가려내는 능력으로 돈을 벌고 있다. 따라서 위작자에게는 자신의 역량을 동원해서 그들과 싸울 권리가 있다"며, 자신은 어디까지나 감정가들과 '게임'을 하는 것이라고 주장했다. 그는 이 게임을 정당하게 진행하기 위해 자신이 감정가에게 위작을 보여줄 때에도 일정한 규칙을 준수한다고 했다. 다음은 그가 소개한 규칙이다.

- 미술계에서 인정받은 전문가에게만 판매한다.
- 원작의 가격보다 높은 가격을 요구하지 않는다.
- 권위 있는 전문가가 감정하기 전에 내 쪽에서 먼저 작품이 어느 시대의 것이라는 등의 말을 하지 않는다. 그래야 나중에 위작을 진작으로 감정한 것에 대해 전문가에게 책임을 물을 수 있다.
- 전문가의 감식 능력이 온전하지 않을 때 감정을 하게 하지 않는다. 예를 들어 '술을 곁들인 점심 자리에서 전문가에게 결론을 채근하는' 일은 페어플레이가 아니다.
- 전문가에게 뇌물을 주고 의견을 구하지 않는다.
- 전문가들끼리 의견이 상충되는 경우 말고는 전문가가 제시한 의견에 의문을 표시하지 않는다.

자서전을 출간하고 나서 4년 뒤인 1995년, 헵번은 이번에는 그림을 위조하는 기술을 체계적으로 상세하게 설명한 『위작자의 핸드북The Faker's Handbook』이라는 책을 내놓았다. 이 책이 출간된 지 불과 수주일 뒤인 1996년 1월 8일, 헵번은 로마의 거리에서 두개골이 깨진 채로 발견되었고 3일 후인 11일에 사망했다. 헵번이 동성애자였다는 사실 때문에 이 사건에 헵번의 애정사가 관련되었을 거라고들 추측했지만 진상은 여전히 수수께끼로 남아 있다.

6. 미술품 도난의 양상

미술품의 도난 사건은 끊이지 않는다. 인터폴은 연간 40~60억 달러가 도난 미술품을 둘러싸고 움직인다고 추정한다. 도난당한 미술품은 대부분이 암시장에서만 움직일 뿐, 공식적인 무대에서 모습을 감춰 버린다. 도난 미술품의 회수율은 겨우 10퍼센트 정도이다. 하지만 유명 미술품의 경우에는 회수율이 높아진다. 일단 너무 유명한 미술품은 팔아치우기가 어렵기 때문이다.

미술품의 가격은 제2차 세계대전 이후 가파른 상승세를 탔다. 특히 1980년대에 들어서면서 몇몇 유명한 미술품은 이전에는 상상도 하기 어려웠던 고가에 매매되었다. 미술품에 대한 도난도 이에 호응해서 급증했다.

1988년 5월 20일 새벽 5시, 암스테르담의 시립미술관에 창문을 부수고 침입한 도둑이 반 고흐의 〈카네이션〉을 비롯해 세잔과 용킨트 등의 그림 3점을 훔쳐 달아났다. 창문이 부서질 때 경보장치가 울렸지만 미술관에는 아무도 없었다. 1975년에 시 예산이 줄어들면서 야간경비제도가 폐지되었던 것이다. 이 사건의 피해액은 5천 2백만 달러로 당시에는 최대의 미술품 도난 사건이었다. 수 주일 후 범인의 동료 한 사람이 체포되면서 그림은 무사히 돌아왔다.

그로부터 7개월 뒤에는 네덜란드의 아른헴 근처에 있는 크뢸러-뮐러 Kröller-Müller 미술관에서 사건이 벌어졌다. 1938년에 개관한 이 미술관은 19세기와 20세기 초의 회화와 조각을 다수 소장하고 있었는데, 그 중 반 고흐의 작품만 3백여 점에 이른다. 1988년 12월 12일, 이곳에서 반 고흐의 〈베 짜는 남자〉, 〈감자를 먹는 사람들〉, 〈해바라기〉가 사라졌다. 피해액은 7천 2백만 달러에서 9천만 달러로 추정되었다. 도둑들은 다음해인 1989년 4월에 〈베 짜는 남자〉를 미술관에 돌려주고는, 나머지 2점에 대해 250만 달러를 내놓으라고 요구했다. 도둑들과의 거래는 실패했지만 그해 7월에 도둑들이 체포되면서 그림을 되찾을 수 있었다.

반 고흐의 작품을 노린 이들 범죄는 앞서 반 고흐의 〈해바라기〉와 〈붓꽃〉이 연이어 사상 최고가에 낙찰된 것과 관련되어 있었다. 1987년 3월과 11월에 각각 런던과 뉴욕의 경매에서 〈해바라기〉는 3,990만 달러에, 〈붓꽃〉은 5,390만 달러에 낙찰되었던 것이다. 미술품 거래가 일종의 투기처럼 여겨져서 미술 시장에 자금이 몰린 것과, 미술품의 가격이 솟구치자 이를 노린 범죄가 늘어난 것은 동전의 양면 같은 관계였다.

1998년 5월, 루브르 미술관의 제67전시실에 걸려 있던 코로의 〈세브르 가도街道〉가 한낮에 도난당했다. 도둑은 마침 사람이 없던 이 전시실에서 액자와 유리 케이스만 달랑 벽에 걸어 두고 그림을 빼내서는 사라졌다. 약 한 시간 뒤, 비어 있는 액자를 본 관람객이 경비원에게 알리자 미술관의 모든 출입구가 봉쇄되었다. 하지만 드넓은 루브르 미술관 전체가 봉쇄되기까지는 10분이나 걸렸다. 미술관 안에 있던 수천 명을 일일이 조사했지만 그림을 찾아낼 수 없었다.

2003년 8월 27일, 스코틀랜드 남부에서 레오나르도 다 빈치 시대의 귀중한 그림이 도난당했다. 이날 오전 11시, 덤프리스 갤러웨이의 드럼랜릭 Drumlanrig 성에 소장되어 있던 〈성모와 실감개〉라는 그림을 관람객으로 위장한 도둑들이 자신들을 인솔하던 관광 안내원을 칼로 위협하고는 그

〈도 3〉 레오나르도 다 빈치, 혹은 그의 제자들의 그림으로 추정되는 〈성모와 실감개〉, 패널에 유채, 1501년. 스코틀랜드의 드럼랜릭 석에서 2003년 8월에 도난당했다가 4년 만에 제자리로 돌아왔다.

림을 떼어, 방문객 주차장에 같은 패거리가 대기시켜둔 골프카를 타고 달아났다.

〈성모와 실감개〉는 애초에 레오나르도 다 빈치가 1501년, 프랑스 왕 루이 12세의 비서관 플로리몽 로베르테를 위해 그린 유화이다. 아기예수가 들고 있는 십자가 비슷한 모양새의 실감개는 예수가 장차 십자가에 매달릴 운명임을 암시한다. 레오나르도의 원작은 일찍이 사라졌고, 현재 남아 있는 세 점은 레오나르도 자신이나 그의 제자가 다시 그린 것으로 여겨졌다. 세 점 중에서도 드럼랜릭 성에 있던 〈성모와 실감개〉에 대해서는 레오나르도가 직접 그린 것이라는 의견과 제자나 다른 사람이 그린 것이라는 의견이 엇갈리고 있다.

2007년 10월 4일, 스코틀랜드의 수사당국은 4년간의 끈질긴 수사 끝에 글래스고에서 범인 일당을 급습해서 체포했고 〈성모와 실감개〉를 무사히 되찾았다고 발표했다. 범인 중에는 유명 법률회사의 변호사가 포함되어 있었다.

7. 베르메르 작품 도난 사건

베르메르의 그림들을 둘러싼 범죄는 일반적인 미술품 범죄와는 조금 다른 색채를 띤다. 현재 남아 있는 베르메르의 작품은 불과 서른 수점이다. 작품 수가 적은 만큼 가치가 높고 작품 하나하나가 주의 깊게 연구되어왔다. 가뜩이나 몇 점 안 되는 귀중한 그림이라 도난의 표적이 되었고, 곧잘 정치적 요구의 볼모가 되었다. 그리고 그런 수난을 겪을수록 베르메르의 그림에 대한 관심과 인기는 더욱 높아졌다. 그렇게 유명세가 높아지면, 더욱 범죄자들의 관심을 끌게 되고 그림은 다시 사건에 휘말리게 되었다.

마틴 카힐Martin Cahill(1949~94)은 1970년대와 1980년대에 더블린을 중심으로 무장 강도, 협박 갈취, 유괴, 무기 밀매 등 온갖 범죄를 저지른 조직의 두목이었다. 영국의 영화감독 존 부어맨은 카힐의 이야기를 〈제너럴 General〉이라는 영화로 만들었고, 이 영화가 1998년 칸 영화제에서 감독상을 받으면서 카힐이라는 이름은 세계적으로 유명해졌다.

카힐은 그림을 훔치는 일에 눈을 돌렸다. 미술품 따위에는 전혀 흥미가 없었지만 큰돈이 된다는 정도는 알고 있었다. 그는 부하들과 함께 더블린 교외에 있는 러스보로 하우스Russborough House를 노렸다. 러스보로 하우스는 18세기에 지어진 저택으로 당시 소유자는 알프레드 바이트 경이었다. 바이트 경은 17세기의 유럽 회화를 중심으로 다수의 미술품을 소장하고 있었다. 러스보로 하우스는 이미 1974년 4월 26일에 한 차례 습격당했던 적이 있다. IRA(Irish Republican Army : 아일랜드 공화국군)의 말단 조직원이었던 영국인 여성 브리짓 로즈 더그데일이 동료들과 함께 이곳

〈도 4〉 베르메르, 〈편지를 쓰는 여인과 하녀〉,
캔버스에 유채, 1670-72년. 더블린 교외의 러스보로
하우스에 소장되어 있다가 1974년 4월과 1986년
5월, 두 차례나 도난당했다가 돌아왔다.

에서 고야의 〈도냐 안토냐 사라테의 초상〉, 프란스 할스의 〈류트를 켜는 남자〉, 하브리엘 메추의 〈편지를 읽는 여자〉와 〈편지를 쓰는 남자〉, 그리고 베르메르의 〈편지를 쓰는 여인과 하녀〉 등 모두 19점을 강탈했던 것이다. 더그데일 일당은 그 해 5월 4일, 아일랜드 경찰에 체포되었고, 도난당했던 그림들도 그때 모두 회수되었다.

러스보로 하우스는 다음해인 1975년부터 일반에 공개되었다. 카힐은 러스보로 하우스를 꾸준히 방문해서 그림들을 살펴보고는 어떤 그림이 값나가는 그림인지 확인했다. 1986년 5월 21일 수요일 오전 2시, 카힐은 러스보로 하우스의 뒤편 창문을 비틀어 열고 건물 안으로 들어갔다. 실내에 설치된 동작 감지기가 카힐을 감지하고 경보를 울렸다. 그러자 카힐의 부하들이 경보장치를 곧바로 조작해 놓고는 건물에서 빠져나와 근처에 몸을 숨겼다. 경보는 경찰과 직결되기 때문에 곧바로 순찰차가 출동했고 러스보로 하우스의 경비 책임자와 경관들은 건물 안팎을 샅샅이 살폈다. 하지만 이상한 점을 찾을 수 없었기에 경관들은 경보장치의 오작동이라고 판단하고 돌아갔다. 숨어서 이를 모두 지켜보고 있던 카힐과 부하들은 다시 건물 안으로 들어갔다. 앞서 경보장치를 마비시켜두었기 때문에 이제는 거칠 것이 없었다. 이들은 미리 봐두었던 그림을 챙겨서 건물을 빠져나왔다. 그림이 도난당한 사실이 발견된 건 다음 날 아침 9시였다.

카힐 일당은 18점의 작품을 가져갔다가 그 중 비교적 값이 적게 나가는 그림 7점을 도랑에 버리고는(이 그림들은 다음 날 근처에서 낚시를 하던 학생들이 발견했다) 나머지 11점은 미리 숲 속에 파둔 구덩이에 묻었다. 이 11점 중에는 베르메르의 〈편지를 쓰는 여인과 하녀〉, 고야의 〈도냐 안토냐 사라테의 초상〉, 게인즈버러의 〈조반나 바첼리의 초상〉을 비롯해, 하브리엘 메추의 〈편지를 읽는 여자〉와 〈편지를 읽는 남자〉, 그밖에 루벤스, 과르디, 베스티에 등의 그림이 포함되어 있었다.

카힐은 자신이 훔친 그림들에 막대한 보험금이 걸려 있을 거라고 생각했다. 그런데 그의 기대는 어긋나고 말았다. 러스보로 하우스의 그림들은 1974년의 도난 사건 때는 보험에 들어 있었지만, 그 사건 뒤에 바이트 경은 보험을 해약해버렸다. 보험금이 오히려 범죄자들을 불러들일 거라고 생각했던 것이다. 카힐은 그림을 훔친 다음에야 언론을 통해 이 사실을 알았다.

카힐은 여느 그림 도둑들과 마찬가지로 훔친 그림들을 간단히 돈으로 바꿀 수 있을 거라고 생각했다. 하지만 일은 쉽게 풀리지 않았다. 카힐은 중개자를 통해 IRA에게 그림을 팔려고 했다가 여의치 않자 프로테스탄트계 조직인 UVF(Ulster Volunteer Force)와 접촉했다. UVF는 북아일랜드를 아일랜드 공화국에 귀속시키려는 IRA에 맞서 조직된 북아일랜드의 개신교도 조직이었다.

카힐이 중개자를 통해 판매한 그림들은 런던 경시청 미술품 전문 수사반('아트 스쿼드')의 활약으로 카힐이 그림을 훔친 지 7년 만에 대부분 자기 자리로 돌아왔다. 카힐은 그림들 때문에 골치만 썩고 입지가 옹색해졌다. IRA는 프로테스탄트계 조직과 거래를 했다는 이유로 카힐을 제거하기로 결정했다. 1994년 8월 18일 오후, 카힐은 자신의 차를 몰고 가다가 집 근처 교차로에서 IRA 대원이 쏜 총을 맞고 숨졌다.

한편 1990년 3월에는 미국에서 베르메르의 그림이 습격을 당하는 사건이 발생했다. 보스턴의 이사벨라 스튜어트 가드너 미술관에 경찰관으로 변장한 두 명의 강도가 침입해서 베르메르의 〈세 사람의 합주〉와 렘브란트, 마네, 드가 등의 작품을 강탈했던 것이다. FBI는 피해액을 2~3억 달러로 추정했다. 이 금액은 미술품 도난 사건에서 최대의 피해액을 경신한 것이었고, 아직까지 이 기록은 깨지지 않았다.

크리스티와 소더비 쪽에서 이들 미술품의 반환에 유용한 정보를 제공하면 1백만 달러를 지급하겠다고 공동 성명을 발표하기도 했지만(절도사건의 공소시효가 만료된 1997년에는 이 금액이 5백만 달러로 증액되었다), 유력한 정보는 들어오지 않았고 사건은 교착 상태에 빠졌다. 지금 가드너 미술관에는 도둑맞은 그림이 전시되어 있던 장소에 빈 액자만 달랑 걸려 있다. 미술관의 설립자인 가드너 부인이 미술품의 위치를 변경하거나 새로운 미술품을 구입하지 말라고 유언장에 명시했기 때문이다.

8. 〈모나리자〉 도난 사건

레오나르도 다 빈치는 1503년 무렵부터 〈모나리자〉를 그리기 시작했고, 이후 밀라노와 로마 등으로 옮겨 다니면서도 이 그림을 줄곧 자기 곁에 두었다. 1516년 레오나르도는 당시 프랑스 왕이었던 프랑수아 1세의 초빙을 받아 이탈리아를 떠나 프랑스에 정착했다. 1519년 앙부아즈에서 레오나르도가 숨을 거두자 〈모나리자〉는 그의 유언에 따라 제자였던 프란체스코 멜치에게 맡겨졌고, 프랑수아 1세가 프란체스코에게서 이 그림을 정식으로 구입했다. 프랑스 대혁명과 함께 루브르 궁이 시민을 위한 근대적인 미술관으로 탈바꿈하면서 〈모나리자〉도 다른 왕실소장품들과 함께 베르사유궁에서 루브르궁으로 옮겨졌다.

1911년 8월 22일 화요일 오전, 사람들은 루브르 미술관의 '살롱 카레Salon Carré'에 걸려 있던 〈모나리자〉가 사라진 것을 발견했다. 이 무렵 사진사가 미술관의 작품들을 촬영하고 있었던 터라 〈모나리자〉도 촬영 중일 거라고 짐작했다. 하지만 오전 11시 무렵, 수위가 사진사에게 가 보았을 때 사진사는 자신은 〈모나리자〉를 가져가지 않았다고 했다. 경찰에 〈모나리자〉의 실종 소식이 알려진 건 이날 정오가 지나서였다. 이날 오후 5시 30분, 미술관 관장 테오필 오몰은 기자들에게 〈모나리자〉가 사라졌다고 실토했다. 프랑스 정부와 시민들은 경악했고 외국의 언론들도 이를 특종으로 다루었다.

〈모나리자〉를 훔쳐간 범인은 이탈리아인 빈첸초 페루자Vincenzo Peruggia였다. 1881년 10월 8일, 이탈리아의 북부 두멘차Dumenza에서 태어

〈도 5〉 1911년 8월, 〈모나리자〉의 도난 소식을
다룬 프랑스의 『엑셀시오르』지.

난 그는 그 무렵 다른 많은 이탈리아인들과 마찬가지로 돈벌이를 위해 프랑스로 와서 목수, 페인트공, 그리고 여타 잡다한 일을 했다. 페루자는 전날인 8월 21일 월요일 아침, 휴관일을 맞아 미술관에서 일하던 직원인 양 꾸미고는 〈모나리자〉를 액자와 유리 케이스에서 벗겨내서는, 작업복 아래에 숨긴 채 미술관을 유유히 빠져나갔다.

페루자가 내팽개치고 달아난 유리 케이스는 사건이 일어나기 전해인 1910년에 제작된 것이었는데, 이전까지는 대부분의 회화 작품과 마찬가지로 〈모나리자〉도 아무런 보호 장치 없이 관람객들에게 내맡겨져 있었다. 1907년 루브르에 걸려 있던 앵그르의 그림을 관객이 훼손하는 사건이 일어나자 관료들은 미술관에 걸린 그림들을 잠재적인 위험으로부터 보호할 수단을 궁리했다. 루브르의 오몰 관장은 〈모나리자〉를 비롯한 중요한 작품들부터 방호 유리를 씌우기로 결정하고, 'M. 코르비에' 회사에 유리 케이스 제작을 의뢰했다. 그 해 10월 루브르에서는 네 사람의 기술자가 〈모나리자〉에 유리 케이스를 맞추는 작업을 했다. 이들 중 한 사람이 페루자였다.

유리 케이스에는 페루자의 왼손 엄지손가락의 지문이 남아 있었고, 페루자는 앞서 가벼운 범죄로 체포된 적이 있어 프랑스 경찰은 그의 지문을 보유하고 있었다. 하지만 당시에는 범죄자의 '오른손' 지문만을 채취했다. 〈모나리자〉사건을 조사하면서 경찰은 미술관 직원들의 왼손 지문을 모두 채취해서 이 지문과 대조했다. 그런데 이번에도 페루자의 지문은 채취되지 않았다. 그는 미술관에서 일한 적은 있지만 미술관 직원으로 분류되지는 않았기 때문이다.

1913년 11월 말, 피렌체의 보르고니산티Borgognissanti 화랑의 주인 알프레도 제리Alfredo Geri는 파리에서 날아온 한 통의 편지를 받았다. 〈모나리자〉를 팔고 싶다는 페루자의 편지였다. 페루자는 파리를 출발해서 디종과 리옹 등을 경유하는 열차를 타고 제리와 약속한 날짜인 12월 10일 화요일에 피렌체에 도착했다. 제리는 12월 11일, 우피치 미술관의 관장인 친구 조반니 포지Giovanni Poggi와 함께 페루자가 묵고 있던 숙소로 가서 〈모나리자〉를 확인했다. 숙소는 판초니Panzoni 거리에 있는 호텔 트리폴리 이탈리아Tripoli-Italia의 3층 20번 방이었다. 제리, 포지와 함께 방에 들어선 페루자는 침대 밑에서 흰 목재로 된 트렁크를 꺼내 열었다. 상자 안에는 그가 목공 일에 쓰는 작업도구와 작업복에, 평소에 즐겨 연주하던 만돌린까지 들어 있었다. 이것들을 꺼내자 그 밑에 지저분한 붉은 천으로 싼 꾸러미가 있었다. 천을 벗겨 내자 〈모나리자〉가 나타났다.

제리와 포지는 준비해 간 작품 사진과 대조하여 이 그림이 진짜 〈모나리자〉임을 확인했지만 애써 흥분을 감추고는 미심쩍다는 표정을 지었다. 일단 그림을 우피치 미술관으로 가져가서 정밀한 감식을 해야 한다고 했다. 페루자는 〈모나리자〉를 들고 제리와 포지를 따라 우피치 미술관까지

갔다가 다시 자기 숙소로 돌아왔다. 이날 저녁 일곱 시 무렵, 피렌체의 검찰관 프란체스코 타란텔리Francesco Tarantelli가 두 명의 경관과 함께 페루자의 숙소로 가서 그를 체포했다.

〈모나리자〉는 피렌체를 비롯하여 이탈리아의 몇몇 도시를 돌며 전시된 뒤, 프랑스로 돌아갔다. 우선 파리의 에콜 데 보자르Ecole des Beaux-Arts로 옮겨져 정밀한 조사를 받고는, 1914년 1월 4일 애초에 걸려 있었던 루브르의 '살롱 카레'로 돌아갔다. 2년 4개월여 만의 귀환이었다.

페루자에 대한 재판은 그가 체포된 뒤 거의 7개월이 지난 1914년 6월 4일에 피렌체의 법정에서 열렸다. 검찰은 3년의 금고형을 구형했지만, 재판정은 징역 1년 15일이라는 비교적 가벼운 형을 선고했다. 같은 해 7월 19일, 변호인의 상고로 항소심이 열렸고, 감형의 탄원이 받아들여졌다. 판사는 7개월의 금고형을 선고했다. 그 시점에 페루자의 복역 기간은 이미 7개월이 넘었기 때문에, 그는 그 자리에서 자유의 몸이 되었다.

〈모나리자〉 도난 사건에 대한 공식적인 기록은 여기서 끝나지만, 페루자의 배후에 기발한 사기꾼이 있다는 이야기가 진지하게 받아들여졌다. 맨 처음 이 이야기를 꺼낸 이는 칼 데커Karl Decker라는 기자인데, 그는 '에두아르도 데 발피에르노 후작Marqués Eduardo de Valfierno'이라는 아르헨티나인에게서 들은 이야기라면서, 1932년에 『새터데이 이브닝 포스트Saturday Evening Post』에 이를 실었다. 데커는 앞서 1914년에 '발피에르노'와 이미 인터뷰를 했지만 발피에르노 자신이 죽은 뒤에야 이를 공개하기로 약속했던 것이라고 했다.

이야기는 이렇다. 발피에르노는 우선 이브 쇼드롱Yves Chaudron이라는 프랑스인 위작자에게 〈모나리자〉를 베낀 위작 6점을 만들게 하고는 한편으로 미국과 브라질의 부자들과 접촉했다. 발피에르노는 이들 고객에게 자신이 〈모나리자〉를 훔쳐내서 가져다주겠다고, 바꿔 말해 세상에 하나밖에 없는 귀중한 그림을 혼자서 은밀하게 간직할 수 있게 해 주겠다고 약속했다. 발피에르노가 예고한 대로 〈모나리자〉가 사라졌다는 뉴스가 나오자, 그는 〈모나리자〉의 위작을 부자들에게 하나씩 팔아넘기고는 돈을 두둑이 챙겼다. 한편 페루자는 발피에르노가 앞서 약속했던 대로 사례금을 주기를 기다렸지만 2년이 넘도록 소식이 없자 마침내 자신이 그림을 처분하기로 결심했고, 이 때문에 〈모나리자〉가 다시 빛을 보게 되었다는 것이다. 제법 기발하고 매력적인 이야기지만 발피에르노의 정체를 확인할 길이 없고, 결정적으로 왜 발피에르노가 페루자에게서 〈모나리자〉를 넘겨받지 않았는지에 대해서는 설명할 수 없는 이야기이다.

참고문헌

Donald Sassoon, 윤길순 역, 2003, 『Mona Lisa』, 서울 : 해냄.
朽木ゆりこ, 장민주 역, 2006, 『도둑맞은 베르메르』, 서울 : 눌와.
小林頼子・朽木ゆりこ, 최재혁 역, 2005, 『베르메르, 매혹의 비밀을 풀다』, 서울 : 돌베개.

瀬木慎一, 1989, 『迷宮の美術』, 東京 : 芸術新聞社.
種村季弘, 1986, 『贋作者列伝』, 東京 : 青土社.
長谷川公之, 2000, 『贋作　汚れた美の記録』, 東京 : アートダイジェスト.

Dolnick, Edward, 2005, *The Rescue Artist*, New York : Harpercollins.

Esterow, Milton, 1967, *The Art Stealers*, London : Weidenfeld & Nicolson.

Hart, Matthew, 2004, *The Irish Game : A True Story of Crime and Art*, New York : Walker & Company.

Haywood, Ian, 1987, *Faking It - Art and the Politics of Forger*, New York : St. Martin's Press.

Hebborn, Eric, 1993, *Drawn to Trouble : Confessions of a Master Forger : A Memoir*, New York: Random House.

Hoving, Thomas, 1996, *False Impression*, New York : Touchstone.

Innes, Brian, 2005, *Fakes and Forgeries*, New York: Reader's Digest.

Irving, Clifford, 1967, *Fake! The Story of Elmyr De Hory, The Greatest Art Forger of Our Time*, New York : McGraw-Hill Book Company.

Keating, Tom/Norman, Frank/Norman, Geraldine, 1977, *The Fake's Progress*, London : Hutchinson.

Newnham, Richard, 1991, *Guinness Book of Fakes Frauds and Forgerie*, London : Guinness Publishing.

Reit, Seymour V., 1981, *The Day They Stole The Mona Lisa*, New York: Summit Books.

Wynne, Frank, 2006, *I was Vermeer*, New York : Bloomsbury.

도굴 미술품의 불법 여정
이탈리아 미술품과 미국 박물관의 불법 거래를 중심으로
‖ 김미형 ‖

　인류가 남긴 문화유산과 그것을 차지하려는 인간의 탐욕은 그 끝을 알 수 없다. 그리고 인류의 문명과 문화유산을 대하는 국가 간 입장은 이원적이면서 대립적이다. 인류가 지구상에 남긴 문명과 유물들은 인류 모두의 것이라는 개방적 입장, 즉 문화 귀화주의와 더불어 자기의 종족, 지역, 국가에 속한다는 문화 민족주의를 강하게 보이기 때문이다. 도굴과 약탈은 전쟁, 자연 재해, 약탈 행위의 결과로 비롯되며 문화유산의 고고학적 문맥과 그것의 역사적 의미로부터 미술품을 강제적으로 이동시키는 불법적이고 비윤리적인 행위를 말한다. 도굴과 문화유산의 불법 거래로 문명은 그것을 키운 모태와의 모든 소중한 문맥들을 상실한다. 우리가 세계 유명 미술관과 박물관에서 보고 체험하는 것들이 모태 문명과 야만적이고 폭력적인 단절을 겪으면서 어둡고 험난한 여정을 거친, 불행한 전시품일 수도 있다. 이 글은 도굴과 미술품 불법거래를 국제 사회가 어떻게 인식하고 대처해 왔는지를 살펴보는데, 고대 문명의 보고이자 상당한 매장 문화를 지닌 이탈리아 미술품과 그들의 최대의 수요처였던 미국의 메트로폴리탄미술관과 게티미술관의 사례를 중심으로 전개하려 한다.

1. 몇 가지 전제들

1) UNESCO 협정 및 UNIDROIT 협약

도굴 미술품과 그것의 불법 거래에 따른 문화 자원의 분쟁 문제는 지중해를 둘러싼 지역과 중남미, 서아프리카, 아시아와 같은 고고학의 원류가 되는 국가들이 자국의 문화유산을 보호하려는 태도를 확고히 다지면서 부상했다. 2차 세계 대전 후 독립한 신생국가들의 문화적 자존심과도 결부되며 관광 산업의 발달로 불거진 문제이기도 하다. 적법한 절차로 발굴된 고고학 현장은 귀중한 관광 자원으로 국가 수입의 원천이기 때문이다.

문화적 자산을 통제하려는 산발적인 노력은 각 국의 관련법 제정에서 비롯되었지만 1930년대 국제연합이 도굴 및 약탈문화재의 관세 부과를 논의하면서 국제적인 의제로 떠올랐다. 국제연합이 상정한 이 문제는 국제박물관협의회로 통합되어 '예술적, 역사적, 과학적 가치를 지니는 문화재가 분실, 유실, 불법 유출된 경우, 이들의 반환에 관한 협약'을 위한 초안이 준비된다. 네덜란드, 영국, 미국의 반발에 부딪혔고 2차 대전의 발발로 법 개정은 무산된다. 전시에도 유네스코가 문화재 보호에 관심을 가지고 노력한 결과, 1954년 헤이그협약의 체결을 유도했고 1956년 '고고학 발굴에 적용되는 기본원칙들'이 권고사항으로 추가되었다. 1960년대 멕시코와 페루의 강력한 개정 요구로 '국제적인 차원에서 윤리적 풍토를 향상시키도록 하는' 권고 조항을 추가로 채택했다. 유네스코가 전문가위원회를 구성하여 법률 개정안을 준비한 결과, 1970년 정기 총회에서 '문화적 자산의 불법 반·출입 및 소유권 양도를 금지하고 예방하기 위한 협약'을 채택하였다. 고고학자들은 고고학 자료의 국제적인 거래에 반대하는 입장이 많았지만 현실적으로 접근하기로 했다. 유네스코 협약이 채택된 1970년 이후 출처 없이 세상에 나온 고미술품의 거래를 금지하며 불법 도굴의 중지를 우선 과제로 하자는 입장이었다.

모든 국가가 협약에 대해 관심을 보이지는 않았다. 대체로 고미술품 시장이 활발한 국가에서는 비준을 꺼려, 미국은 1983년, 영국은 2003년, 스위스는 2004년에 비준을 승인했다. 덴마크, 네덜란드, 독일은 아직 비준하지 않은 상태이다.

1980년대에 들어서면서 미술품 시장의 딜러들도 윤리강령을 채택했고 박물관의 소장품 구입정책도 바뀌었지만 다분히 전시적이라는 비난을 면하기 어렵다. 1990년대에는 유네스코도 1970년의 협약을 강화하려고 노력했다. 고미술품을 구입할 때 매입 기관과 컬렉터, 딜러들에게 유물의 출처에 대한 서류 제출을 요구하는데, 이 절차를 '성실히 이행'하는 것이 무엇보다 필요했기 때문에 이 부분의 수위를 높이려 했다. 그 결과 유니드로와UNIDROIT 협약이 탄생했다. 이 협약은 1995년 회원국이 먼저 채택하고 1998년 7월까지 모든 국가에 강제적으로 적용되었다. 협약에 따르면 딜러, 컬렉터, 미술관은 적절하게 서류가 갖추어지지 않은 문화적 자산에 대해 보다 적극적인 조치를 취하거나 불법 도굴 또는 밀반출되지 않았다는 요건을 충족시키는 서류를 '성실히 제출'해야 한다. '선의의' 구매자에게 자신의 선의를 입증할 책임을 둔다는 뜻이다. 2004년 영국에서 새로이 도입된 법은 불법 도굴된 고고 유물의 고의적 거래를 범죄행위로 규정했다.

2) 불법행위와 적법하지 않은 행위

왜 우리는 도굴 미술품의 국제적 거래를 표현할 때 '불법행위illegal', '범죄행위criminal'이라는 표현보다 '적법하지 않은illicit' 행위라는 표현을 쓸까? 범죄학에서는 '범죄' 행위와 '범죄가 아닌' 행위, '옳은' 행위와 '잘못된' 행위, '도덕적' 행위와 '비도덕적' 행위를 명확한 이분법으로 구분한다. 그런데 현실에서는 남에게 해를 끼치지만 불법은 아닌 행위들이 있다. 이 부분은 형법의 차원에서 정의시스템이 현대인들을 괴롭히는 모든 문제들을 제대로 쫓아가지 못하는 데서 비롯된 것이라고 볼 수 있다. 적법lawful하지만 흉악하고 끔직한awful 행위들, 사회적 비난은 거세지만 법적 차원에서 처벌은 불가능한 행위가 상당히 많다. 법이 허용하는 범위 내에서 기술적으로는 적법하지만 그것의 불법성을 적절한 법적 기준으로 입증하기 어려운 것이 문제의 핵심이다. 아무리 범법 행위를 했다 해도 그 사실을 입증할 수 없다면 처벌할 수 없는 행위들이 많다. 이럴 경우 우리는 '범죄' 행위라기나 '불법' 행위라는 말을 사용할 수 없다. 문화재의 국제적 교역 문제에서 불법 행위의 입증 역시 이런 문제를 그대로 내포하고 있다. a) 범법 행위는 딱히 아니지만 대부분의 사람들이 '잘못된' 행위라고 생각하는 비윤리적인 행위, b) 범죄 행위 또는 법률의 위반행위이지만 관련 법체계로는 잘못을 입증하지 못해서 처벌과 책임을 묻지 못하는 문제가 바로 그것이다.

도굴 미술품은 해당 지역의 법을 위반하는 행위이므로 '불법'이다. 매장 문화재를 보유한 국가는 매장 문화재에 대한 소유권이 부여된 것으로 인정된 상태이다. 따라서 문화재 발견자라 하더라도 국가의 허락 없이 발굴 물품을 소유할 경우는 절도행위로 간주한다. 또한 보유국의 문화재를 해외로 유통시키는 행위 역시 불법 행위로 본다. 그런데 불법 행위라는 요건을 충족시키고 이것을 입증해야만 '불법' 행위라고 부를 수 있다. 여러 이유로 실제로는 입증이 불가능한 경우가 더 많다. '도굴 문화재'에 관한 쟁점의 핵심은 도굴 문화재를 어떻게 이름 지어야 하는가 하는 문제에서부터, 입증 책임 문제를 어떻게 다루어야 하는가, 출처와 이력을 제시할 수 없는 문화재들을 어떻게 다룰 것인가, 출처를 제시할 수 있다고 전혀 의심스럽지 않은가 등에 있다. 문화재의 자유 무역 지지자들은 도굴에 대한 확정적인 증거가 없다면 출처가 없는 미술품의 교역을 합법적으로 보아야 한다고 주장한다. 형법학에서의 시각에 비춰 보더라도 자유 무역 지지자들이 어떤 근거에서 이런 주장을 하는지 그 근거를 알 수 없는 것은 아니다. 따라서 적법하지 않은 고미술품이란 용어는 발굴 출처가 의심되지만 도굴 여부를 입증할 수 없거나 불법 행위를 입증해내야

하는 미술품들을 가리키는 말이다. 출처와 그 이력을 밝히지 않았거나 밝힐 수 없다고 해서 모두 적법한 절차를 거치지 않은 미술품의 범주에 넣을 수는 없다. 하지만 언젠가는 적법하지 않은 미술품이란 수식어를 붙일 수도 있을 것이다.

고미술품의 국제적 교역과 거래의 본질적인 문제는 도굴 물품인가, 아니면 장물인가, 원 보유국에서 불법으로 유출되었지만 상대방은 합법적으로 취득한 물건인가에 있다. 일부 국가에서는 선의의 구매자에게 소유권을 인정하는데, 이의를 제기하는 시효 기간이 무척 짧다. 따라서 원래 소유자가 자신이 소유권을 강제적으로 박탈당했다는 사실을 공소시효 기간 내에 제기하고 입증여야만 한다. 그러지 못할 경우에는 선의의 구매자가 구매한 물품은 합법적인 거래의 결과로 인정된다. 그렇다면 이러한 합법적인 취득이 그 물건의 과거의 불법관계까지 무효화시킬 수 있을까?

2. 미디어 수사

문화재 도굴과 거래에 관한 조사 방법은 다양하다. 저널리스트들이 비밀리에 위장 잠입한 조사과정을 책으로 출판하거나 다큐멘터리로 제작하여 세상에 알리는 방법에서부터 학계 차원에서 진행되는 고고·인류학적 연구, 도굴과 불법거래를 범죄수사의 차원에서 다루는 범죄연구에 이르기까지 미디어와 학계를 망리하고 있다. 대체로 미디어가 불법거래의 수요를 구성하는 딜러, 콜렉터, 대형 미술관과 박물관에 조사의 초점을 맞추는 반면, 학계에서 진행되는 연구들은 공급의 측면, 즉 도굴과 불법 거래의 사회·경제적 원인과 배경, 역사적 연구 뿐 아니라 공급자들의 생활 방식에 집중한다. 학계와 언론의 조사 방법과 방향이 다른 이유는 미디어의 수용 주체가 대중이기 때문이다. 대중들은 부자들과 권력층이 저지르는 비리와 불법, 그리고 문명에 대한 야만적이고 잔혹한 파괴행위를 궁금하게 생각하기 때문에 미디어가 그들의 관심사를 파헤치는 건 아주 당연한 게 아닌가 싶다. 또한 부유한 컬렉터와 영향력 있는 기관, 즉 미술관과 박물관은 학자들의 연구와 조사에 필요한 협조 요청을 거절하거나 법률적인 제재를 가하는 식으로 해서 그들의 연구를 차단시킬 수 있다. 학자들에게 연구비 조달을 압박하는 재정적인 긴축과 삭감은 그들의 연구 동기를 무산시키거나 단념시키기에 충분하기 때문이다. 이에 반해 언론에 가해지는 재정적이고 법률적인 압박과 제재는 경우에 따라서는 훨씬 강도 높은 조사를 위한 동기를 제공하기도 한다.

고미술품 불법 거래에 관한 조사와 연구에 지속적이면서도 괄목할 만한 성과를 보여준 사람은 영국 출신의 저널리스트 피터 왓슨이다. 왓슨의 조사는 1991년부터 비롯되었다. 왓슨은 소더비가 관련된 3건의 법률 소송에 결정적인 증거를 제시할 내부 문건을 손에 넣는데 횡령과 배임과 관련하여 그들이 얼마나 체계적인 불법행위를 저질렀는지를 보여주기에 충분한 증거 자료였다. 이탈리아 딜러, 자코모 메디치와 인도 출신 딜러 바만 기야가 도굴품으로 추정되는 미술품들을 위탁 판매로 위장하고 그들이 세운 가명 회사를 통해 스위스로 반입한 후, 소더비 직원들과 공모하여 지속적으로 거래한 내용이었다. 왓슨의 조사는 『소더비 인사이더』

(1997)라는 책으로 출판되었으며 다큐멘터리 형식으로 제작되기도 했다. 왓슨의 매끄럽고 논리적인 증거 제시와 폭로로 소더비는 고미술품 거래를 중지하겠다고 발표했으며 관련 담당자들은 회사를 떠나야 했다.

왓슨의 조사와 연구로 이미 메디치를 추적 조사하던 이탈리아 문화재 전담 특수경찰Carabinieri은 그와 접촉하게 되고 연계 수사를 허락한다. 이탈리아 경찰의 축적된 자료들은 이제 도굴 미술품의 불법 거래가 미국의 유명 박물관을 향하고 있음을 보여 준다. 게티미술관으로 모여지는 불법 거래의 모든 의혹들을 뒷받침할 자료는 LA 타임스 기자, 제이슨 팔쉬와 랄프 프라몰리노가 확보한 1,000건의 내부 문건으로 보다 명확해진다. 이탈리아 경찰이 늘 의심해 왔던 미술관의 주요 미술품 수집을 위한 내부 정책과 그들의 배임 행위가 무삭제 판으로 완전한 증거 자료를 제공해 주었다.

현직 언론인들의 조사와 연구는 고미술품 불법 거래의 본질을 폭로했을 뿐 아니라 이러한 불법 거래가 세부적으로 어떻게 작동하는 지를 보여준다. 이탈리아 검찰의 펠레그리니 검사는 고미술품의 불법 여정이 세 단계를 거치면서 유기적으로 움직여 왔다고 본다. 메디치와 같은 딜러의 손에서 그보다는 조금 더 학식 있고 존경받는 중간 단계의 딜러(로버트 헥트와 같은 인물들)가 게티미술관과 같은 기관을 상대로 그들의 구미에 맞게 도굴 미술품들을 상품화시킨다는 것이다. 또한 운송의 편리를 위해, 고미술품 시장에서의 용이한 거래를 위해 완벽하게 보존된 유물들이 파편으로 만들어지기도 한다는 충격적이고 야만적인 사실, 소더비라는 인정된 경매회사의 명성을 이용하여 경매 물품을 위탁하고 다시 사들이는 방식으로 미술품들을 세탁한 사실들까지, 출처가 있을 수 없는 도굴 미술품들이 합법적인 절차를 위장하여 미술시장으로 들어 왔다는 점들을 확인시켜 주었다.

언론이 미술품 불법거래의 수요적 측면을 중심으로 접근하는 도굴꾼들의 실상은 상당히 부정적이다. 인류학자 킴브라 스미스는 페루 북부 지역의 도굴 현실에 대해 지역민의 현실에 공감하는 입장을 보여준다. 페루 문화유산 거래에 갱과 같은 범죄 집단이 공공연하고 광범위하게 활개치고 있다는 사실을 보고하는 아트우드 로저의 입장과는 상당히 대조적이다. 또한 2003년 연합군의 이라크 침공 이후 수없이 많은 고고학적 유적들이 도굴을 당하고 있을 때 그 지역을 방문한 조앤 파르카 바잘리는 남부 이라크 지역의 농민들이 가족과 집을 떠나 유물이 산재한 지역에 장기간 거주하면서 도굴한다는 사실을 외부세계에 알려주었다. 그들의 도굴 행위는 전쟁으로 인한 경제적 파탄에도 불구하고 현금을 벌어들일 수 있는 돈벌이로 받아들여져 종교 지도자와 부족 지도자들의 보호를 받는다고 한다. 바잘리는 전후 경제가 복구되고 농촌 경제가 살아나야만 도굴은 멈춰질 수 있다고 주장한다. 농촌 경제의 파탄이 도굴의 원인이라고 한 바잘리도 도굴과 폭력은 서로 뗄 수 없는 관계라고 본다. 무장한 도굴꾼들과 딜러들이 유적지로 통하는 길을 모두 통제하는 현실은 말할 것도 없지만 미술품 딜러 몇 명을 검거한 세관원들을 살해해 그들의 시체를 불태우거나 사막 한 가운데 유기시키는 사건은 도굴과 불법거래에 개입된 폭력의 정도가 얼마나 심각한 지 보여준다. 이라크 유적지의 도굴 현실과 유물의 거래에 관한 체험 보고가 드물었는데, 이는 외부로 그런 사실을 알리는 행위가 얼마나 위험한 지를 반증한다. 저널리스트이자 영화감독이었던 미카 가렌은 2004년 8월까지 이라크에서 도굴과 문화재 거래에 관해 조사 중이었으나 갱들에게 납치되어 2주 후에나 석방될 수 있었다.

3. 도굴과 미술품 불법거래 네트워크

일차적 도굴행위를 저지르는 사람들을 가리켜 도굴꾼이라 하고 지역에 따라 다양한 양상과 이름을 가지고 있다. 이탈리아어로 'Tombarolo'는 도굴꾼을 뜻하며 영어의 'tomb-robber', 'tomb raider'도 같은 의미이다. 이들은 단순히 무덤만을 파헤치는 것이 아니라 하나의 장소에서 다른 장소로 매장 물품의 문맥을 은밀하게 이동시키기도 한다. 피터 왓슨의 심층 조사에 따르면 도굴꾼들은 도굴 물건에 따라 보수를 받기도 하지만 '전업 도굴꾼'이라는 안정된 직업을 갖고 매달 일정한 보수를 받기도 한다. 도굴이 빈번한 이탈리아 남부 지방은 경제적으로 낙후되어 있어 벌이가 시원찮은 하층민들에게는 도굴행위가 짭짤한 부수입이 된다. 시칠리아에서 도굴행위는 지역 경제에 보탬이 되는 것으로 받아들여지고 있다.

도굴의 범위와 도굴 행위의 특성상 고고학적 유물에 대한 수요가 존재하는 한, 도굴은 현재 진행형의 지속적인 사건으로 이해해야 한다. 한 예로 1990년대 초 아풀리아의 도기가 옥션시장에서 대중적인 인기를 얻고 있었다면 시칠리아 마피아와 도굴꾼들의 네트워크가 시장의 수요에 대응하는 것은 너무도 자명한 일이다. 언론이 마피아와 도굴꾼들의 연계와 미술품 불법거래에 대해 상당히 즉각적인 반응을 보이는 반면, 학계에서는 증거 여부에 따라 신중하고도 애매모호한 태도를 견지한다. 이탈리아에서 도굴된 미술품들은 도굴꾼의 손에서, 중간 연결책을 거쳐 밀매업자, 복원전문가, 딜러를 포함한 전문적인 에이전트를 거치면서 해외로 유출된다. 도굴꾼들은 전문적인 팀을 이루어 매장 위치와 내용물을 탐색하기도 하며 중간 연결책ricettatore은 해외 구매자에게 물건을 운반하는 역할을 맡는데 그 과정에서 그들이 연결시킬 수 있는 네트워크를 동원한다.

스페인어로 '후아께로Huaquero'는 돈벌이를 위해 은밀히 무덤을 파는 자를 뜻한다. 안데스 원주민 토착어, 께추아Quechua의 'huaca'에서 파생되었는데, 스페인 정복 이전에는 신성한 장소를 가리키는 말이었다. 오늘날에는 고대 유적지라는 의미로 쓰인다. 아직도 이 말에는 고대의 성스러운 기운이 서려 있는 장소와 물건이라는 뜻이 함축되어 있다. 따라서 후아께로란 후아까huaca(유적지)에서 후아꼬스huacos(유물)를 몰래 파내는 사람이 된다. 그런데 '후아께로'는 페루를 비롯한 에콰도르, 볼리비아에서는 두루 통용되는 용어이지만 다른 스페인어권에서는 흔히 사용되지는 않는다. 스페인 정복 초기에는 콜롬비아 지역의 무덤에서 황금을 뒤지고 다녔기 때문에 19세기 후반까지만 해도 '후아께로'와 '구아께로guaquero'와 같은 용어의 분화가 생겨나지 않았다. 그때까지만 해도 도굴은 '구아께로' 즉 황금과 에메랄드와 같은 귀금속이 목적이었고, 무덤 속의 유물을 대상으로 하는 '후아께로'까지 확대되지는 않았다. 20세기 초에 이르면 원주민들에게 후아께로의 도굴 행위는 성스러운 장소를 영적으로 더

럽히고 물리적으로 위험하게 만드는 옳지 않은 것이라는 부정적인 의미가 정착된다.

4. 불법거래의 종착지

1) 메트로폴리탄미술관, 부패한 미술관

〈도 1〉 에우프로니오스 크라테르-일명 핫 폿

(1) 에우프로니오스 크라테르- 일명 핫 폿(세간의 이목이 뜨거웠던 도기)

기원전 515년 경 아테네에서 제작된 적회도기, 에우프로니오스 칼릭스 크라테르. 지름 55cm, 높이 46cm로 7 갤런의 와인을 담을 수 있을 정도로 그 크기가 어마어마하다. 당대의 명장, 에우시테오스가 그 형태를 빚고 에우프로니오스가 도기 표면을 회화로 표현했다. 에우프로니오스는 르네상스 시대의 미켈란젤로와 레오나르도 다 빈치에 비견될 만한 고대 미술가이다. 크라테르의 앞면에는 트로이 전쟁에서 전사한 제우스의 아들 사르페돈을 잠과 죽음의 신이 고국에서의 장례를 위해 운반하고 있고, 그 광경을 헤르메스가 쳐다보고 있다. 도기의 뒷면은 세 명의 건장한 아테네 청년들이

전투를 준비하고 있는 장면이다. 그리스 미술사에서 회화의 연구는 도기의 장식화에 의존할 수밖에 없는데 에우프로니오스의 회화는 도기장식을 위한 회화라기보다는 그 자체로 이미 독자적인 회화의 경지를 구축한 작품이어서 그것의 미술사적 가치는 클 수밖에 없다. 그가 표현했던 인물들은 정확한 해부학적 이해가 바탕이 된 자연스런 동작을 취하지만 다소 도식적인 모습을 보이기도 한다. 그래서 그를 후기 아르카익 스타일의 파이오니어 그룹으로 분류한다. 그런데 도기를 향한 세상의 뜨거운 관심은 그것의 미술사적인 가치에 있었던 것이 아니라 메트로폴리탄미술관이 1972년, 이 도기를 손에 넣기 위해 지불해야 했던 백만 달러라는 전대미문의 액수와 그 도기가 1971년, 이탈리아에서 도굴된 것으로 의심이 간다는 데 있다. 당시 메트의 관장이었던 토마스 호빙은 이 도기로 인해 우리는 그리스 미술사를 새로 써야할 지도 모른다고 했다(Hoving, 1993). 그렇지만 온갖 우여곡절 끝에 메트는 2006년, 이 크라테르의 소유권을 이탈리아로 다시 넘겨주었다.

에우프로니오스 크라테르의 발굴 장소와 유물 이력provenance은 한 번도 제대로 속 시원하게 밝혀진 적이 없었지만 도굴꾼에 의해 에트루리아의 집단 거주지였고 매장 유물이 풍부한 체르베테리 인근의 사유지에서 1971년, 도굴된 것이라고 공공연히 알려졌다. 도굴꾼은 쟈코모 메디치에게 크라테르를 88,000달러에 팔았고, 메디치는 스위스로 밀반입을 알선하면서 로버트 헥트와 350,000달러에 거래했다. 밀반입 당시, 크라테르는 충분히 복원 가능한 수준이었지만 파편 상태였다. 헥트는 복원 전문가에게 맡기는 동시에 유물 이력을 만들기 위한 서류 준비 작업을 한다. 그사이 호빙 관장과 그리스 로마 미술 담당 큐레이터, 디티리히 폰 보트머는 취리히를 방문하고 얼마간의 흥정 끝에 헥트에게 백만 달러를 주기로 한다. 매입가가 백만 달러로 올라가게 된 데에는 드러내 놓지는 않았지만, 숨은 이야기가 있다. 메트에는 20세기 초에 기증 받은 고대 화폐 및 메달 컬렉션이 있었는데 소더비에서 자신의 회사가 경매에 붙이는 조건으로 230만 달러를 지급하겠다는 제의를 했다. 백만 달러 지불에 여유가 생긴 메트는 1972년 8월 드디어 크라테르를 손에 넣었다.

로버트 헥트는 크라테르의 이력을 제시하는 서류로 레바논 컬렉터이자 딜러였던 디크란 사라피안의 편지 2통을 첨부했다. 사라피안이 의뢰인의 자격으로 헥트에게 10%의 중개 수수료를 줄 예정이며 백만 달러를 받고 싶다는 편지와 함께 사라피안의 부친이 1920년 런던에서 파편 상태의 크라테르를 구입했다는 내용의 다른 편지가 작품 이력의 전부였다. 뉴욕 타임스의 끈질긴 반박 기사에도 불구하고 출처와 이력 문제는 헥트와 메트가 원하는 방향으로 마무리되는 것처럼 보였다.

크라테르의 매입 협상에 주도적 역할을 했고 월드클래스 급 소장품 확보에 공격적인 경영을 했던 호빙 관장도 작품 이력에 관한 의구심을 떨쳐버리지 못했다. 사라피안이 가지고 있다고 하던 크라테르의 파편은 모자상자에 들어갈 크기였으며 상태도 그리 완벽하지 못했다. 그런데 메트가 구입한 크라테르의 상태는 너무도 완벽했기 때문에 호빙도 모자 상자 분량의 파편으로 이런 크기의 도기를 복원해 낼 수 없다는 의심이 들기 시작했다. 1977년에 사임한 호빙 관장은 1993년에야 비로소 2개의 크라테르가 있었다는 사실을 인정한다. 1971년 도굴된 크라테르는 그 즉시 메트에 매입되었고 헥트가 작품 이력에서 거론했고 보존 상태가 완벽하지 못했던 사라피안 소유의 크라테르는 〈헌트 컬렉션〉에서 그 모습을 드러냈다. 교활한 헥트가 사라피안/헌터 크라테르의 소장 이력과 서류들을 보존 상태가 완벽했던 도굴 크라테르에 첨부시켜 메트에 팔아치운 것이다. 호빙이 헥트에게 작품 이력을 바꿔치기한 사실을 확인하려 했을 때 그는 애매한 태도를 보였다. 작품 이력을 제공했던 사라피안이 교통사고로 1977년 이미 사망했고 증거가 없기 때문이었다.

미술품 불법거래를 집중 수사하던 이탈리아 경찰과 검찰이 쟈코모 메디치와 로버트 헥트에게서 결적적인 증거를 확보하기 전까지 크라테르의 위조 이력문제는 수면에 떠오르지 않았다. 2001년 이탈리아 경찰이 헥트의 파리 아파트를 기습적으로 수색하면서 그가 평생 거래해 왔던 고대미술품 내역을 정리한 회고록이 결정적 증거 자료로 나왔다. 1971년 도굴한 크라테르를 메디치로부터 사들였고 사라피안의 소유 이력을 위조해 메트에 팔았다는 사실을 시인하는 내용이었다. 그 해 여름 게티미술관의 큐레이터, 마리온 트루를 이탈리아 경찰이 조사하면서 메트의 그리스 로마 미술 담당 큐레이터, 폰 보트머가 그녀에게 항공사진에 촬영된 크라테르의 도굴 지점을 가리켜주었다는 증언을 확보했지만 폰 보트머는 조사 과정에서 혐의를 부인했다.

2006년 2월 3일 메트로폴리탄미술관은 이탈이아 정부 측과 에우프로니오스 크라테르를 포함한 12점의 유물을 반환하기로 합의했다. 도굴과 불법 거래에 관한 정황증거에 상당히 의존하고 있지만 메트의 관장 몬테벨로는 크라테르가 에트루리아 주거지에서 도굴된 사실이 '유력한 만큼' 반

<도 2> 모르간티나 은공예품

환에 합의한다고 발표했다. 에우프로니오스 크라테르는 2008년 1월 18일 로마로 귀환했고 지금은 빌라 줄리아 미술관에 영구 전시 중이다.

(2) 모르간티나 은공예품(일명 모르간티나의 보물)

고대 시라쿠사 왕국의 영토였던 모르간티나는 BC 1000년 경에 이미 그리스인들의 거주지로 형성되었다고 한다. 시실리아의 중앙에 위치하고 지금의 아이도네에서 가까울 것으로 추정되는 모르간티나의 정확한 위치는 수천 년 동안 거의 알려지지 않았다. 지중해 교역의 중심에서 시대의 변화와 영화를 체험했던 모르간티나였지만 BC 211년 2차 포에니 전쟁에서 카르타고를 지지하면서 급격한 쇠락의 길로 들어선다.

1955년 프린스턴 대학 고고학 팀이 다양한 유물을 발굴하면서 모르간티나의 정확한 위치와 그들의 주거 흔적을 확인할 수 있었다. 프린스턴, 버지니아 웨즐리언 대학의 고고학 팀이 계속해서 발굴조사를 했었어도 그들 주변에는 항상 도굴꾼들이 널려 있었고 조사팀보다 그들이 더 민첩하게 움직인다는 사실을 알고는 있었다.

그런데 1979년과 1980년에 즈음해서는 모르간티나의 은제품, 모르간티나의 보석이라고도 불리는 유물이 금속탐지기를 사용한 도굴꾼에 의해 현장에서 사라졌다는 소문이 나돌았다. 은제 술잔, 은제 용기, 은제 뿔피리 등으로 구성된 12섬의 공예품들이 1981년 경 스위스로부터 밀수되었다. 메트로폴리탄미술관은 1982년 고미술품 딜러 로버트 헥트를 통해 두 번에 걸쳐 은공예품들을 270만 달러에 구입했다. 이탈리아 고미술품 수사대와 피터 왓슨의 조사를 정리하면 모르간티나 유물의 도굴과 구입과정은 이러하다. 시칠리아 중심부의 엔나에서 도굴꾼들이 빼돌린 은제품들은 110만 리라(27,000달러)에 스위스에 있는 중간상인 루가노에게 팔렸고, 그는 이 물건들을 로버트 헥트에게 875,000달러에 넘겼고 헥트는 메트에 대략 300만 달러에 팔았다.

에우프로니오스 크라테르 구입 사건에도 연루되었던 디트리히 폰 보트머가 1984년 메트로폴리탄미술관 저널에 출처에 관해서는 아주 모호한 말들만 흘리면서 모르간티나 은제품 컬렉션의 간이 도록을 내보낸다. 4년이 지난 1988년 메트의 모르간티나 컬렉션이 시칠리아에서 발굴된 유물과 동일하다는 주장과 함께 처음으로 반환하라는 요구가 나왔다. 모르간티나 발굴을 지휘했던 말콤 벨 교수도 1987년에 이미 출처에 대한 의혹과 해명을 메트 측에 요구했다.

말컴 벨 교수는 모르간티나에서 자신이 발견한 두 가지 고고학적 증거물을 토대로 메트의 컬렉션이 모르간티나에서 나온 것이라고 보았다. 그가 발견한 주화와 은제품에는 당시 유행했던 장식이 새겨져 있었는데 메트의 것과 동일했다. 벨교수는 은공예품들을 확인하기 위한 요청을 여러 번 했으나 메트로부터 거절당했고 1993년 처음으로 직접 볼 수 있는 기회를 허락받았다. 그렇지만 해당 학계 연구자의 요청을 거절하는 사례는 학계의 관례를 무시한 "전무후무한" 것으로 여겨지기에 충분했다. 이 때 이탈리아에서는 상당히 고무적인 증거가 확보되어 메트 측을 압박할 수 있었다. 희대의 도굴꾼이라고 불리는 도굴계의 거물, 주세페 마스카라가 체포되면서 형량을 줄이기 위해 모르간티나 은제품들이 도굴된 것이라는 사실과 도굴 장소로 의심되는 지점까지도 증언하겠다고 나선 것이다. 메트 측은 형량을 줄이기 위한 도굴범의 주장은 신뢰할 수 없다고 반박했다. 그사이 이탈리아 정부는 벨교수에게 정확한 도굴 지점을 확인해 달라고 요청한다. 벨교수와 조사팀은 마피아 끄나풀의 제보로 도굴꾼에게 털린 집 한 채를 조사한 결과, 바닥에 뚫린 두 개의 구멍을 발견했는데 메트에서 구입한 보물의 규모와 크기로 보아 도굴지점이 맞는다는 확신이 들었다. 메트가 두 번에 걸쳐 구입한 사실과 서로 다른 경로로 난 두 개의 구멍이 그 사실을 뒷받침해 준다. 또한 BC 214년과 212년에 발행된 주화도 발견되었는데, BC 211년 모르간티나가 로마인들의 침략을 받은 년도와 일치한다. 이는 모르간티나인들이 파괴와 약탈을 피해 보물을 숨겼을 거라는 추측을 뒷받침해 주는 확실한 증거 자료가 된다.

1999년 마침내 벨교수는 연구자 신분으로 모르간티나의 은공예 컬렉션을 조사할 수 있었는데 학문적으로 조금은 극적인 드라마가 펼쳐졌다. 은제품에 새겨진 고대 희랍어, 'Eupolemos'의 해석을 두고 메트의 보트머는 'ΕΚΠΟΛΕΜΟΥ, 전쟁에서'라는 의미로 보았고, 벨교수는 버지니아 대학 고고학 발굴 팀이 발견했던 모르간티나의 유물에서도 똑같은 글자들이 나왔기 때문에 소유격으로 보아 'ΕΥΠΟΛΕΜΟΥ, 에우폴레모스의 물건'으로 해석했다. 철자 하나를 다르게 판독했지만 에우플레모스 소유의 물건들로 해석하면 발굴 팀의 유물과 메트의 컬렉션은 과거 소유주가 동일했다는 결론에 이른다.

이탈리아 정부와 메트가 모르간티나의 보물에 관한 마지막 종착지를 정하기까지 더 많은 시간이 필요했다. 2003년 메트의 필리페 데 몬테벨로 관장은 이탈리아 문화부 장관에게 "앞으로 25년 동안 점유가 허락된다면 모르간티나 은공예 15점을 양도할 수도 있다"는 서한을 보낸다. 2006년에야 모르간티나의 보물을 비롯한 적법하지 못한 거래의 결과로 메트 소장품이 되었던 에우프로니오스 크라테르, 라코니아 킬릭스, 세 점의 적회도기의 반환에 합의한다. 마침내 2006년 2월 양측은 모르간티나의 은공예품들은 2010년까지 메트에서 대여 전시의 형태로 남아있을 수 있으며 이탈리아 정부로부터 '모르간티나 미술품의 고고학적 가치에 상응하는 고대 미술품'의 대여전시가 가능하도록 필요한 도움을 제공한다는 내용에 합의하고 서명을 마친다. 반환된 모르간티나의 은공예품들은 로마에서의 전시를 시작으로 팔레르모 전시를 거쳐 아이도네 미술관에서 영구전시 중이다. 아이도네 시민들은 지역에서 도굴되어 해외로 반출되었다가 귀환한 모르간티나의 보물과 과거 모리스 탕펠스망 컬렉션의 일부였던 그리스 조각, 게티미술관의 아프로디테상 덕택에 지역 경제가 활성화되기를 기대한다.

2) 게티미술관 – 도굴꾼이 만든 미술관

(1) 게티 책략 : 게티 컬렉션 조성과정에 숨겨진 계략들

체코슬로바키아 출신인 지리 프렐Jiri Frel은 1969년 미국으로 건너오기

전 프라하의 유서 깊은 샤를 대학에서 고전 미술을 가르치던 교수였다. 프린스턴 대학 고등과학 연구소 방문 연구원, 메트로폴리탄미술관 고대 미술 연구원으로 근무하면서 메트에서 일하던 변호사의 도움으로 정치적 망명에 성공한다. 1973년 게티미술관 고대미술 책임 큐레이터로 오게 된다. 프렐이 게티미술관으로 오면서 고대 미술 분과가 처음으로 생겼다. 고대 미술품 컬렉션을 조성하면서 실제로 그가 했던 일들은 연구와 전시가 아니었던 것 같다. 프렐은 위법행위에 연루되어 1984년 유급 휴가를 받고 휴직했다가 1986년 퇴직했다.

프렐이 게티 컬렉션을 조성할 수 있었던 중심에는 미 연방 조세법 위반을 도모한 책략이 있었다. 부자들에게는 기부를 가장한 세금감면을 도왔고 게티미술관의 재정적인 근거였던 게티 재단으로서는 기금의 운용을 위한 절묘한 계략이었다. 그래서 프렐은 로버트 헥트와 전략적 파트너 관계였던 부루스 맥널과 협정을 맺었다. 맥널과 헥트가 운영하는 섬마 안티쿼티에서 세금 감면이 필요한 개인에게 미술관이 필요로 하는 기증 미술품을 중개하고 공급한 대가로 일정한 몫의 수수료를 받기로 한 것이다.

프렐은 그들이 지불한 기부 미술품의 감정가를 부풀려 주었고 기부자들로부터 10% 중개 수수료를 받았다. 영화 제작자이자 고대화폐수집가였던 사이 와인트라우프는 게티미술관에 기증한 첫해에 165만 달러, 그 다음해에 120만 달러를 감면받았다. 그렇지만 정작 그가 BC 4세기경의 프레스코화 패널을 구입하기 위해 섬마에 지불한 가격은 75,000달러였다. 게티미술관에 기부할 당시 프레스코화의 감정가격은 250만 달러로, 이런 감세효과에서 발생하는 이익에 대한 소문은 빠른 속도로 번져나갔다. 맥닐은 손쉬운 방법으로 할리우드 스타와 부자들을 게티 책략으로 유인할 수 있었다. 맥닐이 고객을 모으고 기부자들의 명단을 확정하고 있는 동안 로버트 헥트는 게티미술관에 대여전시 형식으로 기부미술품을 전시하게 했다.

또한 프렐은 경매에서 기부미술품을 구입할 수 있도록 제공하면서 경매가격 역시 부풀렸다. 900달러에 구입한 로마 조각상의 두상이 경매에서 45,000달러로 부풀려지는가하면 4,000달러에 구입한 로마시대 석관 부조가 40,000달러로 거품가격을 조성했다. 게티 책략 초기 단계에는 뉴욕 고미술품 딜러, 제롬 아이젠버그가 산출한 기부미술품의 감정가격을 게티미술관에 제출했지만, 아이젠버그 비서와 공모해 그의 서명을 도용해 독단적으로 감정가격을 조작하기 시작했다. 1973년부터 1985년까지 프렐은 12명의 기부자들로부터 6,453건의 기부미술품에 대한 1,400만 달러에 이르는 감정가격을 발생시켰다. 게티미술관과 메트로폴리탄미술관의 기부액을 비교해 보면 명백해진다. 토마스 호빙이 메트의 관장으로 재임할 동안 22개 미술 분과에서 600만 달러어치의 기부를 받았다.

프렐은 게티미술관 이사진을 속이기 위해 기부책략을 이용했다. 판매자와 합의한 금액보다 높은 금액으로 이사진의 승인을 받아내 그 차액으로 더 많은 미술품을 사들였고 그것들은 기증 명목으로 게티 수장고를 살찌웠다.

프렐의 기부책략 덕택에 게티미술관이 세계적인 연구 미술관의 명성을 얻을 수 있었다는 주장도 있다. 오로지 관심이라고는 고가 미술품 전시에만 쏠린 이사진이 기부라고 하더라도 '연구 컬렉션' 조성을 위한 미술품 구입을 승인할 리 없기 때문이다. 프렐이 기증미술품들에서 개인적인 이득을 취한 것 같지는 않아 보인다고 하더라도 기부 컬렉션을 조성하는 과정에서 중개료를 받았다는 사실을 부인할 수 없다.

1983년 기부자 몇 명을 국세청IRS에서 조사했고 게티미술관도 프렐에 대해 내부조사를 했다. 1984년 유급 휴가 처분이 내려졌고 그 즉시 프렐은 자신이 떠나왔던 유럽으로 돌아갔다. 아주 자연스런 결말인지는 몰라도 로마에 정착하기 전까지 그가 머문 곳은 이탈리아 고미술품 딜러, 지안 프랑코 베키나의 별장이었다. 1986년 해임이 확정되면서 BC 6세기 대리석 석관 부조, 그리스 조각가 스코파스의 작품으로 보이는 대리석 조각의 두상, 게티 쿠로소와 같은 위작 또는 요주의 고가 미술품 구입에 그가 개입한 것으로 밝혀졌다. 프렐은 2009년 사망하였다.

메트로폴리탄미술관 관장이었던 토마스 호빙이 알아낸 바로는 기부자 모두가 자신의 이름으로 된 기증미술품 컬렉션을 가질 수 있었던 것도 아니었기 때문에 결과적으로 세금 환급과 같은 경제적 이득이 모든 기증자들에 돌아간 것은 아니라고 한다. 프렐과 베키나가 도모했던 미술품 세탁과 현재 위작이라고 밝혀진 미술품의 구매과정에서 스위스 세관의 추적을 피하기 위한 또 다른 음모의 일부로 기부 책략이 운용되었을 수도 있었다는 것이 호빙의 추측이다.

(2) 마리온 트루가 남긴 문제들

마리온 트루는 1982년부터 지리 프렐을 보좌하는 고미술품 담당 큐레이터로 일하다가 프렐이 떠난 1986년 그 자리를 넘겨받아 2005년까지 근무했다. 마리온 트루가 큐레이터로 일하면서 문제가 되었던 사건들로는 1988년 아프로디테상, BC 4세기 그리스 황금 꽃다발 장식 구입건과 1996년 바바라·로렌스 플라이쉬만 컬렉션 매입이 있다. 훔친 물건이 확실했던 카나카리아 모자이크와 위조 서류들로 이력을 증빙하려 했던 세스보의 보물은 매입을 거절하기도 했다. 또한 적법하지 않은 출처를 제공한 미술품에 대해서는 원 보유국에 반환하려는 준비를 해왔다. 1979년에서 1981년 까지 기부 책략에 의해 게티 소장품이었던 100여점의 도자기와 파편들이 이탈리아 프란카빌라에서 도굴된 사실이 1994년 확인되자 반환 준비를 한 것이 그 사례이다.

역설적이게도 마리온 트루는 출처를 제시할 수 없는 미술품의 구입과 관련한 준수사항을 제시하는, 소장품 구매 정책의 투명성 확보를 위해 노력한 인물이기도 했다. 출처와 이력이 없는 잠재적 구매 대상 미술품에 대해 해당 국가의 관련 부서에 서면으로 구매 의사를 밝히고 장물 및 불법 거래에 관한 정보를 요청하는 내용의 가이드라인을 마련했다. 마리온 트루가 1987년 제시했을 때에도 여타 다른 박물관과 미술관에서 시도하지 않은 국제적 차원의 노력이었다.

따라서 요청한 자료에 대한 답변과 대응이 없을 때에만 소장품 매입 절차를 진행할 수 있다. 더 나아가 매입 이후라도 출처국가에서 장물 및 불법거래 사실을 입증할 수 있다면 언제라도 문제의 미술품을 반환한다. 1995년 11월에 출처와 이력을 밝힐 수 없는 미술품이라도 1995년 11월 이전에 출판 사실이 있거나 공식적으로 문서화되었다면 매입을 보장하는 내용으로 보정했다. 공식적인 문서화라는 요건은 출처와 이력의 날조를 방지하기 위한 것인데 당시 고미술품 거래에서 작품 이력의 위조는 만연해 있던 관행이었다. 이 요건으로 인해 1997년 이탈리아로 반환된 미술품들이 꽤 있었다. 그런데 게티미술관 정책의 진정성을 의심할 만한 계기는 1996년 플라이쉬만 컬렉션을 게티미술관이 인수하면서 불거져 나왔다. 플라이쉬만 컬렉션은 대부분이 출처를 알 수 없는 미술품들로 구성되었고 공식적인 출판 사례라고는 1994년 게티미술관이 발행한 전시 도록이 전부였다.

마리온 트루는 메트로폴리탄미술관 그리스 로마 미술 담당 수석 큐레이터 폰 보트머가 은퇴하기 일년 전인 1991년에 이직 제의를 받았지만 거절했다. 그 당시 게티 센터의 리노베이션 과정을 총괄하는 프로젝트를 수행하고 있었고 말리부 해변에 자리한 게티 센터가 재개관하면 고대미술품 컬렉션을 그곳으로 영구 전시할 예정이었기 때문이다. 게티 센터는 2조 7500만 달러가 드는 대형 프로젝트였고 2006년 1월 다시 문을 열었다. 1995년 가이드라인의 수정은 게티 빌라에 남아있는 엄청난 양의 미술품을 보호하려는 의도였다.

1995년 마리온 트루는 그리스 파로스 섬에 별장을 구입했다. 4년 후 상환한다는 조건으로 40만 달러를 그리스출신 딜러 크리스토스 미카엘리데스에게 빌렸고, 게티미술관은 그와 그의 동업자 로빈 심스에게서 문제의 아프로디테 조각상을 비롯한 고미술품을 사들였다. 그런데 플라이쉬만 컬렉션 매입 직후, 크리스토스에게서 빌린 돈을 갚고 20년 상환 조건으로 1996년 플라이쉬만에게 돈을 빌렸다. 이런 대부관계를 알게 된 게티 이사회는 2005년 9월 그녀를 해임한다. 이는 공익과 사익의 이해에서 비롯되는 충돌을 금지하는 미술관 정책을 어긴 결과였다. 해임 5개월 전이었던 2005년 4월에 이탈리아 검찰은 장물 취득에 관한 소를 청구한다. 딜러인 로버트 헥트, 자코모 메디치와 공모하여 장물이라는 사실을 알면서도 귀글리엘모 컬렉션의 일부였던 BC 5세기 경 청동 트리포드와 촛대를 구입했다는 혐의였다. 또한 도굴이 의심된다는 사실을 알고 있으면서도 출처가 없는 42점의 고대 미술품들을 플라이쉬만에게 구입하게 하고 그것의 최종 목적지가 게티 컬렉션이 되게 하는, 배후 인물이었다는 배임죄도 적용되었다. 플라이쉬만 컬렉션을 기부형식으로 위장하여 적법하지 않은 미술품을 세탁한 것이다.

　기소 내용에 대한 마리온 트루의 변론은 큐레이터란 직책은 딜러들과 좋은 관계를 유지해야 하고 개인의 이익을 위해 미술품들을 구매하지 않았으며 오로지 게티 컬렉션을 세계 최고의 수준으로 만들기 위한 결정을 했다는 것이다. 구매 결정을 승인한 게티 경영진(CEO 해롤드 윌리엄스 1997년까지, 배리 뮤니츠 2006년까지; 관장, 존 월쉬 2000년까지, 데보라 그리본 2006년까지, 그리고 이사회 임원들 전원)에게도 책임이 있기 때문에 구매에 대한 책임을 큐레이터에게 단독으로 지라는 것은 부당하다고 주장했다. 메디치의 제네바 창고에서 확보한 증거 자료들도 마리온 트루가 큐레이터로 재임하기 이전부터 적법하지 않은 미술품 거래들이 있었다는 사실을 뒷받침해 주고 있다. 2005년 11월에 시작된 공판은 2010년 10월에 마리온 트루에 대한 공소시효가 만료됨에 따라 평결을 내리지 못하고 중단되었다. 따라서 마리온 트루는 자신이 '비난받을 이유도 없지만 그렇다고 명예회복이 된 것도 아니다'라고 주장한다.

그리스 검찰은 적법하지 않은 절차로 해외로 유출된 BC 4세기경의 황금 꽃다발 장식의 구입의 책임을 물어 마리온 트루를 기소했다. 그렇지만 2007년 공소시효 만료로 그 어떤 결정도 없이 사건은 종결되었다.

(3) 게티미술관이 반환한 미술품(대표적 사례 모음)

① 오네시모스 킬릭스

1980년대 게티미술관은 BC 5세기경에 제작된 킬릭스를 구입하기 시작했다. 에우프로니오스가 도기를 빚었다는 서명과 더불어 오네시모스가 트로이 전쟁을 소재로 그림을 그린 도기였다. 전체 도기의 40% 정도 밖에 되지 않는 파편도기의 매입가격은 180,000달러였고 스위스 소재 딜러 프리다 챠코스가 게티 측에 팔았다. 나머지 조각들은 아를레샤임 컬렉션과 제네바 소재 히드라 갤러리에서 사들었다고 하나 조작된 것이었다. 히드라 갤러리는 미술품 세탁과 허위 이력을 '합법적 거래'로 둔갑시키기 위해 쟈코모 메디치가 전면에 내세운 '간판 회사'라는 사실들이 메디치 수사 과정에서 밝혀졌다. 1980년 대 중반, 메트로폴리탄미술관의 폰 보트머는 1968년 로버트 헥트에게서 구입한 것이라고 하면서 킬릭스의 도기 파편을 게티미술관 측에 기증했다. 대영박물관의 다이프리 윌리엄스가 1991년 그리스 도기의 도록을 출간할 때에도 오네시모스 킬릭스는 그 외관이 완성되지 못한 채 실렸다. 그리스 도기 연구자인 다이프리는 파편 도기의 일부를 사진으로 본 적이 있다고 도록에서 밝혔다. 그가 본 적이 있다고 한 파편도기의 사진 원본은 1995년 스위스 경찰과 이탈리아 미술품 수사대 합동으로 메디치의 제네바 창고 수색 과정에서 발견한 엄청난 자료 가운데 하나였다.

1997년 이탈리아 비테르보 대학에서 열린 학회에서 발표자로 나온 고고학자 마리아 리초박사는 킬릭스가 체르베테리의 에트루리아 묘에서 도굴되어 게티미술관의 마리온 트루에게 곧장 보내졌다고 발표했다. 그 자리에는 마리온 트루도 참석하고 있었는데 리초 박사는 킬릭스의 반환을 요구했다. 이탈리아 정부의 준비된 자료들을 받고 게티미술관은 반환에 따른 절차를 이행했다.

② AD 2세기경 미트라신상

1982년 이름을 밝히지 않는 유럽 출신 딜러에게서 미트라신상은 사들였는데 이탈리아 귀스티니아니 컬렉션의 장물로 밝혀졌다. 경악할 만한 사실은 예술품 절도에 있는 것이 아니라 절도 후 판매와 운송의 편리를 위해 완벽하게 보존된 조각상을 고의적으로 해체하고 파손시켰다는 데 있다.

③ 폴리클레이토스의 디아두메노스(승리의 리본을 두르는 남자), AD 2세기 로마시대 복제 조각상의 머리 부분

디아두메노스Diadumenos란 BC 420년 경 폴리클레이토스가 확립한 그리스 조각의 조화와 균형미를 보여주는 전형적인 자세 가운데 하나로, 운동경기 후 우승한 선수가 승리의 상징인 리본을 이마에 두르기 위해 두 팔을 위로 들고 있는 자세를 말한다. 플리니우스는 『자연사(박물지)』에서 폴리클레이토스의 청동조각을 본 딴 로마시대 복제품이 있다는 기록을

남겼다. 머리 부분 조각상은 게티미술관이 1995년 플라이쉬만 컬렉션을 구입하는 과정에서 취득한 물품이다. 베노사의 고고학 발굴현장에서 훔친 물건으로 밝혀져 반환되었다.

④ 게티 아프로디테(모르간티나의 비너스로도 불림)

　BC 425~400년경에 제작된 2.3m 크기의 거대 대리석 여신상으로 아프로디테, 헤라, 데메테르 가운데 하나를 표현했을 것으로 본다. BC 5세기에서 1세기 시칠리아에 형성된 고대 그리스인 거주 지역이었던 모르간티나 유적지에서 1977년 내지 1978년에 도굴된 것으로 보인다. 시칠리아 고미술품 딜러 오라치오 디 시모네가 해외로 반출시켰고 런던의 유명한 딜러 로빈 심스가 스위스인 렌초 카나베시로부터 40만 달러에 사들였다. 1939년부터 카나베시 집안의 소장품이었다는 주장으로 작품 이력을 대신했다. 그런데 이탈리아에서 스위스로 반출될 때 이미 수송의 편리를 위해 세 조각으로 분할시켰다. 1988년 이런 상태의 물건에 게티미술관은 심스에게 180만 달러를 지불했는데 그 당시 심스는 아프로디테상이 잠시 이탈리아 유통업계의 대부, 키아소 컬렉션 가운데 하나였다는 말을 한다.

　이탈리아 검찰은 도굴업계의 거물이었던 주세페 마스카라를 체포하면서 아프로디테상은 세 개의 다른 대리석 두상과 같은 시기에 발견되었으며, 그 가운데 하나가 아프로디테의 머리였을 것이라는 증언과 더불어, 모르간티나의 은공예품들도 같은 시기에 나왔다는 증언을 확보한 상태였다. 그런데 1989년 스위스에서 활동하는 딜러 디 시모네를 기소했지만 증거 불충분으로 1992년 기각되었다. 결국 2001년 렌초 카나베시가 장물거래

혐의로 징역 2년형에 180만 달러 거래에 상응하는 벌금을 선고받았지만 공소시효만기로 판결은 파기되었다.

1996년 카나베시는 아프로디테상 복원 전 사진을 게티미술관에 보내주면서 나머지 '실종된 파편'을 구매할 의사를 물으면서 접근해왔다. 게티미술관은 사설탐정들을 고용하여 미술관이 사들인 고미술품들과 아프로디테상에 대한 자체 조사를 시작했다. 자체 조사를 통해 모여진 증거들을 고려한 결과, 2006년 아프로디테상을 이탈리아에 반환하기로 내부적으로 결정하지만 2007년 국제적으로 구성된 전문가들을 소집하여 아프로디테상이 발견될 만한 장소를 논하는 세미나를 통해 최종적인 반환 결정에 이른다.

2007년 7월 31일 아프로디테상을 비롯한 40여 점의 미술품을 이탈리아에 반환하기로 하고 2010년 12월 이탈리아에 반환했다. 2011년 3월 아프로디테 조각상은 모르간티나 유적지와 가장 가까운 아이도네 미술관에 전시되었다.

참고문헌

Peter Watson & Cecilia Todeschini, 김미형 역, 2007, 『메디치의 음모』, 서울 : 들녘.

Felch, Jacson and Frammolino, 2011, *Chasing Aphrodite : The Hunt for Antiquities at the World's Richest Museum*, New York : Houghton Mifflin Harcourt.

Mackenzie, S., 2005, *Going, Going, Gone : Regulating the Market in Illicit antiquities*, Leicester : Institute of Art and Law.

Hoving, Thomas, 1993, *Making the Mummies Dance : Inside the Metropolitan Museum of Art*, New York : Simon and Schuster.

Bell, Malcolm, 2002, 'Italian Antiquities in America', *Art Antiquity and Law*, 7 (2), pp.195~205.

True, Marion, 2011, 'Neither condemned nor vindicated', *Art Newspaper*, (220).

박물관과 문화재 반환

‖ 이보아 ‖

1. 문화재 불법 반출에 대한 통사적 고찰

'전시 약탈war plunder'의 역사는 기원전 4세기부터 시작되었다(Merryman and Elsen, 1987 : 2). "승자에게 모든 전리품을"이란 구호를 외치며, 고대 로마 군사들은 정복 국가의 예술작품을 전리품으로써 수집하면서 전시 약탈을 개념적으로 실천했다. 당시 문화재가 원산국the place of origin에서 보존되어야 한다는 원칙은 존재했다. 로마의 키케로Cicero가 전시 약탈 행위를 비난함과 동시에 집정관 베레스Verres에게 시실리아 지방의 문화재를 약탈해서 로마로 이송한 행위에 대한 형사 및 민사상의 책임을 물었던 것도 이러한 원칙에 의거한 조치였다(Wilson, 1985 : 102). 이에 이 시도르스키E. Sidorsky(1996)는 문화재 반환이 시작된 시점을 로마 공화국 후반기(70 B.C.)로 보았다.

6세기 몬테카시노Monte Cassino 소재의 베네딕트 수도원을 비롯, 수도원을 중심으로 사원박물관이 형성되었다. 십자군 전쟁을 비롯, 비엔나에서 바티칸까지 문화적 약탈 행위가 이어지면서 문화재의 소유권이 정당화되었고, 노획된 전리품의 일부가 수도원으로 유입되었다(전진성, 2004 : 10). 이처럼 중세에는 승자의 전시 약탈 문화재에 대해 소유권이 합법적으로 인정되었다(G.M. Graham, 1987 : 756~757). 전시 약탈 행위의 불법성에 대한 인식이 국제법을 통해 실천된 것은 르네상스 시대부터이다. 자콥 프레질루스키Jacob Przylusik의 폴란드 왕국의 법령집(leges seu statuta ac privilegia Regni Poloniae, 1553)은 종교적 신성성과 무관한 예술작품도 전시에 보호받아야한다는 사상을 제시했다.

근대 국제법의 태동으로 불리는 웨스트팔리아Westphalia 평화조약(1648)을 비롯, 대부분 전후 평화조약에는 전시에 반출된 공문서와 예술작품들은 원산국(원소유주)으로 환수되어야 한다는 내용이 포함되었다. 폴란드와 스웨덴간의 올리바Oliva 조약(1660)은 폴란드 왕립도서문고에 대한 스웨덴의 원상회복의무에 대해 기술했고, 영국과 네덜란드 간에 체결된 횟트홀Whitehall 조약(1662)의 경우에도 스튜어트 왕가의 소장품에 속하는 예술작품의 반환을 규정했다. 근대 계몽주의 사상의 확산과 함께, 승전국에게는 패전국의 역사적, 문화 예술적, 과학적 업적과 관련된 문화재 약탈을 금지하는 도덕적 계율이 적용되었다.

프랑스를 '예술작품의 중심지emporium'로 만들기 위해 문화우월주의에서 시작된 나폴레옹의 유럽 침략은 역사상 최초로 다수의 국가가 연루된 문화재 약탈에 해당한다. 이 전쟁에서 기존의 문화재 보호 및 약탈 금지와 관련된 법적 원칙은 무시되었다. 더욱이 선시 약탈의 주체가 개인에서 국가로 조직화되면서 유럽 거장의 예술작품 및 진귀한 보물들이 루브르박물관으로 이송되었다. 프랑스의 전시 약탈 및 불법 반입에 대한 비난은 패전국뿐만 아니라 프랑스 내에서도 인류의 공동문화유산common cultural heritage의 보호에 대한 개념이 확산되면서 이에 대한 공감이 이루어졌다. 종전 후 존 로크John Locke와 죠지-프레드릭 마틴스George-Frederich Martens 등의 계몽주의 사상가들은 '문화재 반환의 도덕적 원칙'에 대한 기본적 개념을 이론적으로 정립하며, "과학적·예술적 가치를 지닌 문화재는 해당 국가의 지적 욕구를 충족시켜 줄 수 있는 최적의 상태로 보존되어야 하며, 약탈의 대상이 될 수 없다"고 천명했다. 하지만 실제적으로는 이러한 도덕적 원칙보다는 '수집자 소유 원칙collection doctrine'이 지배적이었다(백충현, 1987 : 38~39).

1815년 비인회의Congress of Vienna에서는 유럽의 질서 회복 및 재편성뿐만 아니라 약탈문화재의 원상회복에 대한 논의가 이루어졌다. '오스트리아-대영제국-프러시아-러시아-프랑스'간 최종 평화조약Definitive Treaty of Peach(1815)의 체결과 함께, 루브르박물관이 소장하던 일부 예술작품을 비롯, 벨기에와 이탈리아를 중심으로 약탈문화재의 원상회복이 이루어졌다. 하지만 프랑스는 파리 협약(1815) Convention of Paris을 통해 전시 약탈 행위를 합법화했고, 그 결과 상당수의 문화재를 원산국으로 반환하지 않았다. 이후 젠틸리스, 바텔 등 국제법 학자들이 전시 문화재의 보호에 앞장섰다. 특히 바텔Emrich de Vattel의 경우, 문화유산은 인류의 공공재산이기 때문에 절대 파괴될 수 없으며, 전시 약탈 및 문화재 파괴 행위가 불법이라는 점을 강조했다(Rhee, 1997 : 67~68). 19세기 후반에는 전시 문화재 보호에 대한 내용이 포함된 전쟁 법규에 대한 체계적인 정리 및 법전화 작업이 이루어졌다. 프란시스 리버Francis Lieber의 리버 코드Lieber Code(Instructions for the Government of Armies of the United States in the Field), 1880년의 국제법학회의 옥스퍼드 교범Oxford Manual of the Institute of International Law 등은 1899년과 1907년의 만국평화회의의 관련 협약들, 특히 육전의 법과 관습에 관한 협약Convention on Laws and Customs of War on Land, 1907과 연계되었다(이근관, 2007 : 14). 1907년 협약은 국가에 귀속된 건축물 또한 사유재산처럼 취급되어야 하며, 예술작품과 건축물 등을 공의로 압수·파괴·훼손하는 행위를 일체 금지하고, 그와 같은 행위는 소추의 대상이 된다는 내용을 담았다.

제1차 세계대전 이후 체결된 평화조약들의 특징은 전시 약탈의 불법성, 원상회복, 문화재 반환에 대한 문제를 기본 내용으로 다루었다는 점이다(Nafziger, 1983 : 792). 1930년 이후, 대부분 식민모국들은 문화재 양도 의무를 회피했고, 소유권에 대한 정당성을 주장하기 위해 입법적 조치를 취했다. 일부 평화 조약의 경우, 전시에 반출 또는 이전된 문화재의 반환과 함께, 그 이전에 발생한 위법적 상황에 대한 소급적용 및 원상회복을 포함시켰다. 예를 들어, 1919년에 체결된 베르사이유Versailles조약에서는 1차 세계대전과 50전에 일어난 프로이센-프랑스 전쟁Franco-Prussian War(1870)에서 발생한 프랑스 문화재의 불법 반출과 원상회복에 대한 독일의 책임이 집중적으로 다루어졌다. 생 제르망Saint-German조약의 경우, 오스트리아가 폴란드에 대해 1718년까지의 위법적 행위를 소급해서 문화재의 반환에 대한 의무를 명시했다. 1921년 폴란드와 러시아-우크라이나 간에 체결된 리가Riga평화조약은 1772년 폴란드에서 약탈한 문화재에 대한 반환 의무 조항이 추가되었다. 하지만 전시에 파괴, 몰수, 불법 반출된 문화재의 원상회복은 단순한 문제가 아니었으며, 경우에 따라서는 사법적 절차가 요구되었다. 이러한 경우 국제 조약의 규정과 국제재판소의 판례는 일관적으로 전시 약탈이나 문화재 훼손 행위의 불법성을 인정했다.

'문화재의 암흑시대'라고 불릴 만큼 역사상 가장 무분별하게 문화재가 약탈·파괴·훼손된 시기는 제2차 세계대전이다. 히틀러는 문화제국주의를 표방하면서 오스트리아 린츠Linz에 세계 최대의 총통미술관 건립을 원했다. 이 시기에는 '교전 행위로부터의 문화재 보호에 대한 법규'가 효력을 발생하지 못했고, 결국 나치의 전리품은 협약이나 조약 체결 시 정치적 협상 도구로 사용되었다. 총통미술관 건립계획은 한스 포세Hans Posse, 오트 큄멜Otto Kummel, 헤르만 괴링Hermann Wilheim Göering의 조력에 힘입었지만, 실제적으로 알프레트 로젠베르크Alfred P. Rosenberg가 이끄는 ERR(Einsatzstab Reichsleiter Rosenberg)이 수행했다. 전리품 수집 특수 부대인 ERR은 렘브란트, 티토렌토, 벨라스케스, 다 빈치, 루벤스 등의 예술작품과 조각, 희귀 도서 및 고문서, 고고유물, 타피스트리, 가구, 도자기 등 문화재를 무자비하게 약탈했다.

1945년 독일의 항복과 함께 미군과 러시아군은 나치의 전시 약탈 소장품에 대해 관심을 집중했다. 미국은 1942년부터 전시의 예술작품의 보호를 위해 전시 지역에서 역사·예술적 기념물 보호와 구조를 위한 미주위원회를 설립했다. 이와 함께 1944년 연합국군의 노르망디 상륙작전 직전

최고사령관 아이젠하워의 포고에 따라 '기념물, 미술품, 문서에 관한 미군 지원단Monuments, Fine Arts & Architecture(MFAA)'인 특수 장교 부대도 조직되었다. MFAA의 주요 임무는 나치가 약탈 혹은 은닉한 예술작품의 소재를 파악하고 정당한 원소유자에게 반환해 주는 것이었다. MFAA가 메르카스와 알트 아우스제 등의 소금 갱도에서 대량의 예술작품을 발견 후 원소유자에게 돌려주었지만, 일부 소장품은 미국

〈도 1〉 알트 아우스제 소금 갱도에서 발견된 베르메르의 회화 예술(1665~1667), 1945년 MFAA가 발견한 후 즉시 원소유자였던 로스차일드가로 반환

과 러시아로 유입되었다.

1940년 뉘른베르크 국제재판소는 로젠베르크와 나치 주요 인물을 피점령국의 문화재에 대한 위법 행위로 기소했다. 뉘른베르크재판의 기소내용에 의하면, 레닌그라드와 유럽 각지의 문화재 보관소를 포함, 500여개의 박물관과 미술관을 대상으로 전시 약탈이 이루어졌으며, 나치의 약탈목록에는 21,000점 이상의 예술작품과 진귀한 고미술품이 포함되어 있었다. 이에 따라 뉘른베르크 국제재판소는 "교전행위로 자행된 공유 재산이나 사유 재산의 약탈은 명백한 전쟁범죄행위war crime(헌장 규정 제6조)"라고 규정했고, 이를 근거로 로젠베르크를 포함한 네 명의 피고에게 유죄

판결을 내렸다. 이 헌장 규정은 전시문화재보호 협약 및 조약의 법적 근거를 마련했고 구체적인 사례를 제시해 줬다는 점에서 큰 의미를 둘 수 있다. 2차 세계대전의 종료, 그리고 식민제국의 몰락과 함께 아시아 및 아프리카를 비롯한 신생독립국가들이 국제 사회에 새로이 등장했다. 다양한 국제회의에서 이들 국가들의 원상회복을 위한 다각적 노력이 표출되었다. 이 시기 문화재의 소유권은 해당 영토권을 지닌 국가, 즉 원산국의 권리가 우선적으로 인정되는 '영토우선주의'에 무게 중심이 실렸다. 현재까지도 대부분 영미법계 국가들은 원소유자의 권리를 보호하는 경향을 보이는 반면, 대륙법계 국가들은 거래의 안전 등의 보호를 위해 선의 취득자를 우선시하는 입장의 차이를 보이고 있다(Forbes, 1996 : 236).

2. 문화재 보호 및 반환에 대한 국제법적 고찰(국제법 현황)

　2차 세계대전 이후 문화재 보호를 위한 국제적 차원의 노력은 국제연합 교육과학문화기구UNESCO 의해 전개되었다. 종전 후에는 전시문화재보호를 위한 협약 및 조약의 채택에 주력했고, 그 이후 국제법적 차원의 노력은 평화시 문화재의 보호 및 불법거래방지에 집중되었다. 1954년 무력 충돌 시 문화재 보호를 위한 협약The Convention for the Protection of Cultural Property in the Event of Armed Conflict(1954)이 채택되었고, 그 이후 문화재의 불법적인 반출입 및 소유권 양도의 금지와 방지수단에 관한 협약The Convention on the Means of Prohibiting and Preventing the Illicit Import, Export and Transfer of

Ownership of Cultural Property(1970), 세계 문화유산 및 자연유산의 보호에 관한 협약Convention Concerning the Protection of the World Cultural and Natural Heritage(1972), 도난 또는 불법 반출된 문화재에 관한 1995년 유니드로아 협약UNIDROIT Convention on Stolen or Illegally Exported Cultural Objects(1995), 수중 문화유산의 보호에 관한 유네스코 협약UNESCO Convention on the Protection of the Underwater Cultural Heritage(2001) 등의 결과물이 나왔다.

2차 세계대전까지의 국제적 관행은 보호 대상의 범위를 정의하기보다 반환이나 보호 목표에 따라 목록을 만들었다. 헤이그 육전협약the Hague Convention(1907)은 전쟁과 무력충돌시의 보호 대상에 대한 합의를 이끌어 냈다. 1954년 헤이그 협약은 문화재 보호를 위해 체결된 최초의 국제협약이다. 이 협약은 무력 충돌시의 문화재 파괴를 금지했고, 보호 대상으로서 문화재를 광범위하게 규정했고, 공·사유 문화재의 구분 없이 법률적 보호를 부여하는 일반적인 원칙을 유지했으며, 문화재 지정에 있어 개별 국가의 재량권을 인정했다.

1) 국민의 문화유산에 중요성을 갖는 동산 및 부동산 문화재, 예컨대 유적지 또는 역사적, 예술적 관심을 갖는 건축물의 집단, 예술작품, 고고학적 관심의 대상인 고분, 서적 및 물건 등 과학적 수집품, 중요 장서, 고문서 및 문화재의 모사품; 2) 위 물품을 소장하고 있는 박물관, 도서관, 고문서보관소, 전시 대피소 등의 건물; 3) 위의 물품이 보관되어 있는 중심지 (협약 1조).

특히 협약 전문은 "어떤 민족에 속하는 문화재에 대한 손상은 인류 전체의 문화유산에 대한 손해"로 규정함으로써 국제적 보호주의를 강조했다. 동시에 협약은 각국으로 하여금 국적을 불문하고 협약에 위반되는 방식으로 문화재 파손행위를 한 자를 기소하고 형벌을 포함한 제재조처를 취하기 위한 필요 절차를 마련할 것을 의무화했다(홍성필, 1998 : p.19). 이 협약의 주요 의의는 의정서에서 무력 분쟁 중 점령지역으로부터의 문화재 반출 금지와 반환 의무를 명확히 제시했다는데 있다.

> 1조 : 각 체약국은 … 전시 문화재보호협약 제1조에 규정된 문화재를 자국이 점령하고 있는 영토로부터의 반출을 금지해야 한다.
>
> 2조 : 각 체약국은 어떤 점령지역으로부터 직접 또는 간접적으로 자국 영토 내에 반입된 문화재를 보호하여야 한다. 이것은 문화재의 반입과 동시에 자동적으로 또는 그렇게 못할 경우에는 그 영토의 당사국의 요청에 의해 실행되어야 한다.
>
> 3조 : 각 체약국은 전쟁 종료 시 문화재가 위 1조에 규정된 원칙에 반해서 반출되었다면 그 영토 내에 있는 문화재를 전에 피점령 하에 있던 국가의 당사국에 반환하여야 한다. 이러한 문화재를 전쟁보상으로서 계속 보유해서는 안 된다.
>
> 4조 : 자국의 점령지역으로부터 문화재반출금지책임이 있는 체약국은 전조에 입각하여 반환되어야할 문화재를 선의로 소지한 자들에게 손해배상을 지불하여야 한다.

2007년 기준, 114개국이 참여하고 있는 1970년 협약은 국제적 차원에서 문화재의 불법 유통에 대해 의견을 모은 대표적인 다자조약이다. 이 협약의 핵심은 협약 발효 후 반입된 도난 문화재에 대해 출처 및 원산국의 요청이 있을 경우, 그 환수 및 반환에 대해 적절한 조치를 취하는 것이었다. 그럼에도, 이 협약의 규정은 의무에 대한 비자기집행성이 내재되어 있기 때문에, 당사국 내에서 입법조치가 필수적으로 수반되어야만 의무 이행이 가능했다. 또한 당사국들이 자국이 처한 상황이나 국내법 상의 제한 등을 이유로 협약 규정의 조정을 요청할 수 있기 때문에, 이러한 협약 의무의 비통일성은 효력 발생을 저해했다. 1970년 협약은 1954년 협약이 취한 개별 국가에 대한 권한부여방식으로 확대되었고, 목록inventory과 반출허가장export certificates의 기술적 방법으로 이를 보충했다. 동시에 이 협약은 보호대상의 문화재를 정의함에 있어 '영토 기준territory test'과 '관련성 기준connection test'의 이중 기준을 적용해서 혼란을 가중시켰다.

1970년 협약과는 달리 1995년 유니드로아 협약은 자기집행적self-executing인 특성을 지니면서, 도난 또는 불법 반출된 문화재의 반환에 관해 비교적 통일적인 규칙을 담고 있고, 국내법 상 선의 취득bona fide purchase과 관련된 규정에 대해서도 일관성을 유지했다. 따라서 1970년 협약과 1995년 유니드로와 협약은 차별성이 존재하는 동시에 상호보완적인 관계이다. 제2차 세계대전 이후 채택된 문화재 보호 및 반환에 관한 다자조약들은 조약 당사국에만 적용(상대효의원칙)되며, 소효급retroactivity을 갖지 않기 때문에 명확성과 실효성 측면에서 상당히 제약적이다. 또한 불법 반출 문화재에 대한 반환 원칙은 관련 조약이 채택된 이후 시점에서 발생한 반출에 대해 실효적 적용이 가능했기 때문에, 식민지배나 군사점령시기에 반출된 문화재는 적용 대상에서 제외되었다.

3. 문화재 반환에 대한 관한 문화재보유국과 반환요청국의 당위성

피식민지 경험을 갖고 있는 국가들과 신생독립국가들이 원산국country of origin으로서의 권리 주장과 함께 반환요청이 증가하면서 국·내외적으로 불법 반출 문화재의 반환에 대한 관심이 고조되었다. 국내의 경우 북관대첩비, 외규장각 도서의 환수, 도쿄대 소장 조선왕조실록 등을 통해 문화재 반환에 대한 인식과 국민적 관심이 높아졌다. 국외의 경우, 2차 세계대전을 전후한 시기에 불법으로 유출된 문화재를 비롯, 이탈리아에 의한 악숨 오벨리스크의 에티오피아로의 반환, 뉴 아크로폴리스 박물관의 개관 및 파르테논 마블스의 반환에 대한 문제, 2003년 이라크전 당시 바그다드국립박물관에서 벌어진 전시 약탈, 2009년 중국 원명원圓明苑 기원 청동조각 경매를 둘러싼 논쟁, 이탈리아 정부와 메트로폴리탄미술관을 포함한 미국 4개 박물관간 체결된 반환협정 등을 통해 문화재 반환에 대한 국제 사회의 관심이 임계질량critical mass에 달했다는 것을 알 수 있다(이근관, 2012 : 155).

키니스 니클린Keith Nicklin(1979)은 문화재에 대한 약탈 행위를 '강탈

rape'로 표현했다. 문화재 반환은 전쟁이나 강탈로 표현될 만큼 무거운 주제이다. 따라서 국제사회에서 문화재 반환은 사회·문화적 현상의 일면으로 다루어지는 단순한 문제가 아니라, 현실적으로 양국간 혹은 다국간의 이해상충이 얽혀 있는 복잡한 구조의 외교적 담론으로 다루어지고 있다. 앞서 언급한 바와 같이 문화재 반환에 대해 국제사회의 관심과 대화가 증가한 것은 사실이지만, 이 문제를 어떠한 시각에서 접근해서 형평한 해결책을 강구할 것인지에 대한 견해차가 크다.

이러한 현상은 식민지배에서 반출된 문화재 반환에서 더욱 심화되는데, 특히 2차 세계대전 이전에 진행되었던 식민지화의 불법성이나 부당성에 대해 식민모국과 피식민지 경험을 지닌 국가 간에 첨예한 대립이 여전히 존재하고 있다. 따라서 식민모국의 문화재 반출에 대한 합법성과 원산국에 대한 반환 의무와 관련된 문제는 앞으로도 상당한 논란의 대상으로 남게 될 것이다. 특히 피식민지에서 발생한 문화재 불법반출은 피해 국가들의 문화정체성 형성 및 유지에 결정적 영향력을 미칠 뿐만 아니라, 주요 문화유산의 파괴와 그러한 행위로 초래되는 심각한 정보의 유실로 인해 국제 사회에서 다대한 국제적 중요성을 지니는 문제로 다루어지고 있다.

문화재 반환의 철학적 바탕, 법적 틀, 타당한 가치는 '3R'이라는 용어로 정리될 수 있다. 이는 문화재를 원산지로 반환restitution하고, 문화재의 수출입을 제한restriction하며, 관련 당사자들이 가지고 있는 소유권, 접근권, 상속권과 같은 권리rights를 의미한다(K.J. Warren, 199, p.2). 문화재 반환에 대한 논쟁은 문화민족주의cultural nationalism와 문화국제주의cultural internationalism 간의 대립으로 설명할 수 있다. 전자는 '문화유산이 풍부한 나라art-rich nation'이고, 후자는 '문화유산이 빈곤한 나라art-poor nation'에 해당된다. 이집트, 그리스, 한국, 멕시코 등과 같이 피식민지(전쟁 피해국)는 문화재 피탈을 '과도하게 기억하는hyper-commemoration' 반면 일본, 독일, 영국, 프랑스 등 식민모국이나 승전국은 '사면 및 기억상실amnesty and amnesia'을 주장한다.

문화민족주의와 문화국제주의 모두 문화유산의 보호와 보전에 대해서는 상호공감하고 있으나, 문화재의 유통과 법적 소유권에 있어서는 현격한 견해의 차이를 갖고 있다. 식민모국들은 문화국제주의와 보편적 박물관론universal museum, 식민지배에 대한 정당성 주장, 문화재가 식민모국으로 반출된 후 장구한 시간의 경과, 반출 당시 매매 등 외형적 합법성의 존재, 반출 후 선의취득 등의 법적 문제 등의 방어 논리를 전개한다. 이에 반환요청국은 반환에 대한 상호주관적인inter-subjective 기반 위에서, 식민모국의 논리에 대항할 수 있는 실효적인 협상 전략과 반환 요구에 대한 보편적 당위성을 정교하게 개발해야 한다. 일반적으로 이러한 논리는 문화재의 본질적인 맥락original context과 민족적·문화적 정체성 형성에 대한 문화재의 영향력, 그리고 법적 측면에서는 문화적 권리cultural rights 와 자결권self-determination 등에서 접근하고 있다.

과거 피식민지 경험을 갖고 있는 반환요청국의 입장에서 볼 때, 모든 해외 소재 문화재를 자국으로 반환하는 것은 현실적으로도 불가능할 뿐만 아니라 바람직하지 않다. 따라서 반환 대상의 문화재 범위와 기준을 정의하는 것이 우선 과제이다. 이와 같은 문제는 각국의 상황이나 문화재의 특성에 따라 달라질 수 있지만, 기본적으로 다음과 같은 기준이 제시될 수 있을 것이다(이근관, 2012; 158~159).

    (i) 당해 문화재가 무력 침공에 의해 반출되는 등 그 반출 경위에 고도의 불법성이 내재한 경우

    (ii) 당해 문화재가 반출 후 소재지에서 원산국에 굴욕적인 방식으로 전시 또는 활용되는 경우

    (iii) 당해 문화재의 원산국에서의 맥락 적합성 및 활용 가치가 현 소재지에서의 그것보다 현격이 높은 경우

    (iv) 당해 문화재가 유일본이거나 원산국에 유사 문화재가 희소한 경우

    (v) 학예연구적 관점에서 당해 문화재가 현 소재지에서 부적절하게 관리되거나 현 소재지에서 도난, 일실, 파괴의 위험이 높은 경우

앞서 언급한 식민모국(승전국)과 피식민 경험을 지닌 국가의 문화재 반환과 원상회복에 대한 다양한 시각은 문화재 구제론 대 문화재 보존론rescue argument vs. preservation argument, 현소유권의 적법성 대 원산국으로부터의 반출의 불법성foreign ownership argument vs. county of origin argument, 학술적 접근용이성 대 학술적·미학적 완전성scholarly access argument vs. scholarly and aesthetic integrity argument, 그리고 마지막으로 자유 순환의 역동성 대 민족적·문화적 정체성 확립dynamics of free flow argument vs. national and cultural identity으로 정리될 수 있다.

1) 구제론 대 보존론

문화재 보유국이 반환 요청을 거부하는 주된 이유 가운데 하나는 반환 요청국의 과학적 보존환경의 열악성이다. 이에 대해 반환요청국은 자국의 힘이나 국제연합교육과학문화기구UNESCO산하 국제기구의 지원을 통해 최적화된 과학적 보존시설을 구축하는데 주력한다. 보존론 대 구제론의 대표적인 사례로는 대영박물관과 그리스 정부간 70년 이상 미해결 과제로 남아 있는 파르테논 마블스Parthenon Marbles를 들 수 있다. 파르테논 마블스는 기원전 4세기에 건립된 파르테논 신전의 벽면을 장식하고 있던 조각과 조상의 일부이다. 19세기 초반 오스만 트루크 제국(콘스탄티노플)주재 영국 대사였던 토머스 브루스(이하 엘긴 경)는 디오니소스상을 포함해서 253점을 영국으로 반출했고, 이후 영국 정부에 파르테논 마블을 매각함에 따라 그 소유권은 대영박물관으로 양도되었다.

그리스 정부의 파르테논 마블에 대한 반환 요청은 1941년에 시작되었고, 2차 세계대전 이후 반환의무를 이행한다고 선언했던 영국은 반환불가로 그 입장을 번복했다. 영국의 반환거부에 대한 논리는 구제론적 시각을 근거로 그리스의 심각한 환경오염으로 인해 세계 최고의 문화유산이 손상될 가능성이 높고, 문화유산이 지니는 보편적 인권human right을 강조하면서 파르테논 마블스는 그리스의 문화유산뿐만 아니라 세계 공동의 문화유산이므로 과학적 보존 시설이 최적화된 문화선진국에서 보존되어야 한다는 것이다. 이에 대해 그리스 문화부 장관을 역임했던 메리나 메리쿠리는 문화재 반환에 대한 당위성을 다음과 같은 보존론적 입장에서 범국민 반

<도 2·3> 대영박물관에 전시되어 있는 파르테논 마블스

환운동을 펼쳤다: 1) 이 문화재는 파르테논 신전의 일부이다; 2) 파르테논 마블이 파르테논 신전 가까이 전시됨으로써, 관람객들은 파르테논 신전의 원형과 조상간의 맥락적 연계성을 이해할 수 있다; 3) 파르테논 마블은 고대 문명의 상징이므로 결코 해체나 분리될 수 없으며, 장식적·건축적 가치를 위해 현재 복원이 시급한 상태이다; 4) 유네스코의 상징물인 파르테논 마블의 반환은 그리스의 요청이 아니라 문화유산을 보존 및 보호하려는 전 세계의 요청을 수락하는 것이다.

1983년, 1986년, 1997년에 영국 시민을 대상으로 실시되었던 세 차례의 전화 여론조사에 의하면, 파르테논 마블의 반환에 대한 지지율이 각각 72%, 68%, 92%로 상당히 높게 나타났다. 하지만 1998년 윌리엄 세인트 클레어William St. Clair가 대영박물관의 그리스 문화재의 보존관리에 대한 무책임하고 비윤리적 행위를 폭로함에 따라 영국 정부의 구제론적 주장은 무력해졌다. 그리스 정부의 즉각적인 반환 의무이행에 대한 요청을 일축하며, 영국 정부는 대영박물관의 파르테논 마블의 소유권에 대한 적법성과 그리스 문명의 위대한 업적을 확산시키는 박물관의 기여도를 보편적 박물관론에서 접근해서 제시했다. 그리스는 영국 정부의 구제론에 대응하기 위해 최적화된 보존환경을 신아크로폴리스박물관에 구축했지만 아직까지 양국간 반환 문제는 해결되지 않은 상태이다.

2) 현소유권의 적법성 대 원산국으로부터의 반출의 불법성

소유권의 적법성과 반출의 불법성에 관한 논쟁은 과거 역사 자체에 대한 소유권 주체에 대한 문제이며(Rhee, 1997 : 125), 다음과 같은 몇 가지 질문이 제기될 수 있다 : 문화재를 반출시킨 주체는 누구인가, 그러한 행위를 뒷받침해 주는 법적 근거는 무엇인가, 그 행위는 적법했는가, 불법반출의 경우 그러한 사실을 입증할 수 있는근거를 갖고 있는가?(Mulvaney, J., 1985 : 92). 문화재보유국은 반출의 적법성, 문화재 취득과 현 소유권의 합법성에 치중하며, 문화재의 독점적 권한을 부정하는 반면 반환요청국은 특정 집단의 문화재에 대한 소유권, 원산국의 우선권, 반출의 불법성으로 인한 법적 효력의 상실에 초점을 맞춘다.

인류학적인 관점에서 보면, 문화재文化財는 '문화文化'라는 상징적 요소와 소유의 대상이 될 수 있는 동산 또는 부동산을 포함하는 '재화財貨'라는 요소를 동시에 지니고 있다. 여기서 재화는 '경제적 가치'보다는 '역사적·예술적·상징적 가치' 등 맥락적 가치에 비중이 실린다. 따라서 법적 관점에서 접근하면, 이는 과거의 정신적·물질적 문화유산에 대한 소유권·통제권·사용권을 누가 행사할 수 있는가에 대한 문제로 귀결된다. 한 가지 주지해야 할 사항은 이와 같은 권리는 문화재의 파괴 또는 훼손 후의 비회복성으로 인해 문화재의 보존 및 활용에 대한 의무가 수반된다는 것이다.

문화재 보호에 관한 일반적인 원칙들이 과거 피식민국에게는 특별한 의미를 갖는다. 식민모국과 피식민지 국가간에 체결된 협약이나 조약에서 문화재의 계승 문제는 대부분 완전히 또는 부분적으로 배제되었다. 원칙적으로는, 계승 국가의 주권에 의해 문화재도 계승국가에 이전되어야 하지만, 통치국은 피식민지가 독립되는 과정에서 혹은 그 과정에 앞서 특정 문화재를 식민지로부터 반출시켰다. 프로트와 오키프Prott and O'Keefe(1989)는 문화재보유국이 문화재 반환 의무를 이행하지 않는 이유를 과거 식민통치에 대한 자부심 또는 식민주의가 세계에 미친 부정적인 영향에 대한 비판적인 평가가 충분히 이루어지지 않았기 때문이라고 설명했다.

신생독립국가의 경우, 불법지배 상황에서 발생한 약탈 행위는 적법하지 않으며, 이로 인해 현소유권 또한 그 적법성을 인정받을 수 없다고 주장한다. 반환요청국이 불평등한 지배와 피지배의 관계로 계층이 분화되었던 과거의 식민지배 상황을 반추해서 문화재 반출 경위와 그 행위에 대한 적법성 여부를 입증하는 것은 가장 핵심적이면서도 매우 어려운 작업이다. 유출경위의 적법성이 입증되지 않으면, 소유권의 법적효력이 발생될 수 없는 것이 원칙이지만, 이러한 경우 대부분 문화재보유국은 국내법우선주의와 영토우선주의에 입각한 주장을 제시한다. 따라서 문화재보유국들은 약탈의 적법성과 함께 '약탈 당시의 법', 즉 시제법으로 대응하면서, 현소유권의 당위성을 합리적으로 해석한다. 예컨대, 탈식민지 과정에서 벨기에-자이레, 네덜란드-인도네시아, 한국-일본은 문화재를 반환 대상에 포함시켰지만, 약탈의 불법성을 공식적으로 인정하지 않았다.

한편 전시 국제법의 의하면, 자국의 문화재는 자국의 영토 내에서 보존되어야 한다. 이는 전시 약탈 문화재의 원상회복에 대해 국제법이 원산국의 권리를 보호해 주는 입장을 취하고 있다는 것을 의미한다. 소유권과 이동 경위의 적법성에 논란이 발생할 경우, 대부분 해당 국가나 기관간의 상호이해를 기반으로 해결되지만, 경우에 따라 사법재판소에 의존한다. 특히 2차 세계대전 당시 나치 고위관계자들은 전시 약탈 뿐만 아니라 제3국으로 반출했기 때문에 전후 원산국(원소유자)이 문화재를 환수하는데 적지 않은 어려움을 겪었다. 멘젤 대 리스트와 펄스의 소송사례 Mrs. Erna Menzel vs. Albert A. List and Klaus G. Perls가 이에 해당한다.

1932년 멘젤 부부는 벨기에에서 마크 샤갈Marc Chagall의 〈농민과 사다리The Peasant and the Ladder〉를 3,800 프랑에 구입했으나, 독일군의 침공으로 작품을 남겨둔 채 피신했다. 6년 뒤 이 부부는 독일군이 작품을 소유하고 있다는 사실은 확인하고 미국으로 이주했다. 1955년 펄스Klaus Perls 부부는 그 작품을 파리 현대갤러리the Galerie Arte Moderne de Paris에서 2,800 달러에 구입했는데, 현대갤러리에 대한 높은 신뢰도로 인해 구입 당시 소유권의 적법성과 작품진위에 대해 전혀 의심하지 않았다. 몇 년 후 펄스 가족은 4,000 달러를 받고 리스트List에게 작품을 매각했다. 1962 년에 멘젤 부인은 자신의 소유물이었던 샤갈 작품을 현재 리스트가 소유하고 있다는 사실을 확인한 후 소송을 제기했다. 이 소송은 벨기에 정부와 독일 정부 간의 국가 소송으로 확대될 수 있었지만, 작품을 압류한 주체는 독일정부가 아닌 나치였기 때문에 결국 리스트가 샤갈의 작품을 원소유권자인 멘젤 부인에게로 환수해주거나, 시가fair market value에 맞는 금전적 배상을 제공하는 방법 가운데 하나를 선택해야 했다. 결국 리스트는 작품을 멘젤 부인에게 반환해 주는 대신 펄스 가족으로부터 작품 시가 22,500달러와 소송제반경비를 배상받았다(Rhee, 1997 : 218~224).

3) 학술적 접근용이성 대 학술적·미학적 완전성

식민지배로 인해 피식민지 국가들은 상당한 규모의 문화재를 손상, 약탈, 파괴당함으로써 상처를 받았고, 수많은 문화재들이 오늘날 유럽과 북미에 산재되어있다. 드 실바의 말처럼, "우리는(피식민지 국가들은) 문화적 인성을 빼앗겨 문화적 공백 상태에 빠져버렸다. 문화재 반환은 문화적 인성의 증거를 찾으려는 괴로운 외침"인 것이다(De Silva, 1979, p.22). 탈식민지화 과정에서 국가 승계의 원칙하에 영토는 원상회복되었지만, 문화재는 이러한 원칙에서 대부분 제외되었다. 또한 1978년 국제연합교육과학문화기구UNESCO 사무총장이 출범시킨 '소중한 문화유산을 그 창조자에게로 돌려주기 위한 탄원서A Plea for the Return of an Irreplaceable Cultural Heritage to Those Who Created It'는 식민지배 상황에서 발생한 문화재 불법 반출은 피식민지 국민들의 기억을 빼앗았다며 문화유산의 원상회복의 중요성과 당위성에 대해 충분히 피력했다(M'Bow, 1979 : 58).

대부분 문화재 보유국들은 대영박물관, 루브르박물관, 베를린박물관 등 소위 슈퍼스타급 박물관을 통해 그들의 약탈 문화재를 현시하며 막대한 문화관광 및 경제효과를 거두고 있다. 일반적으로 세계 유명 박물관은 국내 관람객보다는 해외 관광객의 방문으로 인해 현재와 같은 브랜드 파워와 경제적 풍요로움을 누리고 있고, 이러한 성공과 부의 원천이 바로 그들이 소장하고 있는 '약탈문화재'이다. 문화재보유국은 이와 같은 문화관광 및 경제적 효과에 초점을 맞추어 그들이 문화재의 역사성과 예술적 가치를 연구하고 이를 세계적으로 널리 홍보할 수 있는 최적의 장소라고 자부한다. 문화재보유국이 전개하는 이 논지의 뿌리는 인류의 공공 소유물이라는 문화재의 세계성과 보편성과 연관되어 있다. 하지만 이와 같은 논지의 이면에는 '박물관의 공동화空洞化 현상'과 '약탈문화재 반환에 대한 노미노 현상'의 확산에 대해 깊은 우려가 놓여 있다. 반환요청국은 학술 연구에 대한 권한이 원산국의 국민들에게 우선적으로 주어져야 한다고 생각한다. 예를 들어 외규장각 고문서 환수 사례처럼, 문화재가 희귀본 또는 유일본, 특히 역사적·문화적 중요성을 지녔을 경우엔 우선적으로 자국의 학술 발전을 위해 원상 회복이 필요했다. 파르테논 마블의 경우, 그리스 정부는 '머리는 대영박물관에, 가슴은 아테네에 있는 조각상' 있다고 미학적 완전성과 역사적·문화적 중요성이 반환의 당위성의 핵심이라고 설명했다.

미학적 완전함과 역사적·문화적 중요성에 주안점을 두고 반환된 대표적인 사례로는 일본에서 반환된 자선당을 들 수 있다. 1430년에 세워진 자선당은 경복궁의 여러 전각 중에서도 역사가 가장 오래된 건축물로서, 동궁의 내전이자 침전이었고, 아울러 학문 수양을 하던 서재나 강의실과 같은 역할을 하였다. '누구나 살고 싶은 욕심이 절로 난다'는 자선당은

〈도 4〉 복원된 자선당의 모습

조선 왕조 5대 문종이 세자 때 20년간 거처하면서 단종을 낳은 곳이며, 단종을 낳은 후 왕후 권씨가 승하한 곳이다. 정면 7칸·측면 4칸의 39평의 단아한 이 목조 건물은 가운데 대청을 중심으로 좌우에 각각 방을 두었고, 그 주위를 툇마루와 협실로 둘러싸는 모습이다.

경성부사京城府史의 의하면, 1910년에 이르러 총독부가 경회루, 근정전 등 거대한 것 및 기타 몇 개의 누각과 전각을 남기고 대부분의 건물 약 4,000간을 철거해서 민간에 불하 또는 구태를 일변했다는 기록이 남아있다. 자선당은 1915년 자선당을 시정 5주년 기념 물산공진회 장소로 사용되면서 한 칸에 15~27원에 거래되었다. 당시 자선당을 강제 철거된 이유는 박람회 개최에 궁전의 누각들이 거추장스러워서였다. 황현은 '매천야록'에서 1910년의 경복궁 파괴에 대해 다음과 같은 기록을 남겼다.

경복궁을 헐어 매도했다. 경복궁은 모두 4천여 칸으로 매 칸의 가격은 15원에서 27원이었다. 이 때 한국인과 일본인의 원매자는 80여 명이었으며, 3분의 1은 일본인 기타이에게 매도하기 위해 계약서를 작성했다. 그 곳에 장차 대공원을 조성하기 위한 것이다(김정동, 1997 : 17~18).

오쿠라 기하치로는 경북궁, 창덕궁, 덕수궁 등의 궁궐 건축과 유물에 대한 조사를 시작, 1876~1917년까지 한국의 문화재를 약탈했다. 자선당도 관부연락선을 통해 1916년 도쿄에 있던 기하치로의 집으로 이송되어 조선관이라는 현판을 걸고 사설미술관으로 개관했다. 1923년에 발생한 관동대지진으로 인해 자선당의 지상 목조 건물은 소실되었고, 약탈된 지 80년 만에 김정동 교수에 의해 자선당의 하부 구조체 형태의 유구석이 발견되었다. 발견 당시 기단, 계단, 주초 등은 완벽한 제 모습을 그대로 유지하고 있었다. 이후 자선당 유구석의 반환이 추진되어 결국 오쿠라 호텔과 관계를 맺어온 삼성문화재단이 기증받는 형식으로 1996년에 110톤의 유구석 2백 88개가 우리나라로 반환되어 강영전, 교태전 등과 함께 경복궁 정비 사업에 포함되었다.

4) 자유 순환의 역동성 대 민족적 · 문화적 정체성 확립

문화재보유국 관점으로, 문화재의 가치는 민족과 국가를 초월한 인류 전체에 적용될 수 있는 보편성을 지니고 있다. 그러나 문화재의 경제적 또는 재화적 가치는 문화재가 하나의 상품으로서 궁극적으로는 수단과 방법을 막론, 해외 시장으로의 불법 유출과 거래를 촉진시키고 있다. 전시의 문화재 약탈과 함께 고려되어야 할 것이 도난 및 도굴, 그리고 불법 거래이며, 이로 인해 야기되는 문화재의 유실은 국제사회에서 심각성을 더해가고 있다.

국제 범죄 코드 초안The Draft International Criminal Code에서는 '예술품 범죄art crimes'를 '예술품과 관련된 행위로써 처벌 가능한 범죄행위'라고 규정하고 있다. 국제 사회에서 이미 문화재와 예술 작품의 도난과 도굴, 해외 불법 반출과 거래는 문화유산의 보존과 관련된 심각한 문제로 인식되어 왔으며, 그 수법은 첨단 과학적인 방식에 의존하면서 점차 정교해지고 발생 빈도수도 증가하는 추세이다. 이러한 현상의 주요 원인은 1980년대의 세계 경제의 부흥으로 인한 문화재에 대한 새로운 소비 계층의 발생과 자금 세탁의 필요성을 느끼는 마약거래업자들의 수요, 주식시장에서 실망한 거부들의 개입이 주요 요인으로 꼽히고 있다. 또한 문화재나 예술작품의 재화적 가치의 상승과 연관해서, 수요 증가에 따른 공급량의 증가로 해석할 수 있다.

전문가들은 지구촌에서 범람하고 있는 이러한 국제적인 문화재와 예술작품의 경제적 유실과 불법 거래 산업의 규모는 연간 200억 달러를 넘는다고 추정하고 있다. 1998년 영국의 국제 예술품 도난 신고 센터의 통계자료에 의하면, 매달 약 1,200건 이상의 도난 사건이 신고 되었으며 일년 동안 발생한 도난 사고는 60,000건을 넘어섰다. 문화재와 예술작품의 불법 거래는 1970년부터 그 발생 빈도수가 점차 급상승 하고 있다. 현재 독일에서는 하루 평균 예술품 도난 사건이 8건 이상이 접수되고, 이탈리아의 경우는 1970년부터 1990년 초까지 도난 예술품 수가 30만점, 영국 수 사당국에 신고 된 예술작품 도난 건수는 60,000 여점, 러시아에서는 매년 사라지는 예술작품만 2억 3,000루블에 이른다.

문화재보유국은 반환요청국의 문화민족주의가 문화재 향유에 대한 이 기적인 발상이며 국제적으로 문화재에 대한 학자들과 일반대중의 접근을 제한함으로써 인류의 문화적 황폐화를 초래한다고 비판하고 있다(John Henry Merryman, 1995 : 13~60). 심지어 이들 국가들은 문화재 파괴의 위협이 있는 경우, 예컨대 이라크 전쟁과 같은 위기적인 상황에서, 문화재 보호 를 위한 일방적인 인도적 간섭의 허용을 용인해 주고 있다.

프로트와 오키프Prott and O'Keefe(1989)는 문화재 약탈은 피식민국가의 문화유산을 흩어지게 하고 심지어 문화재의 불법 거래를 양성하는 결과 를 초래했기 때문에 어떤 이유로도 정당화될 수 없다고 비판했다. 이처 럼 문화재가 국가와 민족의 공동 재산이라는 기본적 생각에서 벗어나 사 유재산적 가치가 지나치게 부각되고 있다는 것이 최근 10년 간의 국제적 인 동향이다. 문화적·민족적 주체성 확립을 위한 문화재의 원상회복에 대한 문제는 신생독립국과 피식민지 국가들이 가장 옹호하는 논리이다. 이는 문화재 반환이 과거의 역사적 상흔에 대한 도덕적 책임과 국제 정 의 구현이라는 의미를 담고 있다. 또한 신생독립국의 입장에서, 문화재는 역사의 증거물이며 민족의 기념비적 존재로서 과거와 연결되고 새로운 문화 창조와 민족 발전에 원천적 자료가 된다. 따라서 신생독립국에게는 이러한 문화재가 국가의 재건과 문화적·민족적 주체성 확립에 반드시 필요하며, 한번 손상되면 다시는 회복할 수 없는 특성을 지닌 고유한 특

〈도 5·6〉아이슬란드(Iceland)로 반환된 플라티야르복(Flateyjarbok, 1390)과 코덱스 레기우스(Codex Regius, 1270)

성을 지닌 자산인 것이다. 네덜란드는 인도네시아에, 벨기에는 아프리카 식민지 국가들에게 문화재를 반환한 것도 이러한 맥락에서 이루어진 사례이다.

1971년 아이슬란드Iceland의 중세 사가인 플라티야르복Flateyjarbok(1390) 과 코덱스 레기우스Codex Regius(1270) 두 점의 필사본이 250년 만에 덴마크로부터 반환되었다. 아이슬란드 출신의 고문서 수집가였던 아르네 마그누센Arne Magnussen은 당시 식민모국이었던 덴마크가 임명한 정부행정관으로 활동하고 있었다. 아르네 마그누센이 보전을 목적으로 이 필사본들은 수집했고, 유언을 통해 소장품을 자신의 재산과 함께 왕립고문서관 Royal Archives의 설립을 위해 코펜하겐대학교에 기증했다.

제2차 세계대전이 후, 아이슬란드가 덴마크로부터 독립되면서 필사본 반환은 양국의 정치적, 문화적 현안으로 대두되었다. 덴마크 일부 지역에서 반대가 있었으나, 1965년 제정된 법률에 따라 재단 소유 필사본의 상당 부분이 아이슬란드 대학으로 양도되었다. 초기 협상 당시 덴마크정부는 양국 국립기관의 공동 소유권을 제안했다. 1957년에는 아이슬란드 전문가 5명으로 구성된 필사본반환위원회를 구성하고, 정부로부터 문화재 반환에 대한 업무를 이양 받아 학술연구를 진행했다. 이 연구에서 위원회는 아이슬란드 사람의 저작물, 또는 아이슬란드에 관한 저작물은 아이슬란드의 문화재로 인정된다는 규정에 의거, 자연적 기준natural criterion, 즉 '필사본을 쓴 사람의 국적'을 적용할 곳을 만장일치로 결정했다.

또한 필사본이 원산국인 아이슬란드로 반환되어야하는 당위성은 다음과 같이 요약되었다. 첫째, 중세문학에 관한 주요한 학술적이고 역사적인 사료로서의 가치, 둘째로, 아이슬란드의 고유의 문화유산으로서 아이슬란드의 민족적, 문화적인 주체성을 확립하는데 중요한 가치를 지니며, 더 나아가서는 덴마크로부터 완전한 독립한 아이슬란드의 국권의 상징이며, 셋째로, 이 두 필사본은 중세문학작품으로서 희소성도 지니고 있었다. 반면에, 덴마크 정부의 입장은 아이슬란드가 이러한 필사본을 학술적으로 연구하여 널리 보급시킬 수 있는 자원과 재원의 결핍, 필사본의 과학적 보존을 위한 기술적 자원과 시설의 결핍을 지적하였고 아울러 덴마크의 왕조에 대한 역사적 기록이나 전설도 포함되어 있기 때문에 이것 또한 덴마크 역사와 문화의 일부인 것이다. 그 외에도 덴마크 국내법에 의거하면, 아르네 마그누센의 유언을 변경하는 것도 쉬운 작업이 아니었으며, 필사본의 반환은 결국 사유재산의 불법적인 분배라는 문제를 안고 있었다.

그러나 코펜하겐대학과 협력하여 설립된 아르네 마그누센 재단은 필사본의 소유권이 덴마크 헌법 73조에 의해 보호되며, 필사본의 반환은 덴마크 국내법 상 위헌이라는 사실을 주장했다. 하지만 덴마크에서 '필사본

시행령the Manuscript Act'이 1964년에 통과됨에 따라, 교육부는 아르네 마그누셴 재단에게 2권의 필사본을 아이슬란드에 돌려줄 것을 통보했다. 1971년, 교육부의 이러한 결정에 맞서 아르네 마그누셴 재단이 소송으로 맞섰지만, 대법원은 정부가 연구소에 필사본의 현재 싯가를 보상하는 내용으로 판결을 내렸다. 이후 양국 간의 조약이 인준됨에 따라 왕립도서관the Royal Library으로부터 144본의 필사본이, 아르네 마그누셴 재단으로부터 1,539의 필사본이 1996년까지 아이슬란드로 반환되었다.

참고문헌

김정동, 1997, 『일본을 걷는다 : 일본 속의 한국 근대사 현장을 찾아서』, 서울 : 한양출판.

백충현, 1987, 「해외유출·불법반출문화재 반환의 국제법적 규제」, 『서울대학교 법학』 30, 서울 : 서울대학교법학연구소, 38~39쪽.

유네스코한국위원회, 2007, 『불법문화재 반환 국제사례 및 추진전략연구』, 서울 : 유네스코한국위원회.

_____, 『불법문화재 반환 국제사례 및 추진전략연구영욱 최종보고서』, 서울 : 유네스코한국위원회.

이보아, 1999, 「박물관의 소장품 관리 측면에서 본 문화재의 해외유출방지」, 『대한국제법학회 제5차 학술세미나 : 문화재의 국제적 보호』, 서울 : 대한국제법학회, 59~83쪽.

_____, 2002, 『루브르는 프랑스박물관인가』, 서울 : 민연.

_____, 2002, 『박물관학 개론』, 서울 : 김영사.

전진성, 2004, 『박물관의 탄생』, 서울 : 살림.

정승훈·김형만·김민서, 1995, 「일제의 문화재 약탈과 그 해결방안 : 문화재 반환에 대한 국제법적 고찰을 중심으로」, 『청산하지 못한 일제시기의 문제』, 149~195쪽.

홍성필, 1999, 「문화재 불법 유통에 관한 국제적 규제」, 『대한국제법학회 제5차 학술세미나 : 문화재의 국제적 보호』, 서울 : 대한국제법학회, 14~26쪽.

Conklin, John. E., 1994, Art Crime, London : Praeger Publishers.

De Silva, P. H. D. H., 1979, 'Return and restitution of cultural property; Sri Lanka', Museum international, Paris : UNESCO, 31(1), pp.22~25.

Forbes, S. O., 1996, 'Securing the Future of Our Past : Current Efforts to Protect Cultural Property', The International Lawyer, Dallas : Southern Methodist University, 9(1), pp.235~271.

Graham, G. M., 1987, 'Protection and reversion of cultural property : Issues of definition and justification', Journal of International Law and Politics, 21(3), New York : NYU, pp.755~794.

Lee, Keun-Gwan, 2012, 「Proposal for the return of cultural property taken during the colonial period to their countries of origin」, 『International Conference of Experts on the Return of Cultural Property 2012(문화재환수 전문가 국제회의 2012)』, 서울 : 국외소재문화재재단, 19~26쪽.

_____, 2012, 「식민지 시기 반출 문화재의 기원국 반환에 대한 제언」, 『International Conference of Experts on the Return of Cultural Property 2012(문화재환수 전문가 국제회의 2012)』, 서울 : 국외소재문화재재단, 155~161쪽.

M'Bow, A. M., 1979, 'A plea for the return of an irreplaceable cultural heritage to those who created it', Museum international, Paris : UNESCO, 31(1), p.58.

Merryman, J. H. & Elsen, A., 1987, Law, ethics and the visual art(vol.1-2). Philadelphia : University of Pennsylvania Press.

Merryman, J. H., 1995, 'A licit international trade in cultural objects', International Journal of Cultural Property, (4), New York : Cambridge University Press, pp.13~60.

Mulvaney, J., 1985, A Question of the Values : Museums and Cultural property, who owns the past? : Papers from the annual symposium of the Australian Academy of the Humanities, Oxford : Oxford University.

Nafziger, J. A. R., 1983, 'The new international legal framework for the return, restitution or forfeiture of cultural property', Journal of International Law and Politics, 15(4), New York : NYU, pp.789~812.

Nieciówna, H., 1971, 'Sovereign rights to cultural property', Polish Yearbook of International Law, (4), Warsaw : Institute of Legal Studies PAN, pp.239~253.

Prott, L.V., & O' Keefe, P.J., 1989, Law and cultural heritage : Movement (vol.3). London : Butterworths.

Rhee, Boa, 1997, Beyond Repatriation : An Analysis of Issues Related to Equitable Restitution of Cultural Property, Tallahassee : Florida State University.

_____, 2002, 'Conceptual Framework for the Restitution of Cultural Properties from the Anthropological and Museological Perspectives', Return of Cultural Property and the Fight Against its Illicit Trafficking. Seoul : Korean National Commission for UNESCO, pp.93~105.

Sidorsky, E., 1996, 'The 1995 UNIDROIT Convention on Stolen or Illegally Exported Cultural Objects : The Role of International Arbitration', International Journal of Cultural Property, 5(1), New York : Cambridge University Press, pp.19~72.

Wilson, David, 1985, 'Return and restitution : a museum perspective', In Who owns the past?(Paper presented at the annual symposium of the Australian Academy of the Humanites), Oxford : Oxford University Press, pp.99~106.

Venon, M. C., 1994, 'Common Cultural Property : The Search for Rights of Protective Intervention', Journal of International Law, 26, Stanford : Stanford University, pp.435~448.

Warren, K.J., 1993, A philosophical perspective on the ethics and resolution of cultural property issues, The Ethics of Collecting Cultural Property : Whose Culture? Whose Property, Albuquerque : University of New Mexico Press, pp.1~26.

에필로그

‖ 최석영 ‖

이 박물관학총서는 근본적인 질문 〈인류에게 박물관이 왜 필요했을까〉에서부터 출발하였다. 보통 박물관은 근대민족국가가 낳은 '자식'이라고만 생각한다. 그러나 이 책을 읽다보면 그러한 생각이 반드시 맞지 않다는 것을 알게 된다. 박물관은 반드시 근대민족국가 시스템의 하나로서 탄생한 그 실체만을 가리키는 것이 아니다. 물론 근대민족국가가 박물관이라는 제도를 본격적으로 활용했다는 점만은 확실하다. '기원 콤플렉스'에 걸려 있는 것은 아니지만 근대국가의 박물관 이전에 '박물관적' 사고방식이 존재했다는 점에도 주목할 필요가 있다. 그렇게 볼 때 양자 간에 관련성이 보이고 오늘날 우리가 알고 있는 박물관이 근대에 '갑자기 만들어진 것'이 아니라는 점을 인식하게 된다. 이보다도 근본적으로 인류가 지구상에 모습을 드러내면서 그들이 만든 문화들을 어떻게 인식하고자 하였는가라는 문제는 인류 주변의 사물들에 대해 인간들은 어떠한 태도와 사고思考를 보였는가하는 다소 소박한 질문이 된다.

　근대 이전에 인류는 문화를 어떻게 인식하고 보존해 왔을까. 오늘날 우리가 알고 있는 박물관과 유사한 기능의 공간들을 "museum", 또는 "博物館"이라고 명명한 과정은 서양과 동양이 차이를 보인다. 아마도 이는 역사과정에서 나타난 것인지 모른다. 즉 서양에서는 "경이의 캐비넷"에서 알 수 있듯이 이미 박물관과 유사한 기능의 공간들이 존재했고 이를 명명하는 과정에서 고대 그리스 어원에서 museum을 채택하였고 동양에서는 "동도서기"나 "화혼양재"로 상징되듯이 서양문화를 접하면서 museum을 중국 고전에 근거하여 "博物館"으로 번역하면서 공식명칭으로 자리를 잡게 되었다는 것을 〈동서양 '박물관' 명칭의 어원과 용례〉에서 밝히고 있다. 〈수집행위의 인류학적 기원과 상징적 가치〉와 〈세계 각 지역에서 박물관 기능을 한 기관들〉에서는 museum 이전에 인류들이 사물들을 단지 일상생활에서 사용하는 데 그치지 않고 왜 수집하여 소유하려고 하였는지를 밝히고 있다. 〈수집행위의 인류학적 기원과 상징적 가치〉에서 그것은 한 마디로 "사물이 '나'와 밀접한 관계성"을 갖게 되기 때문이라고 말한다. 사물을 사용하는 것이 물론 사용자와 사물 간의 관계가 전혀 없다는 의미는 아니다. 그러나 사물의 사용이 아닌 소유는 또 다른 차원의 이야기가 된다. 사물을 소유한다는 것은 반드시 그것의 재화적 가치를 인정했기 때문만이 아니다. 인류의 행위 가운데 도구의 사용뿐만 아니라 수집활동은 그 생존의 지속을 위해 필요했을 것이다. 특히 탄생과 결혼, 죽음 등 통과의례 혹은 재해 등 자연현상과 관련된 사물들을 경외敬畏의 대상으로 생각하는 인간집단들이 그 수집행위를 하나의 전통으로 정당화하였을 것이다. 그러한 수집행위는 점차적으로 권력의 상징으로 나타났고 통치자들은 그러한 수집된 사물들을 통제하지 않으면 안 되었다. 특히나 시간이 오래된 사물의 소유 그 자체는 그 사물의 가치가 증대되면서 그 수집가는 동시에 권력도 가지게 된다. 〈수집행위의 인류학적 기원과 상징적 가치〉에서는 한 마디로 "'수집'과 '수집된 사물'들은 인간이 하나의 문화를 갖게 됨에 따라 생기게 된 문화의 복합적 행위이자 결과물이라고 봤을 때 인류의 상징과 의례를 통한 문화의 발생은 '수집'에 대한 인류의 가장 근접한 기원을 말해줄 수 있는 단서"라고 말한다.

고고학적으로도 인류의 등장과 그 문화적 활동의 결과물들이 발굴될 가능성이 있지만 현재 우리가 알고 있는 눈앞의 박물관보다 훨씬 앞선 기원전 2천년 경으로 거슬러 올라가 박물관의 '기원'을 이야기한다. 가장 이른 그 시기에 메소포타미아와 이집트에서 왕조문화와 광범위한 문학 및 종교자료들을 보존했다고 말한다. 그보다 늦게 아시아에서는 기원전 16세기 경 중국에서 왕실의 예술품 등을 보존했다고 하며, 일본의 정창원에서는 그보다 많이 늦은 8세기에 사찰 및 왕실의 보물 및 미술품을 보존하였고, 우리나라에서는 적어도 삼국시대에 예를 들면 신라 안압지와 같은 곳에서 진귀한 동물을 키웠다고 추정한다.

기원전 2천년 전 '박물관적' 흔적이 있었다는 이 같은 설명과는 달리 우리 박물관학계에서는 언제부터인가 어떤 연구 성과물로부터 영향을 받았는지 모르지만 일반적으로 박물관의 기능과 어원을 설명할 때 예외 없이 대학과 도서관의 기능에 보다 가까운 알렉산드리아 무제이온을 언급해 오곤 한다. 아마도 이를 달리 설명하는 경우는 거의 없었을 것이다.

이는 이른 바 '기원 콤플렉스'에 빠져 있는 학자들의 일반적인 태도가 아닐까 한다. 오늘날 박물관의 기능과 역할이 그 기원과는 무관하고 근대 전후 시기의 정치·문화·경제 변화 등과 실제로 관련이 있음에도 불구하고 박물관의 '기원'을 기술해야 연구처럼 보이는 것일까. 최근 이 '기원'에 대한 설명이 달라지고 있다.

그 동안의 정설과는 다른 박물관의 '기원'에 관한 설명이 있다. 〈세계 각 지역에서 박물관 기능을 한 지역들〉은 기원전 280년 경에 설립된 알렉산드리아보다 앞선 기원전 340년대 중반 역사가 아리스토텔레스가 레스보스섬을 여행하면서 식물표본을 수집·연구·분류하였다는 데에서 찾아야 한다고 주장하고 있다. 또한 기원전 340년 이후 고대 그리스의 사원들과 소아시아의 페르가몬Pergamon 무세이온에서는 정복한 지역에서 수집한 조각상과 그림, 그리고 20만권의 장서를 보관했다는 기록을 언급한다. 로마는 그리스를 정복하면서 정복한 지역에서 약탈한 조각상과 그림이 가득 찬 신축건물과 기념관의 외관을 그리스 조각상으로 장식하였다는 것이다. 그러나 또 한 가지는 역사서를 비롯하여 문화에 대한 조사 혹은 기술을 시도하는 사람들은 현상을 수집하고 연구하고 분류하여 그 정체를 파악하지 않으면 인지할 수 없었을 것이기 때문에 이 주장 또한 언젠가는 바뀔 가능성이 있다는 점이다.

아주 이른 시기 이후 고대에 박물관과 같은 기능을 한 공간에 대한 설명이 있을 법한데 실상은 그렇게 보이지 않는다. 바로 중세로 옮겨진다. 즉 중세유럽에서 기독교 문화와 관련하여 시작된 수집활동은 군주와 교회의 권위를 높여주었고 각지에 세워진 수도원들은 박물관과 같은 역할을 수행하였다는 것이 일반적인 설명이다. 여기에서의 단서는 '박물관과 같은'이다. 오늘날 박물관의 기능에 비추어서 곧바로 이 시기의 수도원을 보아서는 안 된다. 오늘날 박물관 기능 가운데 유물의 보관과 공개 기능이 가장 일반적인 것이었기 때문이다. 그러나 공개기능이었다고 하더라도 구체적으로 어떠한 공개였는지가 문제이다. 이난영에 의하면 "정확한 고증을 거치지 않았을 뿐만 아니라 과장된 성물도 난립하였다"고 언급하고 있지만 그 당시 고증에 대한 필요성과 그 수준은 무엇이었는지 궁금하다.

〈세계 각 지역에서 박물관 기능을 한 지역들〉에서 우리의 관심을 끄는 대목은 비서구 지역에서의 박물관 기능을 한 지역에 관한 언급이다. 비서구 지역에서도 "초기 박물관과 같은 기능"으로서 크렙스Christina F. Kreps 연구를 인용하고 있다. 필자는 최근에 크렙스의 연구 성과로서 최근 『문화를 자유롭게 하기 : 박물관, 큐레이션과 문화유산 보존에 관한 비교문화적 관점Liberating Culture : Cross-cultural perspectives on museums, curation and heritage preservation』을 읽고 쓰는 방식으로 박물관학 문고시리즈로서 『비교문화적 관점에서 박물관 보기』(민속원, 2013)를 내놓은 적이 있다. 특히 이 책에서 다루고 있는 인도네시아의 보루네오의 박물관과 같은 기능을 하는 공간들은 오래 전부터 전통방식으로 문화유산들을 보관 관리하고 있는 곳이다. 짧지만 〈세계 각 지역에서 박물관 기능을 한 지역들〉에서는 이 부분을 언급하고 있다. 지면 관계상 보다 구체적인 것에 대해서는 필자의 책을 참조해 주기를 바란다. 한 마디로 유럽에서 박물관과 같은 기능을 중심으로 설명해 왔지만 세계 각 지역에 대한 현지조사와 인류학 연구를 보다 진행한다면 그 설명구도는 달라지게 될 것이다. 그 지역 나름대로 그 지역의 문화유산을 소홀히 하지 않고 귀중하게 기후와 환경에 적절한 방법으로 예를 들면 "냄새로 쥐를 쫓을 수 있도록 족제비와 같은 동물 가죽을 걸어놓기도 하고 후추를 태워 그 연기로 벌레를 없애고 곰팡이나 균류의 서식을 늦추기도 했다"는 서술은 주목할 대목이다. 세계를 시야에 넣어 유럽 중심적 사고방식에서 벗어나 박물관학에 대한 연구가 진행된다면 "서로 다른 문화에 대한 이해와 존중"이 중요한 키워드로 자리 잡게 될 것이다.

16세기 "지리상의 발견"으로 유럽인들의 세계관은 크게 달라졌다. 지리상의 탐험은 그들의 수집벽을 보다 조장했고 이는 더 나아가 지식의 백과사전화에 박차를 가한 '세계사적 사건'이었다. 〈지리상의 발견과 유럽의 수집문화〉에서 우리의 주목을 끄는 대목은 16세기 지리상의 발견으로 전숲세계로부터 수집된 진기한 광물, 인공물 등이 유럽으로 흘러 들어와 "진기한 캐비넷"을 가득 채웠고 그 캐비넷들을 "현재도 유럽과 미국 대부분의 미술관들이 적어도 한 점 정도는 소장"하고 있다는 점이다. 이는 세계의 박물관 역사를 주제로 전시를 한다면 귀중한 컬렉션이며 이를 역사 문화적 맥락에 맞도록 보여줄 수 있을 것이다. 이와 같은 진기한 케비넷 제작을 통해 그들의 세계관은 형성되어 갔을 것이고 본격적인 근대 박물관 탄생의 준비단계로서 자리 매김이 될 수 있다. 그와 같은 세계관을 바탕으로 작품들이 전시되었다는 것은 지리상의 발견이 박물관 역사에 끼친 영향이 지대하였다는 점을 말해준다. 특히 자연, 과학 등 자연 과학에 대한 백과사전적 전시는 전시의 역사에서 짚고 넘어가야 할 대목이다. 예술작품은 자연의 한 생산물로서 보고 자연과 조화되도록 전시가 되었다.

영국의 근대 박물관은 어떻게 탄생하였는가. 〈제국주의와 영국 및 인도의 박물관〉에서는 17세기 중반 이후 르네상스와 대항해시대, 계몽시대를 거치면서 축적된 유물을 토대로 근대 박물관이 등장하였다고 본다. 영국에서 최초의 근대 박물관은 엘리아스 애쉬몰Elias Ashmole이 트라데스칸트 부자의 수집품을 양도받아 옥스퍼드 대학에 기증하면서 1683년에 설립된 옥스포드 대학부설 애쉬몰리안 박물관Ashmolean Museum이다. 이로 보아 후술하는 프랑스의 근대 박물관의 설립과정과는 다른 측면을 보여주고 있다. 그 후 1753년에 대영박물관The British Museum이 설립되었고 19세기에 들어서면서 박물관의 역할이 이전의 계몽주의 시대와는 달리 "문화재의 약탈과 수집, 식민의 정당화"의 역할로 바뀌어갔다. 영국 근대사에서 만국박람회와 박물관의 등장은 밀접한 관련성을 가지고 있었다. 1851년 만국공산품박람회The Great Exhibition of the Works of Industry of All Nations 종료 후 그 다음 해에 런던에 세워진 제조업박물관The Museum of Manufactures이 1854년에 현 위치의 사우스켄싱턴으로 이전계획을 발표하면서 명칭도 사우스켄싱턴 박물관The South Kensington Museum으로 바꾸고 전시내용에서도 과학 관련 유물이 과학박물관The Science Museum으로서 독립하여 빠지면서 전시의 성격도 변하였다. 영국 식민지에서 가지고 온 유물들을 주로 전시한 사우스켄싱턴 박물관은 1899년에 박물관 건물을 새로 착공하면서 영국의 대외 이미지를 크게 부각시킨 빅토리아-알버트 박물관The Victoria and Albert Museum으로 이름을 또 바꾸었다.

약 200년간 영국의 식민지였던 인도에서 고고학 발굴과 함께 영국 왕족이나 총독 등의 이름을 딴 커즌고고학박물관The Curzon Museum of Archaeology(1874년), 알버트 홀 박물관The Albert Hall Museum(1887년), 빅토리아 박물관The Victoria Museum(1890년), 영국왕세자박물관The Prince of Wales Museum(1922년) 등이 건립되어 "영국과 식민지의 권력관계"를 시각적으로 표상하여 인도에 대한 영국의 지배를 공고히 하는 데 그 역할을 수행하였다. 우리에게도 식민지박물관의 역사가 있기 때문에 세계의 식민지박물관만을 대상으로 연구를 한다면 일정한 학술적 의미가 있을 것이다.

〈시민혁명과 박물관〉에서는 루브르박물관의 탄생의 역사적 배경을 1793년 8월 10일, 프랑스 제1공화정 수립 1주년 기념을 위해 왕궁으로 사용하던 루브르의 그랑 갤러리Grande Galerie에 시민에게로 소유권이 넘겨진 예술품과 혁명의 전리품을 전시한 데에서 찾는다. 단 그것을 누구에게 보여주었는가에 대한 언급은 없지만 아마도 '시민'인 것으로 생각된다. 그렇다면 '누구나 다' 이 작품들을 볼 수는 없었을 것이다. 〈시민혁명과 박물관〉은 프랑스의 절대왕정이 붕괴되면서 절대왕정에 의하여 추진된 루브르박물관의 설립은 과거에 대한 재해석을 통해 새로운 지식이 쌓여가는 공간이기도 하면서 프랑스 국민을 만들어 나가는 계몽과 교육의 공간이기도 하였다는 점을 강조한다. 여기에서 한 가지 왜 절대왕정이 박물관의 설립을 기획하려고 하였을까는 그것을 통해서 "프랑스의 문화적 우월성과 절대왕권을 과시"할 수 있다고 생각하였기 때문이라고 한다.

일반적으로 프랑스의 박물관하면 루브르박물관을 떠올린다. 그러나 그 박물관 이전에 짧은 기간이었지만 전시실이 개관되었다는 점도 기억해야

할 것이다. 〈시민혁명과 박물관〉에서는 18세기 중반에 박물관으로 사용하기에는 상황이 좋지 않았던 루브르 궁전 이전에 1750년에 룩상부르 Luxembourg 궁전에 100여점의 그림들이 전시하여 주 2회 공개되었으나 그 룩상부르 전시관은 오래 가지 못했다는 점을 언급한다. 1779년에 루이 16세의 동생 프로방스 백작Comte de Provence은 형으로부터 하사받은 이것을 그의 거처로 결정했기 때문이다. 그 후 루이 16세의 왕실건물 관리책임자 앙지빌레Angiviller 백작에 의하여 루브르박물관 설립이 본격적으로 추진되었다고 한다. 이 프로젝트는 1789년 프랑스 혁명이 일어나면서 실현될 수 없었지만 그것을 위해 앙지빌레는 기존 왕실 컬렉션에서 빠져 있거나 빈약한 부분을 보완하여 "유파와 연대기"에 따라 작품을 보여주기 위하여 관련 작품들을 '구입'했다. 이 구입은 불가피한 것이지만 작품의 '재화' 가치를 높여 도난과 위작의 여지를 조장한 측면이 없지 않다.

프랑스 혁명의 발발과 함께 왕실소유 문화재의 몰수와 국가귀속이 이루어졌고 흩어진 예술품들을 한 곳에 모아 보존·관리할 필요성이 크게 제기되었고 이에 따라 1792년 10월 1일에 〈박물관위원회〉가 구성되고 그 다음 해 1793년 8월 10일 드디어 혁명 경축과 박물관 개관이 결부되어 역사적인 프랑스 루브르박물관이 모습을 드러냈다. 채 1년이 되지 않은 개관 준비를 거쳐 두 행사가 시너지 효과를 거두었다. 그러나 여기에서 개관 초기의 루브르박물관의 전시기법과 그 메시지가 무엇이었는지는 궁금할 따름이다.

〈제국주의 시대의 프랑스박물관〉에서는 "계몽주의 사상의 영향으로 …(생략:인용자 주) 백과사전식 박물관을 추구"함에 따라 인간보편적인 정신 추구의 산물들을 수집하여 자기 자신들의 생존에 대한 역사적 고찰이 가능한 공간으로서 박물관을 생각했다. 역사뿐만 아니라 예술, 과학과 자연사 유물을 접할 수 있는 대표적인 공간으로서 루브르박물관이 개관한 이후 19세기에 들어서서 전시 구성은 중동 및 이집트의 고고학 유물로 확대되었고 1850년에는 박물관이 위치한 루브르궁 안에 해양박물관, 장식예술박물관, 동양예술박물관이 신설되고 1945년 이후에는 지금과 같은 하나로 통합된 박물관이 되었다고 한다. 이로써 루브르박물관은 인류문화의 다양성을 엿볼 수 있는 공간이 되어 인간의 정신문화의 "구심점"이 되고 있다. 〈제국주의 시대의 프랑스박물관〉에서 우리의 주목을 끄는 대목은 박물관이 19세기 유럽의 자연과학과 산업기술의 발전에 공헌하였다는 점이다. 이는 프랑스 박물관이 추구하는 방향과 맞아떨어졌기 때문일 것이다. 인류들이 만들어낸 문화유산들을 수집하여 이를 조사하고 보존함으로써 인류문화발전에 박물관의 공헌은 지대한 것이다. 여기에서 그치는 것이 아니라 대중들의 지식 축적을 통한 창의력 개발을 위해 박물관은 여러 교육프로그램을 대중들에게 제공하려고 노력한다. 또한 1878년 파리박람회를 계기로 설립된 프랑스 국립민족학박물관은 프랑스 대중교육부에 소속되어 진화론에 토대한 각 문명의 발전정도를 비교 전시함으로써 서구의 식민지 통치의 정당화 이데올로기의 틀을 제공하기도 했다. 비교전시기법은 "동일한 기능의 유물들을 기능별로 세분화하고 한 종류의 오브제를 서로 비교분석"하여 보여주는 방식이다. 이는 더 나아가 박람회에 인종을 전시하는 것으로 나타났다. 세계역사에서 민족학, 인류학의 이름을 가진 박물관의 성격을 되새겨 볼 일이다.

다음으로 동아시아로 관심을 돌려보도록 한다. 〈동아시아의 박람회와 박물관〉과 〈일본의 박람회와 박물관〉은 동아시아에서 박물관의 등장이 근대시기의 박람회와 무관하지 않다는 점을 언급하고 있다. 그러나 동아시아에서도 문화유산에 대한 전통적인 관리 방식을 논할 수 있다면 식민지 통치에 의한 박람회 개최와 그 산물로서의 박물관이라는 시각에 많은 변화가 생길 것이다. 이제 서구중심이 아니라 상대를 존중하고 이해하는 중심이 없는 누구나 가치가 있는 시각으로 옮겨가고 있다. 일본에서도 에도江戶막부 이전에 그들 각 지역의 문화들을 수집하고 보존·분류하는 이른 바 '박물학'이 존재하였다. 그러나 오늘날과 같은 박물관을 인식하게 된 계기는 서구의 근대문명을 참조한다는 '화혼양재和魂洋才'에 따라서 서구의 박람회와 박물관을 목격하고 거기에서 그 존재를 인식하게 된다. 〈동아시아의 박람회와 박물관〉에서는 우리나라에서 박정양朴定陽이 1881년 신사유람단의 일원으로 일본을 다녀오고 박물관을 인식하게 되었다고 하는 데 이는 아마도 후쿠자와 유키치福澤諭吉로부터의 영향을 가능성이 큰 것으로 보아야 할 것이다. 후쿠자와 유키치는 박물관 등 서양문화의 실체를 둘러보고 『西洋事情』(세이요지죠)이라는 책을 출간하여 1860, 70년대에 이미 일본에서는 서구의 museum을 "하쿠부츠칸博物館"으로 번역하여 일반적으로 사용하고 있었기 때문이다.

한편 중국의 청조에서도 서구에 유학생을 보내 서구문물의 실체를 접하게 하였으나 그들이 중국역사에서 근대화의 일익을 차지하는 데에는 20세기를 기다려야 했을 정도로 현실적으로 서구문명 흡수에 적극적이지 않았다고 한다. 다만 중국 안 조계租界가 있던 도시에서 외국인에 의하여 근대 박물관의 건립이 이루어진 점은 특기할 만하다. 1868년 프랑스 예수회 선교사 유드Eudes가 세운 진단박물관과 1874년에 영국의 아주문회가 세운 상해박물관이 그것이다. 중국의 박물관에 대해서도 이른 시기의 역사부터 그 '맹아적' 기능의 것들이 무엇이 있었는가에 대한 종합적 고찰이 필요하다. 이는 아시아의 박물관 전반에 모두 해당되는 문제이다.

일본에서 1882년에 최초의 근대 박물관으로서 우에노上野 공원에 동경박물관이 개관했다. 동경박물관 건립 과정에 관한 보다 구체적인 것에 대해서는 필자가 세끼 히데오關 秀夫의『博物館の誕生』(박물관의 탄생, 암파서점, 2005)을 번역하여 출간한『일본 근대 국립박물관 탄생의 드라마』(민속원, 2008)를 일독하기를 바란다. 일본의 박물관은 그 이전에 개최된 박람회와 무관하지 않았다. 그 이유는 박람회를 위해 수집된 유물이 확보되었고 이를 토대로 박물관의 건립이 추진되었기 때문이다. 〈동아시아의 박람회와 박물관〉에서 1909년 11월에 일반인에게 공개되었다는 이왕가(제실)박물관의 성격을 "19세기말 일본의 박물관같이 식산흥업을 위한 박물관"으로 규정짓고 있지만 과연 그러하였을까. 필자가 조사한 것에 의하면 그보다는 거리가 있는 '식민지적' 박물관에 가까운 것이었다. 식민지적 박물관이란 식산흥업 중심의 말하자면 식민지 정책과는 무관한 시점에서 접근한 전시구성을 말한다. 그러나 1910년 전과 후 대한제국과 조선에 건립된 박물관은 식산흥업정책과는 거리가 있는 박물관들이었다. 이에 대한 전체적인 정리에 대해서는 필자가 내놓은『한국박물관 100년 역사: 진단과 대안』(민속원, 2008)을 일독해 주기를 바란다. 일본 근대사에서 동경박물관을 시작으로 경도京都와 나라奈良에 각각 제국박물관이 건립되었고 이는 동·식물 등 천산天産 부분들이 전시에서 제외되고 고미술古美術 위주의 박물관으로서 1900년에는 제실박물관으로서 자리 매김이 되었다.

대만총독부박물관은 일제가 청일전쟁 승리 후 1895년에 대만을 영유한 이래 13년이 지난 시점인 1908년에 개관되었다. 그 계기는 "대만을 남북으로 관통하는 종관철도 개통"에 맞추어서 개관되었다는 서술에서 관광정책과 박물관과의 관련성이 엿보인다.

중국역사에서 앞서 19세기 후엽에 외국인에 의한 박물관 건립 이후에 중국인에 의하여 1905년에 사립박물관이 설립되었는데 남통박물원南通博物苑이 그것이다. 1911년에 국민정부가 수립된 이후 청조가 몰락되었고 궁궐 유물로 박물관을 건립하자는 논의들이 있었다가 1914년에 그 일부 유물만을 자금성 안 고물진열소에 소장해 두었다가 1925년 10월 자금성이 고궁박물원으로 전환하면서 일반에게 공개되었다. 중일전쟁 중에 소장문화재들이 북경, 상해, 남경, 사천으로 옮겼다가 종전 후 대만의 고궁박물원으로 옮겨졌고 문화재들이 자금성과 고궁박물원에 병존하게 되었다고 한다.

〈중국의 박물관과 박물관학〉에서 필자의 관심을 끄는 대목은 우선 중국에서 museum의 번역어가 박물원博物院이 된 것은 1867년 그러니까 일본 명치유신 1년 전이었다는 점이다. 그리고 중국의 박물관은 서양 선교사에 의하여 연해 도시 중심에서 건립되었고 문화대혁명 시기인 1967년부터 1976년 사이에는 혁명기념관 성격의 박물관이 증가한 데에서 박물관의 정치적 성격이 강하였다. 그러나 1980년 이후 개혁기에 들어서면서 중국 박물관의 정책은 크게 바뀌어 박물관의 종류를 전문화하고 시설을 현대화하며 소장품 관리와 보호뿐만 아니라 유물의 조사와 연구를 통한 여러 전시를 일반인들에게 보여주는 역할을 수행했다. 이러한 양적 질적 발전과 팽창을 보이고 있던 중국의 박물관들에게 새로운 미션이 주어졌는데 그것이 "중화민족의 역사적 정통성을 유지하기 위하여 문화유산에 대한 애국주의 교육"의 강조였다. 이를 통해서 박물관의 정치적 성격이 다른 차원에서 강화되고 있었음을 엿볼 수 있다. 이른 바 조화로운 사회 건설기에는 중국 박물관은 양적 증대에 따라 소장품도 대폭적으로 증가하였고 기능면에서도 관리 인력의 증가로 학술연구가 크게 성과를 거두고 사회교육이 크게 강화된 특징을 보였다. 그러나 여전히 변하지 않는 역할은 박물관이 "애국주의 교육기지"로 선정되어 "감성의 배양장소"로서 국가사회적 필요에 적극 응하고 있다는 점이다. 21세기에 들어서 무료개방을 추진하고 중앙과 지방이 공동으로 대형박물관 건립을 추진함으로써 세계 박물관의 흐름을 타고 있다. 중국의 박물관들은 세계 박물관 변화를 적극 받아들이면서 "유산, 비물질 문화유산 등의 전문박물관과 생태, 지역사회, 디지털박물관 등 새로운 형태의 박물관을 건설" 하는 등 박물관의 현대화에 박차를 가하고 있다는 것을 〈중국의 박물관과 박물관학〉은 보여준다. 그러나 사회주의 건설과 크게 밀접한 관련을 가지고 있는 이러한 방향은 세계적인 박물관의 조류와 일정하게 차이를 보이는 대목이기 때문에 이를 어떻게 극복해 나갈 것인가는 두고 볼 일이다.

그 다음으로 〈제국주의와 식민지 한국의 박물관〉에서는 제국주의의 흐름 안에서 일제에 의한 대한제국의 강점과 1915년 9월 12일에 경복궁 안에서 열린 "시정오주년 조선물산공진회始政五週年 朝鮮物産共進會"때 미술관(본관)이 공진회가 끝난 후 조선총독부박물관으로 1915년 12월 1일에 개관하는데 그 조선총독부박물관의 식민지성을 미술관에 전시되었던 식민지 사관의 구도가 조선총독부박물관으로 연결되고 있다는 점을 전제로 한다. 1902년부터 세끼노 타다시關野 貞 동경제국대학 교수 등과 그 대학의 인류학교실에서 파견한 야기 쇼자부로八木奘三郞, 도리이 류조鳥居龍藏 등 일본인들이 독점적으로 조선의 역사와 문화, 민속 등을 조사하였다. 여기에서 우리를 가장 궁금하게 하는 대목은 이렇게 전국에 걸쳐서 고적 발굴사업이 이루어졌는데 그 발굴유물들을 어떻게 처리하였을까 하는 점이다. 1916년 7월에 제정된 「古蹟及遺物保存規則」(전체 8조항)이 1933년 8월까지 운용되었다. 이 시기를 전후로 전국에 고적보존회라는 관변단체들이 생겨나 그 지역의 역사와 문화를 조사하고 그 지역사를 서술하기도 하였다. 조선총독부, 조선총독부박물관, 분관(경주 및 부여분관), 지역의 고적보존회가 어떻게 유기적으로 관련을 맺고 있었는가에 대한 고찰이 필요하다. 이에 대해 〈제국주의와 식민지 한국의 박물관〉에서는 이순자의 연구 성과를 인용하여 "고적조사보존사업 중 실제적인 조사사업과 아울러 전국에서 일어나는 문화재의 발견을 조선총독부박물관에서 통제했던 것"으로 보았다. 그러나 현실적으로 전국 각지에서의 유물도굴에 의한 유물의 국내 이동 및 해외 반출을 철저하게 막을 만한 법적 장치가 없었기 때문에 법망을 피해 국내 이동 및 해외 반출이 이루어졌을 가능성을 열어 놓았다는 점에 주목하지 않으면 안 될 것이다. 그리고 일반 개인이 유물을 발굴하고자 하는 경우의 절차 등에 관한 법적 규정이 보이지 않으며 다만 지역의 고적보존회의 회원들이 조선총독부로부터 정식적인 절차를 밟은 뒤에 고적발굴을 하였는가는 의문이다. 그리고 여전히 남는 문제점으로 해방 후 조선총독부박물관이 국립박물관으로 명칭을 바꾸고 그 밑에 일제강점기의 경주분관과 부여분관에다가 공주분관과 개성분관을 두었지만 미군정 하에서 그 전시내용의 '식민지성'에 대한 검토는 이루어지지 않았다는 점에 있다. 심지어 1933년 8월에 제정된 〈조선보물고적명승천연기념물보존령〉이 폐지가 된 것은 1962년 〈문화재보호법〉이 제정된 시점이다. 그러니까 일제로부터 정치적으로는 해방이 되었지만 문화정책적으로는 '해방되지 않은 채'였다라고 말하면 과장일까.

지금까지 보아 왔듯이 근대시기에 제국과 민족국가들이 등장하면서 박물관 설립의 필요성이 제기되고 이는 새롭게 등장한 시민계급의 문화적 욕구를 충족시켜 주는 데 일정한 역할을 했다. 〈미술품의 위작과 도난〉에서는 근대 "시민계급의 문화적 욕구가 높아지면서 19세기 후반부터 유럽에서는 국제적인 미술시장이 성립되었고 미술품의 매매가 활발해 질수록 위작 또한 번성했다"는, 박물관의 역할을 둘러싼 다른 측면을 다룬다. 어떤 면에서는 박물관이 유물들을 구입하기 시작하면서 도굴과 도난 그리고 위작행위는 나타났다. 물론 순수하게 개인적인 소장욕심이 그러한 행위를 조장한 것도 사실이다. 도굴하는 자, 도난을 하는 자들은 해당 유물이나 작품의 속성을 어느 정도 알고 있을까. 이연식은 "귀중품이라고만 생각할 뿐 적정한 온도와 습도를 유지하지 않으면 바로 손상을 입는다는 사실에는 무지하고 미술품을 안전하게 운반하는 방법조차 알지 못한다"라고 잘라 말한다. 〈미술품의 위삭과 도난〉에서는 판 메이헤런Han van Meegeren 등을 들어 그들이 어떻게 진품을 위작하고 〈성모와 실감개〉, 〈베르메르작품〉, 〈모나리자〉 등이 어떻게 도난을 당하였는가 그 역사를 상세하게 소개하고 있다. 이를 통해 위작의 방법과 도난의 실상을 파악할 수 있었다. 위작을 한 작가들의 생애가 한결같이 불행했던 것은 왜일까. 심리적 고백의 결과인가, 아니면 신의 심판인가.

최근 우리나라는 일제의 식민지 지배의 역사경험이 있어 북관대첩비, 외규장각 도서환수, 일본 동경대 소장 조선왕조실록 환수 등을 통해 우리 문화재 반환에 관심이 높아졌다.

〈도굴 미술품의 불법 여정 : 이탈리아 미술품과 미국박물관의 불법거래를 중심으로〉에서는 "도굴과 문화유산의 불법거래로 문명은 그것을 키운 모태와의 모든 소중한 문맥을 상실"한 것으로 단정한다. 이를 달리 표현하자면 탈맥락화de-contextualization라고 할 수 있다. 즉 문명의 진정한 역사적 생명이 단절되는 순간이다. 유물의 역사적 위치와 맥락을 떠나 도굴되었거나 불법으로 거래된 유물들은 '떠돌이 신세'가 되어 유물 자체의 기록이 사라진다. 유물들이 이러한 신세가 된 배경에는 식민지 지배와 제국에 의한 문화재약탈 행위가 있었다.

1930년대 국제연합이 도굴 및 약탈문화재의 관세부과를 논의하면서 분실·유실되었거나 불법 유출된 문화재의 반환문제가 국제적인 이슈가 되었는데 이에 대한 각국의 반응도 다양했다. 1954년 헤이그협약 이후 많은 관련 국제협약들이 채택되었고 1970년에는 유네스코 협약이 채택되었지만 국제적으로는 이에 대한 관심이 없다. 1990년대 또 유네스코가

1970년의 협약을 강화하는 방향에서 "고미술품을 구입할 때 매입 기관과 컬렉터, 딜러들에게 유물의 출처에 대한 서류제출을 요구"하도록 하기 위해 유니드로와UNIDROIT 협약이 채택되었다. 이는 기본적으로 박물관 윤리강령에 토대를 두고 있음은 물론이다. 입증이 불가능한 불법행위를 어떻게 처벌할 것인가. "발굴 출처가 의심되지만 도굴 여부를 입증할 수 없거나 불법행위를 입증해 내야 하는 미술품"을 "적법하지 않은 미술품"으로 정의한다.

원소유자로부터 벗어난 유물에 대한 소유권을 놓고 국제적으로 그 논의가 뜨겁다. 유물의 '이탈'이 불법이라는 것을 입증할 자료가 없는 경우 국제법적으로 어떻게 처리가 될까. 문화재 약탈 조사 전담 국제경찰과 각국의 미디어들은 이러한 문화재의 불법거래를 입증할 만한 자료 확보에 노력을 하고 있다. 문제는 식민지 지배 상황 하에서 분실·도난을 당하고 약탈된 문화재에 대한 그 불법성을 어떻게 입증할 것인가이다. 〈도굴 미술품의 불법 여정〉은 문화재 도굴을 둘러싼 폭력성을 소개한다. 재화의 높은 가치로 평가되고 있는 각종 문화재의 불법적인 획득을 둘러싸고 그야말로 국제적인 네트워크의 '암투'가 전개되고 있다. 조사와 연구의 주제이기도 하지만 영화나 소설의 주제가 되기도 하는 문화재의 약탈. 〈도굴 미술품의 불법 여정〉에서는 불법으로 거래되어 미술관으로 들어온 문화재가 다시 원原소유국으로 반환된 역사의 몇 가지 예를 통해 소개하고 있다. 문화재 반환에 중요한 역할을 했던 메트로폴리탄미술관이 있는가 하면 많은 도굴미술품들이 들어오게 된 게티미술관이 있다. 그러나 약탈과 도난 행위에 의한 문화재 획득문제는 국제적으로 큰 이슈가 되어 이를 반환하기 위한 협력적 노력이 국제적으로 한층 강화되고 있다.

〈박물관과 문화재 반환〉에서는 문화재 약탈의 시작을 기원전 4세기부터로 본다. 로마시기를 거쳐 십자군전쟁에서 문화재 약탈이 계속 되고 이에 대한 법적 논쟁도 함께 이루어졌다. 그 불법성을 인식하게 된 것은 르네상스시대부터로 웨스트팔리아 평화조약(1648년) 등 여러 조약에서 약탈 문화재는 "원산국으로 환수되어야 한다"는 원칙을 제시했다. 이러한 원칙이 나폴레옹의 유럽침략으로 무시되었고 이에 대한 국내외적 비판은 거세졌다. 그럼에도 불구하고 프랑스는 여전히 1815년 파리협약에서 "전시 약탈 행위를 합법화"했다. 제1차 세계대전 이후 전시 약탈의 불법성과 문화재 반환이 조약으로 명시되었지만 여전히 식민제국들은 "문화재 양도의무"를 실천하지 않았다. 국제조약과 국제재판소의 역할에도 불구하고 제2차 세계대전 동안 문화재약탈은 더욱 기승을 부렸다. 〈박물관과 문화재 반환〉에서는 교전 중 공적 혹은 사적 재산을 약탈한 행위를 "전쟁범죄행위"로 규정한 1940년 뉘른베르크 국제재판소의 규정에 주목하면서 "전시문화재보호 협약 및 조약의 법적 근거"가 되었다는 점에 큰 의미를 두고 있다. 그러나 여전히 문화재의 원산국의 권리가 우선이다, 문화재 취득자의 입장을 옹호해야 한다는 입장이 맞서고 있다.

제2차 세계대전 이후 결성된 유네스코의 약탈문화재 반환과 보호에 대한 국제적인 노력은 의미가 크다. 전시戰時뿐만 아니라 평화 시에도 문화재가 불법적으로 거래되는 것을 방지하고자 관련 협약의 체결을 통해서 노력하고 있는 점 또한 고무적이다. 1954년 국제적으로 처음 문화재 보호를 위한 헤이그협약이 체결된 이래 1970년 협약으로 "반입된 도난 문화재에 대해 출처 및 원산국의 요청이 있을 경우" 그에 대해 적절한 조치를 취할 수 있지만 현실적으로 "의무에 대한 비자기집행성", 당사국의 처한 상황 또는 국내법상의 제한 등으로 그 규정이 효력을 발행하는 데 한계가 있었다. 이를 1995년 유니드로와 협약으로 "자기집행적" 속성을 가지게 되었지만 해당 문화재를 마땅히 소장해야 할 원산국과 그 문화재가 반출되어 그것을 소유하고 있는 국가 사이에 각각의 당위적인 논리를 개발하는 데 주력한다. 〈박물관과 문화재 반환〉에서는 이를 크게 네 가지로 분류한다. 첫째로 해당 문화재 보유국의 문화재 보존론과 반환요청국의 문화재 구제론이 대립하고 있다. 문화재 보유국에서 해당 문화재를 돌려줄 수 없는 이유 가운데 하나로 문화재 반환요청국의 그 문화재를 보존하는 데 환경이 열악하다는 점을 주장하고 있다는 것이다. 해당 문화재를 바라보는 시각이 어느 한 국가의 소유라는 차원이 아니라 '인류 문화유산' 혹은 "세계 공동의 문화유산"의 하나로 보는 시각이 지배하고 있다는 것을 엿볼 수 있다. 그러나 다른 한편으로 문화재 반환국의 열악한 보존환경이 염려되는 것이라고 한다면 반환하는 것을 전제로 그 환경을 개선하는 방법을 상호 강구하는 것이 바람직한 방향일 것이다. 그 문화재를 반환할 생각이 기본적으로 없다는 것을 반영하는 것이 아닐까. 그러나 반환의 의지가 없는 해당 문화재 보유국은 반환요청국이 보존환경을 개선했더라도 반환을 실천하려고 하지 않는 것은 표면적 이유와 근본적 이유가 상충되고 있다는 것을 잘 보여준다. 둘째는 현재 해당 문화재를 보유하고 있는 것이 적법하다는 입장과 그 문화재 원산국으로부터 반출해 간 불법성이 대립하고 있다는 점이다. 문화재 반출이 적법하였는가 불법이었는가. 그 반출의 정치적 상황을 들어 문화재 반출의 적법성과 불법성을 논한다. 정치적으로 지배와 피지배의 상황 하에서 문화재 보유국이 주장하듯이 적법하였다고 하더라도 그러한 상황이 종료된 이후에는 그 문화재를 반환해야 하지만 "약탈의 불법성"을 인정하지 않으려한다. 셋째로 식민지 지배를 당한 역사를 가진 국가들은 약탈된 자국 문화재의 반환을 위해 전후戰後 노력했지만 실효는 없었다. 해당 문화재에 대한 학술연구의 우선권을 문화재 원산국에서 주장하지만 그 문화재 보유국에서는 세계 공동의 문화유산이라는 점을 강조하면서 해당 문화재의 역사·문화적 맥락을 무시하고 있다. 넷째로 문화재와 예술품의 불법거래 산업규모가 연간 200억 달러가 넘으며, 도난 신고가 연간 약 60,000건이상이라고 하니 문화재의 불법거래와 도난이 어느 정도 수위에 와 있는가를 엿보게 한다. 이는 해당 문화재 원산국의 입장에서 보면 그 문화재는 다름 아니라 그 민족과 국가의 정체성과 직결되는 문제이기 때문에 해당 국가의 문화파괴이며 더 나아가 국가에 손해를 입히는 '범죄행위'이다. 갤러리와 경매회사와 박물관 및 미술관과 관련 국제기구로서 국제박물관협의회ICOM와 유네스코, VCM(가상명품박물관), 그리고 국내 경찰과 국제경찰 등이 긴밀한 협조체계를 구축하여 문화재의 불법거래와 도난을 최소화하도록 노력해야 할 것이다.

▪가

가라Dominique Garat 133, 137

가상명품박물관(VCM) 317

가우디 미술관Galería de Arte Gaudí 47

『角川新字源』 51

간송미술관澗松美術館 55

〈간음한 여인과 그리스도〉 212, 213, 215

갈레리아 델리 우피치Galleria degli Uffizi 119

갈릴레오Galileo Galilei 105

〈감자를 먹는 사람들〉 225

감정연구 167

강소성江蘇省 60, 160

강소성박물관 60

강영전 289

강화도조약 52

개성부립박물관 174

개성분관 179, 312

개인 전시실cabinet de tableaux 131

갤러리Gallery 14, 25, 68, 71, 72, 73, 77, 119, 132

건백서建白書 30

건춘문建春門 173

게르만박물관Germanish Museum 25

게인즈버러Thomas Gainsborough 229

게티 책략 255, 257

게티미술관 238, 244, 251, 255~258, 260, 262~265, 314

경매 86, 221, 225, 244, 250, 257, 277

경복궁景福宮 32, 56, 172, 173, 287, 288, 289, 310

경사동문관京師同文館 57

경상남도물산진열소慶尙南道物産陳列所 54

경성京城 174, 175

경성부사京城府史 288

경영정보MIS 35

경이로운 방Cabinet of curiosities, Wunderkammer 45, 183

경이의 시대Età di Meraviglia 105, 106, 118, 123

경주 56, 69, 148, 311

경주분관 54, 174, 179, 312

경회루慶會樓 288

계몽주의Enlightenment 44, 45, 61, 131, 133, 182, 184, 186, 188, 197, 201~203, 205, 268, 269, 305

고고학 20, 67, 89, 94, 99, 196, 202, 204, 237~239, 245, 246, 252~255, 264, 274, 299, 304, 306

고고학 발굴에 적용되는 기본원칙들 239

고궁박물원古宮博物院 149, 309

고기물古器物 21, 29, 157

고대내선일체관계특별전 174

고대박물관Altes Museum 25

『古代汉语词典』 51

고문서보관소 274

고물진열소 309

고미술古美術 309

고미술품 53, 144, 239, 241~244, 253, 257, 258, 260, 264, 265, 272, 314

고적급유물보존규칙古蹟及遺物保存規則 175, 176, 311

『고적도보古蹟圖譜』 175

고적보존회 176, 311, 312

고적조사사업 174, 175

『고적조사특별보고』 175

고졸기 42

고종高宗 30, 177

『곤경에 빠져서Drawn to Trouble』 222

곤명昆明 166

골동품骨董品 22, 67, 75

골드스미스 미술학교Goldsmiths College 219

공간 32, 35, 70, 72, 100, 109, 128, 131, 132, 151, 201~203, 205, 206, 209, 211, 298, 300, 301, 304, 306

공공교육위원회Comité de l'instruction publique 136

공공미술관 23, 24

공공박물관public museum 39, 45, 167, 181, 185, 188, 197

공동문화유산common cultural heritage 269

공립박물관 56, 60

공예 46, 68, 120, 148, 154

공장법Factory Act 191

공주박물관 148

공주분관 179, 312

공진회共進會 148, 158, 311

공화국 128, 133, 137, 138, 229, 267

공화정시대 107

파르디 229

과학관 14

과학박물관The Science Museum 189, 303

과학혁명 187

관동대지진 289

괴링 원수 212, 215

교육박물관敎育博物館 59, 157

교육부 14, 145, 146, 165, 294, 306

교토京都 144, 147, 150, 308

구미사절단 48, 49

구비(언어)전승 35

구스타프 II세 아돌프Gustav II Adolf 117

구아께로guaquero 247

구전민속oral folklore 85

구제론 280, 281, 282, 283, 316

국가기록원 16

국가문물국 164

국공내전 160

국내법우선주의 284

국립과학관國立科學館 157

국립과학박물관 157, 179

국립기술공예박물관Musée des arts et métiers 205

국립동물공원 26

국립미술관National Gallery 23, 45

국립민족박물관 55, 179

국립민족학박물관 306

국립박물관國立博物館 50, 54, 55, 56, 157, 179,
    186, 188, 190, 209, 308, 312

국립자연사박물관Muséum national d'Histoire naturelle
    205

국립중앙박물관 32, 56, 179

국립중앙박물원주비처國立中央博物院籌備処 60

국민 53, 126, 134, 135, 145, 151, 153, 205,
    277, 286, 287, 304

국민공회 128, 133, 136, 137, 138

국민의회 134, 135

국민정부 148, 149, 309

국방과학대박람회國防科學大博覽會 156

국제 범죄 코드 초안Draft International Criminal Code
    290

국제 예술품 도난 신고 센터 290

국제문화재보존복구연구센터ICCROM 15

국제박물관학위원회ICOFOM 15

국제박물관협의회ICOM 13~15, 39, 40, 41,
    238, 317

국제연합 238, 313

국제연합교육과학문화기구UNESCO 273, 281, 286

국제재판소 271, 315

국제적 보호주의 275

국제조약 315

국체國體 147

군기루軍機樓 159

〈군인과 웃고 있는 소녀〉 111

궁내부 53

궁내성박물관宮內省博物館 50

귀글리엘모 컬렉션 261

귀중품의 방 121

귀중한 물건을 보관하는 방guardaroba 108

그랑 갤러리Grande Galerie 125, 131, 132, 133,
    136, 139, 304

그랜드투어Grand Tour 184

〈그리스도의 두부頭部〉 214

근정전勤政殿 173, 288

글래스고 226

기념물, 미술품, 문서에 관한 미군 지원단MFAA
    272

기념물위원회Commission des monuments 134

김기수金綺秀 29, 52

께추아Quechua 247

■나

나남진열관羅南陳列館 55

나라奈良제실박물관 147

나보니두스Nabonidus 67

나치 212, 271, 272, 285, 286

나폴레옹 24, 174, 268, 315

낙랑樂浪 173, 174

남경南京 60, 149, 309

남경박물원南京博物院 60

남경분원 28

남경시박물관南京市博物館 60

남경시역사박물관 60

남성의 집haus tambaran 77, 78

남통박물원南通博物苑 58, 146, 147, 149, 309

내국권업박람회內國勸業博覽會 52, 154, 155, 157

네부차드네자르Nebuchadnezzar II 67

네안데르탈인 97, 99

노예무역 186, 187

〈농민과 사다리Peasant and the Ladder〉 285

농상무성박물관農商務省博物館 49

농업박물관 29

뉘른베르크 국제재판소 272, 315

뉴 아크로폴리스 박물관 277

니케신전 18

■다

다 빈치Leonardo da Vinci 271

다비드Jacques-Louis David 127

다우드David L. Dowd 126

다이프리 윌리엄스 262

단종端宗 288

당통Georges Danton 126

대 살롱Grand Salon 23

대동아건설박람회大東亞建設博覽會 155

대련大連 144

대만 59, 146, 149, 150, 155, 309

대만관臺灣館 155

대만박람회臺灣博覽會 155

대만총독부박물관 146, 309

대박람회 142

대방帶方 173

대영박물관British Museum 45, 46, 59, 142, 188, 262, 281, 282, 286, 287, 303

대영제국 181, 189, 190, 191, 192, 197, 269

대일본제국헌법 50

대학박물관 56, 185

『대한매일신보』 53

대한제국 53, 54, 177, 197, 308, 310

대항해시대 141, 182, 184, 186, 303

덕수궁미술관 178, 179

덤프리스 갤러웨이 225

데메트리우스Demetrius 18

데벤터르Deventer 213

데보라 그리본 261

데오도시우스 2세Theodosios II 74, 75

델포이Delpoi / Delphi 17

도굴 237~243, 245~247, 249, 251, 253, 254, 261, 263, 264, 290, 312~314

도굴 문화재 241

도굴 미술품 237, 238, 240, 241, 244, 245

도굴꾼 245, 246, 247, 249, 252, 253, 254, 255

도난 또는 불법 반출된 문화재에 관한 1995년 유니드로아 협약UNIDROIT Convention on Stolen or Illegally Exported Cultural Objects 274

도난 사건 212, 224, 227, 230, 231, 234, 290

〈도냐 안토냐 사라테의 초상〉 228, 229

도리이 류조鳥居龍藏 311

도서료부속박물관圖書寮附屬博物館 50

동경과학박물관東京科學博物館 157

동경교육박물관 147

동경박물관 157, 308
동경제실박물관 144, 146, 147, 148
동물원 53, 69, 70, 156, 178
동양예술박물관 202, 306
동양척식주식회사 171
동인도회사 187
동칼리만탄 80
두멘차Dumenza 231
뒤셀도르프 132
뒤피Raoul Dufy 216, 219
드가Edgar Degas 219, 220, 230
드랭Andre Derain 216, 219
드럼랜릭Drumlanrig 225, 226
드미트리우스Demetrius Phalereus 70
들라크루아Ferdinand Victor Eugène Delacroix 219
디드로Denis Diderot 129, 201
디아두메노스Diadumenos 263
디오니소스 281
디지털박물관 166, 310
디크란 사라피안 250

■ 라
라르사Larsa 16
라스꼬Lascaux 16, 98
라우서스Lausos 74, 75
라이든 114
라자스탄Rajasthan 193
라코니아 킬릭스 255
라파엘로Raffaello Sanzio 122
라퐁 뒤 생 예니Lafont de Saint-Yenne 23

라퐁드생티엔Étienne La Font de Saint-Yenne 129
랄프 프라몰리노 244
람베스Lambeth 44
러스보로 하우스Russborough House 227~229
런던박람회 143
레닌그라드 272
레바논 250
레스보스 69, 300
레알 르사르Réal Lessard 216~218
레오나르도 다 빈치Leonardo da Vinci 120, 225,
    226, 231, 248
렌초 카나베시 264
렘브란트 219, 220, 230, 271
로렌초 드 메디치Lorenz de' Medici 22
로버트 헥트 244, 249, 250, 251, 253, 256,
    257, 261, 262
로빈 심스 260, 264
로스차일드Rothschild가 272
로얄궁Palais Royal 23
로젠베르크 272
로코코 221
로크브륀Roquebrune 214
로테르담 214, 215
로트레크 219
롤랑Jean-Marie Roland 128, 135
루가노 253
루벤스Peter Paul Rubens 219, 221, 229, 271
루브르 프로젝트 133, 134
루브르궁 23, 24, 202, 231, 306
루브르박물관Musée du Louvre 45, 125~128, 131,

133, 137, 148, 174, 188, 202, 203, 207, 269, 286, 304~306

루오Georges-Henri Rouault 219

루이기 란치Luigi Lanzi 120

루이셤Lewisham 219

〈루트를 연주하는 여인〉 111

룩상부르Luxembourg 130, 132, 305

룩상부르 갤러리 130, 131

〈류트를 켜는 남자〉 228

르네상스Renaissance 85, 120, 182, 184, 186, 221, 248, 268, 303

르누아르Renaissance 216, 219

리가Riga평화조약 271

리버 코드Lieber Code 270

리옹 233

리우 데 자네이루 216

리차드 그로베Richard Grove 14

리케이온Λύκειον 42

린도스 75

린츠Linz 271

■ 마

마네Édouard Manet 219, 220, 230

마드라스박물관 27

마드리드 47

마라Jean-Paul Marat 136

마라타Maratha왕국 195

마라톤Marathon전투 17

마리아 리초 263

마리온 트루 251, 258~263

마오리족 79

마이애미 216, 217

마크 샤갈Marc Chagall 285

마투라Mathura 193

마티스Heinri Émile-Benoit Matisse 216, 217, 219

마틴 카힐Martin Cahill 227

마피아 246, 247, 254

마하트마 간디 195

막부幕府 47, 49, 142

만국공산품박람회The Great Exhibition of the Works of Industry of All Nations 189, 191, 303

만국박람회 155, 158, 189, 205, 303

만국평화회의 270

『만유수록漫遊隨錄』 58, 159

만테냐Andrea Mantegna 221

말레지아 군도 78

말컴 벨 253

매장 문화재 176, 241

매천야록 288

맥키 스미쓰손James Macie Smithson 25

맨해튼 34

메디치Medici 110, 122, 183, 244, 249, 261, 262

메르카스 272

메리나 메리쿠리 281

메소포타미아 16, 67, 299

메이와르Meywar 194

메이지明治 47, 51, 153, 154, 155~157, 197

메이지척식박람회明治拓植博覽會 155

메트로폴리탄미술관 65, 238, 248, 249, 251,

253, 256~258, 260, 262, 277, 314

멘젤 대 리스트와 펄스의 소송사례Mrs. Erna Menzel vs. Albert A. List and Klaus G. Perls 285

〈모나리자〉 231, 232, 233, 234, 235, 313

모네Claude Monet 220

모딜리아니 216, 219

모르간티나 252, 253, 254, 255, 264, 265

모스타파 엘압바디Mostafa El-Abbdi 19

몬테카시노Monte Cassino 268

몽파르나스 216

무력 충돌 시 문화재 보호를 위한 협약Convention for the Protection of Cultural Property in the Event of Armed Conflict 273

무사μούσα 42

무세이온μουσεῖον 42, 43, 61, 100, 300

무사Mousa 18

무세이온Mouseion 42, 100, 300

무스티에 문화 91

무제오museo 45

무제움Museum 43, 45

무제이Музей 45

무지움Musium 43

문명 14, 96, 100, 142, 145, 184, 187, 190, 203, 207~209, 237, 243, 306, 313

문물 28, 48, 77, 162, 163, 165, 168, 182

문부성박물관 49

문화 13, 25, 35, 56, 72~74, 78, 81, 85, 88, 90, 91, 97, 101, 147, 164, 165, 171~173, 176, 184, 195, 202, 238, 293, 299, 302, 311

문화건설계획 163

문화국제주의 278, 279

문화귀화주의 237

문화대혁명 161, 168, 309

문화민족주의 237, 278, 279, 291

문화부 165, 255, 281

문화식민주의 195

문화유산 67, 70, 77, 85, 127, 134, 149, 163, 165, 166, 196, 197, 203, 237, 238, 245, 269, 275, 278, 279, 281~283, 286, 290, 291, 293, 301, 302, 306, 307, 310, 313, 316, 317

문화재 134, 146, 147, 149, 150, 151, 157, 176, 181, 188, 239, 241, 246, 267~280, 282~287, 289~293, 305, 309, 311, 313~317

문화재 반환 267, 269, 270, 277, 278, 280, 281, 284, 286, 291, 293, 314~316

문화재 보유국 281, 286, 316, 317

문화재 약탈 268, 290, 291, 314, 315

문화재의 불법적인 반출입 및 소유권 양도의 금지와 방지수단에 관한 협약Convention on the Means of Prohibiting and Preventing the Illicit Import, Export and Transfer of Ownership of Cultural Property 273

문화적 권리cultural rights 279

문화적 자산의 불법 반·출입 및 소유권 양도를 금지하고 예방하기 위한 협약 239

문화적 정체성 33, 279, 280, 289

문화제국주의 195, 271

물산공진회 32, 288

물산박람회 28

물산회 154

물질문화 85, 141, 160

물질전승 36

뭄바이 195

뭉크Edvard Munch 219

뮈제musée 45

뮌헨 216

뮤제 나폴레옹 174

뮤즈Muse 42, 101

뮤지엄 인터내셔널Museum International 15

므네모시네 18

미구회람실기 153

미군정 179, 312

미술가 22, 211, 219, 220~222, 248

미술사 132, 204, 249

미술시장 24, 211, 214, 222, 245, 312

미술품 17, 18, 20~22, 24, 68, 70~73, 75~78,
    105, 111, 117, 120, 121, 123, 145, 149,
    178, 211, 212, 222, 224, 225, 227, 230,
    237~239, 241~245, 247, 251, 257~262,
    265, 299, 312 .

미술품과 진기한 것들의 방Kunst und Wunderkammern
    106

미일화친조약 47

미카 가렌 246

미켈란젤로Michelangello Buonarotti 120, 248

미크Mique 133

미트라신상 263

민영익閔泳翊 52

민족학l'ethnographie 209, 306

민족학박물관Musée d'ethnographie 206~208

밀레Jean-François Millet 219

■바

바그다드국립박물관 277

바다 극장Maritime Theater 73

바레르Bertrand de Barère 135

바렌Varennes 탈주 135

바로다박물관 27

바로크 221

바만 기야 243

바바라·로렌스 플라이쉬만 컬렉션 259

바빌론 67

바사리Giogio Vasari 22, 109, 119

바스티유 126

바이에른 212

바텔Emrich de Vattel 269

바티칸 268

박람회 59, 142~151, 153~158, 189, 288,
    306~308

박물가博物家 59

박물관 라벨 67

박물관 및 미술관 진흥법 13, 56

박물관기술학museography 25

박물관령Museum Act 24

박물관법 56

박물관위원회Commission du muséum 136, 137, 305

박물관학 4, 6, 7, 15, 164, 167~169

『博物館の誕生』 306

박물원博物院 29, 48, 52, 57~61, 147, 159, 309

박물지博物志 50

박물학 51, 307

박물학자 59, 186

박영효 30, 52

박정양 143, 307

반 고흐Vincent Willem van Gogh 224, 225

반다이크Anthony van Dyck 221

반수礬水 219

반출허가장export certificates 276

반환restitution 163, 230, 251, 253, 255, 259, 260,
   263~265, 268, 269, 272~279, 281~283,
   286, 287, 289, 292, 294, 314~317

반환요청국 277, 279, 281, 283, 284, 287,
   291, 316

발굴 16, 60, 67, 73, 145, 148, 179, 182, 195,
   196, 238, 239, 241, 252, 253, 299, 304,
   311

발레아레스 제도 217

방갈로우박물관 27

방적기 187

방주The Ark 44

배리 뮤니츠 261

백과사전 50, 105, 106, 110, 116, 119, 121,
   123, 201, 302, 305

백과사전식 박물관 201

백물원百物院 59

백연白鉛 219

백제 174

버지니아 웨즐리언 대학 252

범죄행위 240, 290, 317

〈베 짜는 남자〉 225

베네딕트 수도원 268

베노사 264

베니스 76

베레스Verres 267

베르메르Johannes Vermeer 110, 111, 113, 213,~215,
   227~230

베르사유궁 24, 231

베르사이유Versailles조약 270

베를린 25, 71

베를린박물관 286

베스티에 229

베키오궁Palazo Vecchio 22

벨기에 269, 285, 292

벨라스케스Diego Rodríguez de Silva y Velázquez 271

벵골아시아협회박물관 192

벽장cupboard 108, 109

보겔헤르트 유적 98

보관소 70, 75, 78

보루네오 301

보르게세 미술관Galleria Borghese 47

보르고니산티Borgognissanti 화랑 233

보르네오 79

보물 21, 60, 68, 69, 75, 122, 129, 149, 175,
   254, 255, 269, 299

보물명승천연기념물보존회 175

보빙사報聘使 52

보성전문학교박물관 54

보스턴 230

보이만스Boijmans 미술관 214

보장寶藏 57, 58

보존 13~15, 20, 34, 35, 40, 41, 44, 56, 65,
66, 80, 87, 91, 96, 99, 102, 107, 134,
135, 163, 168, 175, 205, 244, 251, 263,
267, 269, 281, 285, 290, 293, 298, 299,
305~307, 316

보티첼리Sandro Botticelli 120

보편적 박물관론universal museum 279, 282

보편적 인권human right 281

보호국 197

보화각葆華閣 55

복도 119, 120, 121

복제품 184, 263

본시뇨리Olivetan Stefano Bonsignori 108

볼테르Voltaire 129

봄베이Bombay 193, 195

부다페스트 216

부루스 맥닐 256

부립박물관 174, 175

부산상품진열관釜山商品陳列館 54, 55

부셰 221

부아시당글라François-Antoine de Boissy d'Anglas 138

부여분관 54, 174, 179, 311, 312

부온탈렌티Buontalenti 121

『부행중문견별단附行中聞見別單』 29

북경국립역사박물관 149

북관대첩비 277, 313

분관 174, 175, 311

분데르카메르 120

불법 반출 267, 270, 271, 274, 276, 277, 286,
290

불법거래 237, 242, 245~248, 251, 259, 313,
314, 317

불법행위 240, 243, 314

『불중도덕과학·정치학사전Vocabulaire Français-Chinois
des Sciences Morales et Politiques』 59

〈붓꽃〉 225

뷜렌도르프 98

뷰랭 92

브뢰헬 221

브리짓 로즈 더그데일 227

브리티시 스쿨British School at Rome 221

브장송 23

블라맹크 216, 219

블라우 반 베르켄로드Blau-van Berkenrode 111

비교전시기법 306

비너스 98

비잔틴 제국 75

비테르보 대학 263

빅토리아-알버트 박물관The Victoria and Albert
Museum(The V&A) 24, 191, 303

빅토리아 박물관Victoria Museum 193, 194, 304

빅토리아 여왕 191, 194

빈Vienne 132

빈만국박람회 154, 156, 157

빈첸초 페루자Vincenzo Peruggia 231

빈회의Congress of Vienna 269

빌라 줄리아 미술관 252

빌헬름 2세Wilhelm II 25

■사

사노 쓰네타미佐野常民 153

〈사도使徒들의 발을 씻는 그리스도〉 215

사라피안 250, 251

사르페돈 248

사모르Samor 75, 194

사물의 체계 87

사설미술관 289

사설박물관 159

사우스켄싱턴 189, 191, 221, 303

사우스켄싱턴 박물관South Kensington Museum 189,
    190, 191, 303

사원박물관 268

사정전 173

사천四川 149, 309

사회교육 29, 145~150, 163, 164, 169, 205,
    310

사회문화망socialcultural network 94

사회발전사전람회 160

사회주의 57, 161

사회진화론Social Darwinism 187

산동성립山東省立박물관 149

산시陝西역사박물관 166

산업박람회Expositions Universelles 189

산업혁명 24, 172, 187, 189, 211

살롱 카레Salon Carré 231, 234

삼국시대 32, 69, 173, 175, 299

상商왕조 68

상품진열소商品陳列所 55, 59, 147

상해上海 57, 149, 159, 309

상해박물관 166, 308

상해박물원上海博物院 144

새기개 92

새뮤얼 파머Samuel Palmer 219, 220

생 제르망Saint-German 131, 270

샤를 대학 256

샤텔André Chastel 127

서가휘박물원徐家彙博物院 57

서안박물관西安博物馆 60

서안박물원西安博物院 60

『서양사정西洋事情』 49, 307

『서유견문西遊見聞』 30, 52

석조전 178

선전선동propaganda 126

설형문자 67

섬마 안티쿼티 256

섬서성陝西省 60

성골함monastic reliquaries 75

성구실cathedral sacristies 75

성도成都 144

성마르코 성당 76

〈성모와 실감개〉 225, 226, 313

성물 75, 76, 77, 301

성보함cabinet of sacred object 21

〈세 사람의 합주〉 230

세계 문화유산 및 자연유산의 보호에 관한 협약
    Convention Concerning the Protection of the World
    Cultural and Natural Heritage 274

세계일주관 155

세끼 히데오關 秀夫 157, 308

세끼노 타다시關野 貞 175, 311

세브르 가도街道 225

세스보의 보물 259

세이난西南전쟁 154

세이셸 야자seychelles nut 118

세잔 220, 224

세픽강Sepik River 77

셉티미아 제노비아Septimia Zenobia 19

소더비Sotheby 24, 230, 243, 244, 250

소더비 인사이더 243

소묘 216, 217, 221, 222

소아시아 71, 300

소안탑小雁塔 60

소장가 167

소장품 20, 22, 23, 45, 57, 60, 61, 120, 135, 145~147, 149, 161, 162, 164, 167, 168, 181, 183~185, 188~190, 196, 204, 239, 250, 255, 259, 264, 268, 271, 272, 292, 310

소장품 관리 162, 310

소호Soho 35

소효급retroactivity 276

속간fasces 138

쇼와昭和 51, 155

수도首都박물관 166

수도원 75, 77, 268, 300, 301

수마트라 78

수메르 16

수복修復 220

수신사修信使 29, 52

『수신사일기修信使日記』 29, 52

수잔 벅-모스 150

수정궁 143

수정궁박람회Crystal Palace Exposition 24

수정전 173

수중 문화유산의 보호에 관한 유네스코 협약 UNESCO Convention on the Protection of the Underwater Cultural Heritage 274

수집colligere 13~16, 20, 22, 24, 25, 34, 35, 40, 41, 44, 56, 61, 66~70, 72~77, 81, 85~88, 90~93, 95~101, 106, 110, 111, 114, 116~119, 121, 123, 133, 143, 145~147, 150, 156~158, 161, 176, 184, 185, 188~190, 195, 202, 205, 244, 267, 271, 292, 298~300, 302, 303, 306~308

수집가Collectioner 16, 22, 86, 105, 110, 118, 119, 121, 159, 182, 215, 292, 299

수집자 소유 원칙collection doctrine 269

수집품 16, 22, 69, 70, 77, 81, 98, 101, 105, 106, 113, 122, 123, 182, 183, 274

수집행위 86, 88, 90, 95, 99~101, 298, 299

순수미술Fine Art 120

스미소니언 도서관 114

스미소니언 박물관 26, 48, 142

스탠드글라스 128

스투디올로Studiolo 106, 122

스튜어트 왕가 268

시도르스키E. Sidorsky 267

시라쿠사 252

시립미술관 224

시립박물관 56

시민 18, 126, 127, 133, 165, 231, 255, 282, 304

시민계급 211, 312

시민혁명 125, 148, 211, 304, 305

시슬레 219

시에나Siena 109

시정오년기념 조선물산공진회 172

시정오주년 조선물산공진회始政五週年 朝鮮物産共進會 311

식물원 14, 53, 69, 70, 156, 178

식민본국(모국) 190, 195, 197, 270, 278~280, 284, 292

식민주의 171, 172, 176, 179, 187, 206, 284

식민지 4, 144, 146, 148, 155, 158, 171~173, 176, 181, 187~190, 192, 195~197, 207, 278, 284, 292, 303, 304, 308, 311, 313, 314, 317

식민지박물관 304

식민통치 192, 196, 197, 284, 306, 307

식산흥업 148, 150, 153, 154, 308

신박물관학 33

신박물관학국제운동MINOM 15

신사유람단神士遊覽團 143, 307

신상神像 122

신아크로폴리스박물관 283

신해혁명 160

십자군 원정 75

십자군전쟁 75, 315

싱가포르 국립박물관 127

■아

아르네 마그누센Arne Magnussen 292, 293

아르네 마그누센 재단 293, 294

아르마딜로armadillo 115

아르시쉬를퀴르 99

아르카익Archaic 42, 249

아르키메데스 70

아른헴 224

아를레샤임 컬렉션 262

아리스토텔레스 18, 42, 69, 300

아마르 수에나Amar Suena 17

아메노피스Amenophis III세 16

아메리카 105, 106, 108, 115, 116, 182, 186, 208

아슐리안 문화 91

아우그스부르그Augsburg 117

아우스제Aussee 212

아이도네 252, 255

아이도네 미술관 255, 265

아이스키네스 42

아이슬란드Iceland 292~294

아이젠하워 272

아주문회亞洲文會 144, 308

아주문회박물원亞洲文會博物院 57

아즈텍 186

아카데미 126, 130, 213

아카데미아 플라토니카 22

아카데미아 미술관Galleria dell'Accademia 47

아카데미아Ακαδημία 22, 42

아카이브 67

아케나톤도서관 67

아크로폴리스 18, 20, 71

아타로스 1세Attalos I 72

아테나 75

아테네 17, 18, 70, 71, 73, 248, 287

아트 스쿼드 230

아트우드 로저 245

아편전쟁 141

아풀리아 246

아프로디테 75, 255, 259, 260, 264, 265

악숨 오벨리스크 277

안압지雁鴨池 69, 299

안토니우스Marcus Antonius 72

알렉산드로스 대왕 18, 20, 42, 69, 70, 72

알렉산드리아 18, 19, 42, 43, 69~71, 73, 76,
    100, 299, 300

알렉산드리아 도서관 20

알로이스 미들Alois Miedl 213

알버트 빅터 왕자 194

알버트 홀 박물관Albert Hall Museum 193, 304

알타미라 98

알트 아우스제 272

알프레도 제리Alfredo Geri 233

알프레드 바이트 경 227

알프레트 로젠베르크Alfred P. Rosenberg 271

암스테르담 213, 224

앗탈로스Attalos I세 20

앙부아즈 231

앙지빌레Angiviller 백작 129, 131~134

애국주의 162, 163, 165, 310

애쉬몰리안 박물관Ashmolean Museum 185, 188

앨리아스 애쉬몰Elias Ashmole 303

앵그르 232

앵발리드Invaliedes 132

야기 쇼자부로八木奘三郎 175, 311

야나가와 마사키요柳川当清 48

야외박물관open-air museum 21, 74, 161

약탈 20, 72, 74, 76, 134, 181, 182, 187, 188,
    212, 237, 254, 267~269, 271, 272, 277,
    284~286, 289, 300, 314, 315, 317

약탈문화재 238, 269, 287, 313, 315

어네스트-테오도르 하미Ernest-Théodore Hamy 206

어원사무국御苑事務局 177

얼터너티브 미술관The Alternative Museum 34, 35

에니갈디Ennigaldi-Nanna 67

에도江戸 141, 147, 154, 307

에두아르도 데 발피에르노 후작Marqués Eduardo
    de Valfierno 234

에드워드 7세 193

에드워드 사이드E. W. Said 171, 179

에라토스테네스 43, 182

에로스 75

에릭 헵번Eric Hebborn 221

에스키모인 115

에우메네스 2세Eumenes II 72

에우시테오스 248

에우폴레모스 254

에우프로니오스 칼릭스 크라테르 248

에콜 데 보자르Ecole des Beaux-Arts 234

에트루리아 249, 251, 263

에티오피아 277

엔니갈디 난나En-nigaldi-Nanna 17

엘긴 경 281

엘리트주의 150

엘미르 드 호리Elmyr de Hory 216

〈엠마오의 그리스도와 제자들〉 214

역사박물관 59, 112, 127, 149

연결책ricettatore 247

연맹제Fête de la Fédération 126

연희전문학교박물관 54

영국왕세자박물관The Prince of Wales Museum 193~195, 304

영일동맹 155

『영중관화사전』 59

영토 기준territory test 276

영토우선주의 273, 284

『英和大譯辭書』 49

예술박물관 46

예술성 146, 148, 151, 190

예술작품의 중심지emporium 268

예술적, 역사적, 과학적 가치를 지니는 문화재가 분실, 유실, 불법 유출된 경우, 이들의 반환에 관한 협약 238

예술품 범죄art crimes 290

예일대학 25

『오국박람회보고서奧國博覽會報告書』 153

오네시모스 262

오네시모스 킬릭스 262

오라치오 디 시모네 264

오를레앙 가문 23

오리냐크 98

오브제objects 66, 68, 70~73, 78~80, 208, 209, 306

오세아니아 208, 209

오스만 트루크 제국 281

오쿠라 기하치로 289

오쿠라 호텔 289

오트 퀴멜Otto Kummel 271

옥션시장 246

옥스퍼드 교범Oxford Manual of the Institute of International Law 270

옥스퍼드Oxford 대학 23, 44, 185, 303

올도완 문화 91

올레 보름Olé Worm 114

올리바Oliva 조약 268

와인트라우프 256

왕도王韜 58

왕립고문서관Royal Archives 292

왕립아카데미Royal Academy 221

왕세자저하 방문기념 기금Royal Visit Memorial Funds 195

외규장각 277, 287, 313

요르단 강 95

요하네스 베르메르Johannes Vermeer 212

요하넴 엘스비리움 114

용킨트 224

우다이푸르Udaipur 193, 194

우다이푸르 정부박물관Udaipur Government Museum 194

우르Ur 16, 67

우에노上野 50, 145, 157, 308

우피치Uffizi 22, 47, 106, 108, 119, 120, 121, 123, 233

울리경 67

워싱턴 48, 119, 217, 221

원명원圓明苑 277

원산국 267~269, 273, 276~278, 280, 283, 285, 287, 293, 315~317

원소유자 272, 273, 285, 314

웨스트팔리아Westphalia 평화조약 268, 315

『위대한 콜베르의 그늘L'Ombre du Grand Colbert』 129

위작 24, 211, 212, 214~223, 235, 258, 305, 312, 313

『위작을 향한 정열L'Amour du Faux』 218

『위작자의 핸드북The Faker's Handbook』 223

위트릴로 219

윌리엄 세인트 클레어William St. Clair 282

유길준 30, 52

유네스코UNESCO 15, 20, 239, 315

유니드로와UNIDROIT 협약 239, 276, 314, 316

유드Eudes 144, 308

유럽중심주의 106, 186

유물 20, 21, 44, 46, 57, 60, 65, 67, 72, 73, 75~78, 81, 94, 127, 148, 149, 157, 158, 162, 168, 173, 174, 176, 179, 182, 184, 185, 189, 190, 195, 196, 202, 203, 205, 206, 208~210, 237, 239, 240, 244~247, 249, 251~254, 289, 301, 303, 306, 308, 309, 310, 311~314

유비쿼터스 34, 35

유슈간遊就館 29

유시마성당湯島聖堂 49, 156, 157

유신정부 142

유적 14, 16, 98, 99, 184, 195, 196, 245

유적지 161, 245, 247, 264, 265, 274

유클리드 43, 70

육전의 법과 관습에 관한 협약Convention on Laws and Customs of War on Land 270

율리우스 카이사르Gaius Julius Caesar 19

을사늑약 54, 172, 177

이냐지오 단티Ignazio Danti 108

이브 쇼드롱Yves Chaudron 234

이비사Ibiza 217, 218

이사벨라 스튜어트 가드너 미술관 230

〈이삭에게 축복받는 야곱〉 215

이성reason 133, 135, 184, 196, 206

『이아爾雅』 50

이와쿠라岩倉사절단 142, 143, 153

이왕가미술관李王家美術館 31, 32, 54, 148, 176~179

이왕가박물관李王家博物館 32, 54, 148, 176~178

이왕직李王職 54

이왕직박물관李王職博物館 54

이용자 32, 33, 34, 35, 36

이정夷情탐색 142

이탈리아 문화재 전담 특수경찰Carabinieri 244

이화전문학교박물관 54

인공물artificiale 29, 97, 107, 116, 117, 119, 302

인도박물관Indian Museum 195

인디언 89, 116

인류민족학 168

인류학 175, 204, 301, 306

인류학l'anthropologie 박물관 209

인본주의 164, 184

인종차별주의 208

인터폴 224

『일동기유日東記游』 29, 52

일본 근대미술전 31

일본국헌법 50

『日本国語大辞典』 51

■ 자

자경전慈慶殿 53

자곱 프레질루스키Jacob Przylusik 268

자금성紫禁城 149, 309

자료 13, 24, 32~35, 50, 56, 57, 65, 67, 68, 132, 145, 167, 203, 208, 243, 244, 251, 254, 259, 263, 290, 291, 314

자선당 287, 288, 289

자연보전지역 14

자연사(박물지) 202, 204, 263, 306

자연사박물관 59, 142, 144, 183

자원관리ERP 35

자이레 285

자이푸르Jaipur 193

자이푸르박물관 27

자코모 메디치Giacomo Medici 243, 249, 251, 261, 262

자코뱅 133

장 보드리야르Jean Baudrillard 87

장개석蔣介石 28

장건張騫 58, 146, 148

장서표 67, 68

장식예술박물관 202, 306

장제스蔣介石 160

장화張華 50

적법하지 않은 240, 241, 242, 259, 261, 262, 314

적자생존설 187

적회도기 248, 255

전리품 20, 24, 73, 75, 125, 267, 268, 271, 304

전시 13~15, 17, 23, 24, 31~36, 40, 41, 44, 48, 56, 57, 60, 61, 66, 74, 77, 81, 99, 108, 113~115, 118, 120~123, 125, 128~131, 143, 145~151, 155, 157, 158, 161, 162, 164, 168, 173~176, 178, 183, 185, 189, 190, 195~197, 203~210, 230, 234, 239, 252, 255~257, 260, 265, 268, 270, 271, 275, 282, 285, 290, 302~306, 310, 311, 315

전시 약탈war plunder 267~272, 277, 285, 315

전시관 14, 156, 157, 178, 305

전시문화재보호를 위한 협약 및 조약 273, 315

전시실 22, 25, 46, 47, 59, 78, 127, 130, 183, 188, 208, 209, 225, 304

전형필全鎣弼 55

절강성浙江박물관 166

절대왕정 128, 129, 133, 304

정관statutes 13, 15, 40

정창원正倉院 68, 299

제1공화정 125, 304

제1차 세계대전 195, 270, 315

제2차 세계대전 209, 212, 216, 224, 271, 276, 292, 315

제3세계 208

제국 20, 42, 72, 75, 155, 157, 171, 181, 186, 188, 190, 193, 195~197, 216, 281, 312, 313

제국대학식물원 147

제국박물관帝國博物館 50, 144, 308

제국주의 159, 163, 171, 172, 176, 177, 179, 181, 186~188, 197, 201, 206~209, 310

제국주의 박물관 188, 191, 197

〈제너럴General〉 227

제럴딘 노먼 220

제롬 아이젠버그 257

제실박물관帝室博物館 4, 50, 53, 54, 144~146, 148, 157, 177, 178, 309

제우스 18, 75, 248

제이슨 팔쉬 244

제조업박물관The Museum of Manufactures 24, 189, 303

제프리 루이스Lewis 67

제한restriction 191, 276, 278, 291, 316

젠틸리스 269

조계租界 307

〈조반나 바첼리의 초상〉 229

조반니 치넬리Giovanni Cinelli 122

조반니 포지Giovanni Poggi 233

조사 13, 53, 56, 85, 135, 175, 204, 225, 233, 234, 242~244, 246, 251, 253, 254, 258, 265, 289, 300, 306, 308, 310, 311, 314

조사시찰단朝士視察團 52

조선고적연구회 175

조선관 289

조선물산공진회 148, 158, 172, 311

조선미술박물관 56

조선민족미술관 54

조선박람회 155

조선사료전람 173

『조선왕조실록』 277, 313

조선중앙력사박물관 56

조선총독부 32, 172~176, 178, 311, 312

조선총독부박물관 4, 32, 54, 148, 158, 172~176, 179, 311, 312

조앤 파르카 바잘리 245

조이 켄셋Joy Kenseth 118

조지 5세 195

조지 커즌George Nathaniel Curzon 193

존 로크John Locke 269

존 부어맨 227

존 월쉬 261

존 트라데스칸트John Tradescant 23, 44, 185

존왕양이尊王攘夷 47

종관철도 146, 309

『종의 기원에 대하여On the Origin of Species』 187

죠안 블라우Joan Blaeu 115

죠지-프레드릭 마틴스George-Frederich Martens 269

주세페 마스카라 254, 264

줄리오 로마노Giulio Romano 122

중국박물관지中國博物館志 162
중국박물관학회 161, 168, 169
중국박물관협회 168, 169
중국생태박물관 169
중국역사박물관 160, 168
중국자연과학박물관협회 168
중국제실박람관中國帝室博覽館 160
중국혁명박물관 127, 168
중앙미술관 24
중앙박물관 27, 28
중화전 177
지구본 108, 109, 112, 113
지노 로드리게즈Geno Rodriguez 35
지도 20, 105, 107~113, 120, 132
지도의 방 107, 113, 123
지동설 105, 106
지리 프렐Jiri Frel 255, 258
지리상의 발견 105, 106, 107, 186, 302
〈지리학자〉 111, 112, 113, 186
지방분관 148, 179
지석묘 175
지식의 창고 88
지지박물관地志博物館 160
진기한 것들의 방Wunderkammer 106
진기한 방 106, 114, 118, 121, 122
진기한 캐비넷Kuriositäten-Kabinett 106, 116~119, 122, 302
진단박물관 308
진단박물원震旦博物院 144
진열display 29, 33, 48, 66, 71, 73, 75, 77, 80, 81, 106, 120~123, 143, 162, 168, 178, 183
진열관陳列館 55, 59
진열소陳列所 55, 58, 59
진장고완소珍藏古玩所 57~59
진화론 187, 207, 208, 306
집골루集骨樓 159
집기루集奇樓 159
집보루集寶樓 159
짜뜨라바띠 시바지대왕 박물관Chhatrapati Shivaji Maharaj Vastu 195

■차
차이웬페이蔡元培 160
찰디스Chaldees 16
찰스 다윈Charles Darwin 187, 207
찰스톤박물관Charleston Museum 25
참고관 155
창경궁昌慶宮 32, 53, 177, 178
창경원박물관昌慶苑博物館 4, 54
창고 80, 159, 261, 262
창덕궁昌德宮 177, 289
창덕궁어원박물관昌德宮御苑博物館 54
창씨개명 171
척식회사 187
천구天球 109, 110, 112, 113
천문관 14, 20
천문학 121, 182
천문학자 111, 112, 186
천산天産 143, 145, 146, 309

천안문 광장   127
천장화   211
천진天津   144
철감파리방鐵嵌玻璃房   57
청두成都   166
청일전쟁   155, 309
체르베테리   249, 263
체신박물관   29
체코슬로바키아   255
초현실주의   213
총독   43, 193, 304
총독부   288
총통미술관   271
최고존재Etre Suprême   126
최종 평화조약Definitive Treaty of Peach   269
『춘추좌전春秋左傳』   50
치트라샬라스chitrashalas   77

■카
〈카나카리아 모자이크〉   259
〈카네이션〉   224
카노푸스   73
카르타고   252
카를 5세Karl V   110
카메오   122
카약Kayak   115
카이로스   75
카탈로그   206, 216
카탈루냐어   46
칼 데커Karl Decker   234

칼라하리 사막   89
캉봉Pierre Joseph Cambon   135
캘커타Calcutta   192, 195
커즌고고학박물관Curzon Museum of Archaeology
        193, 304
컨스터블   219
컬렉션   65~68, 70, 71, 73~78, 80, 81, 131,
        132, 137, 250, 253~263, 302, 305
컬렉터   239, 240, 243, 250, 314
코덱스 레기우스Codex Regius   292
코로   225
코시모 I세 드 메디치Cosimo I de' Medici   22,
        107, 109, 110, 119
코시모 I세Cosimo I   107, 109
코펜하겐대학   114, 292
콘스탄티노플   74, 76, 281
콘텐츠웨어   34, 35
콜나기Colnaghi 갤러리   221
콜롬버스Christoforo Colombo   105
콜체스터Colchester   220
콜카타   195
쿵산 족   89
큐레이터   221, 250, 251, 256, 258~261
크라테르   248~253, 255
크렙스Christina F. Kreps   79, 301
크로마뇽인   92, 97, 98
크뢸러-뮐러Kröller-Müller 미술관   224
크리스토스 미카엘리데스   260
크리스티Christie   24, 230
키니스 니클린Keith Nicklin   277

키아소 컬렉션 264
키케로Cicero 267
킴브라 스미스 245

■ 타

타르시에 기법 118
탈레랑Talleyrand 134
탈맥락화de-contextualization 313
탈식민지 284, 286
태양중심설 105, 106
태정관太政官 49
태황제 177
터키 95, 115
테마파크 155
테살리 73
테오프라스터스Theophrastus 69, 70
테오필 오몰 231
텔 엘 아마르나 67
템스 강 219
템페라tempera 219
템피 계곡 73
토마스 호빙 249, 257, 258
토머스 브루스 281
토머스 패트릭 키팅Thomas Patrick Keating 219
토종 박물관 78, 79, 80, 81
토지개혁전람회 160
톰 키팅Tom Keating 219
투쓰모시스Tuthmosis Ⅲ세 16
트라데스칸트 박물관Musaeum Tradescantianum 188
트럼벨미술관Trumbell Gallery 25

트로이 전쟁 248, 262
트로카데로 궁Palais du Trocadéro 206, 209
트리부나Tribuna di Medici 121~123
특허국Patent Office 48
특허진열관 29
「티마르쿠스에 대한 반론」 42
티볼리Tivoli 21, 73
티에폴로 221
티토렌토 271

■ 파

파라오 67
파라오 아케나톤Pharaoh Akhenaton 67
파로스 260
파르테논 18, 277, 281, 282, 287
파리 125, 129, 133, 137, 205, 208, 216, 233,
      234, 251
파리 만국박람회 204~206, 208
파리 현대갤러리the Galerie Arte Moderne de Paris 285
파리 협약Convention of Paris 269, 315
파이오니어 그룹 249
파타카 79
파테 메타 194
파푸아 뉴기니 77, 78
파피루스 16, 70
파피루스 도서관papyrus libraries 16
판 데르 포름Van der Vorm 215
판 메이헤런Han van Meegeren 213~215, 313
판 뵈닝헌Van Beuningen 214
팔라초 베끼오Palazzo Vecchio 107, 108, 110

팔레르모 255

팔미라Palmira 19

페가메논 20

페란테 임페라토Ferrante Imperato 183

페루 245

페르가몬Pergamon 20, 71, 72, 300

페르낭 르그로Fernand Legros 216, 217

페리 제독 47

펜실바니아 아카데미 아츠Pensylvania Academy Arts 25

펠레그리니 검사 244

〈편지를 쓰는 남자〉 228

〈편지를 쓰는 여인과 하녀〉 228, 229

〈편지를 읽는 남자〉 229

〈편지를 읽는 여자〉 228, 229

평양박물관 56, 148

평양부립박물관 174

포르투갈 182, 186

포세이돈 73

포에니 전쟁 252

포틀래치potlach 96

폰 보트머 251, 253, 260, 262

폴란드 268, 270, 271

폴란드 왕립도서문고 268

폴리클레이토스 263

〈푸른 옷을 입고 있는 여인〉 111

푸생 221

프라하 256

프란스 할스 228

프란시스 리버Francis Lieber 270

프란체스코 1세Francesco I del Medici 119, 121

프란체스코 멜치 231

프란체스코 타란텔리Francesco Tarantelli 234

프란츠 파농Frantz Fanon 197

프란카빌라 259

프랑수아 1세 183, 231

프랑스 국립민족학박물관 207

프랑스 대중교육부Ministère de l' Instruction publique 207

프랑스 아카데미 23

프랑스 혁명 125, 126, 128, 129, 134, 305

프랑코 베키나 258

프러시아 269

프레스코화 256

프로방스 백작Comte de Provence 131, 305

프로이센-프랑스 전쟁Franco-Prussian War 270

프로필래아Propylaea 18, 71

프리다 차코스 262

프리미티프primitif 208

프린스턴 대학 252, 256

프톨레마이오스 1세 소테르 18, 43, 69, 182

프톨레마이오스 II세 필라델푸스Ptolemy II Philadelphus 18, 70

플라이쉬만 컬렉션 260, 261, 264

플라톤 42

플라티야르복Flateyjarbok 292

플로리몽 로베르테 226

플루타르코스Plutarchos 19

플린트 92

피나코테카Pinacotheca 18, 71, 73

피라네시Piranesi 221

피렌체Firenze 22, 47, 107, 119, 121, 183, 233, 234

피렌체 안내서 122

피식민지 277~279, 284, 286, 291

피어폰트 모건 라이브러리Pierpont Morgan Library 221

피에르 보렐Pierre Borel 119

피카소Pablo Ruiz Picasso 216

피터 왓슨 243, 246, 253

필라델푸스Philadelphus 18

필라델피아 만국박람회 154

필립 하인호퍼Philipp Hainhofer 117

필사본 시행령the Manuscript Act 293

■ 하

하드리안Hadrian황제 21, 73

하드웨어 35

하브리엘 메추 228, 229

하이다족 96

하인호퍼 118

하쿠부츠칸博物館 307

학교박물관 17

학무국 176

학사원 43

학예사 204

한국전쟁 56

한사군漢四郡 173

한스 포세Hans Posse 271

한자어 47, 61

함포외교 47

합리주의 120, 184, 186

핫 폿Hot Pot 248

해롤드 윌리엄스 261

해바라기 225

해석 15, 33, 34, 36, 43, 50, 57, 67, 70, 81, 133, 210, 254, 284, 290

해양박물관 202, 306

행관行館 159

향산 56

허난성河南박물원 166

허버트 스펜서 187

헌제 68

헤라 75, 264

헤라클레스 112

헤로도투스Herodotus 17

헤르메스 42, 248

헤시오도스 42

헤이그협약 239, 274, 313, 315

헤이안平安 시대 147

헨리퀴스 안토니우스 판 메이헤런Henricus Antonius van Meegeren 213

헬레니즘 20, 43, 72, 74, 75

혁명기념관 161, 309

혁명운동사전람회 160

혁명축제 126, 138

호기심 찬 것들의 캐비넷Kuriositäten-Kabinett or Kammer 106

호모 사피엔스 92

호모 에렉투스 91

혼디우스Jodocus Hondius 111~113

혼천의渾天儀(armillary sphere) 109, 110

홋카이도 155

화각畵閣 159

화덕자리 93

화랑Galleria 46, 47, 106, 233

화상 216, 220, 222

화석 89, 99

『화영성어합벽자집華英成語合璧字集』 58

『화영자전집성華英字典集成』 58

화혼양재和魂洋才 298, 307

환금성 211

환수 268, 276, 277, 285~287, 313, 315

황성신문 53

황철광 99

황현 288

『회고와 전망 : 중국박물관 발전 100년』 169

회화 24, 32, 46, 71, 120, 121, 123, 126, 131,
      132, 134, 202, 203, 214, 219, 220, 224,
      227, 232, 248, 249, 272

회화 및 조각 아카데미Académie royale de peinture
      et de sculpture 130

회화진열소 59

후시기관不思議館 155

후아께로Huaquero 247

후아꼬스huacos 247

후원자 85, 107

후쿠자와 유키치福澤諭吉 49, 307

횟트홀Whitehall 조약 268

흑선이변黑船異變 141

흑요석 92, 94, 95

흥아국방대박람회興亞國防大博覽會 156

희귀한 것들의 캐비넷Raritäten-Kabinett or Kammer
      106

희귀한 자연물naturalia 105, 107, 116

히드라 갤러리 262

히틀러Adolf Hitler 212, 271

힐트Hilt 25

■기타

Commercial Museum 55

ERR(Einsatzstab Reichsleiter Rosenberg) 271

Eupolemos 254

huaca 247

IRA 227

Lady Hardinge War Hospital 195

MAFF 272

UVF(Ulster Volunteer Force) 229

사단법인 한국박물관학회 소개

사단법인 한국박물관학회The Korean Society of Museum Studies는 박물관에 관련된 학예, 기술 등을 탐구하여 박물관의 설립과 운영에 관련된 박물관 자료와 박물관 환경, 박물관전문직 종사자, 박물관이용자 등에 관한 조사 연구를 통해서 박물관의 역할과 기능을 증대하고, 박물관학의 발전과 회원 상호간의 정보교류 및 협력을 도모할 목적으로 하며 다음의 사업을 실시하고 있다.

1. 박물관 자료의 해석, 박물관학 및 관련분야의 교육, 박물관전문직 종사자 양성, 학술강연회, 좌담회, 토론회, 강습, 실습, 공연, 견학, 체험 등 관련 분야의 행사와 관련된 사업.
2. 박물관 또는 관련분야의 설립 및 운영에 관한 자문과 기획에 관련된 사업.
3. 학회지, 연구논문집, 조사보고서, 종합기획·연출시나리오, 실행·실무지침서, 관련 분야의 도서편찬, 출판에 관련된 사업.
4. 기타 박물관 역할과 기능을 수행하는데 필요하고 박물관학의 연구에 이바지하고 본회의 목적을 달성하는데 필요한 인증, 감정, 평가, 감사, 감리에 관련된 사업.

본회는 정회원과 명예회원, 기관회원을 두고 있으며 회원자격의 심의는 사무국에서 1차 심사를 거친 후 회원심의위원회에서 인준한다. 본회의 목적을 달성하기 위하여 다음의 분과위원회─윤리위원회, 기획운영위원회, 학술연구위원회, 출판편찬위원회, 웹진위원회, 홍보협력위원회, 박물관학총서간행위원회─및 협회 사무국을 둔다.

(사)한국박물관학회 (社)韓國博物館學會 The Korean Society of Museum Studies
우449-701 경기도 용인시 기흥구 덕영대로 1732. 경희대 혜정박물관내
tel. (031) 201-2011 fax. (031) 201-2015 /
e-mail: ksoms98@daum.net / ksoms98@naver.com
http://www.museumstudies.kr

**필자
소개**

최종호(崔鍾浩, CHOE Jong-Ho)
  현직 한국전통문화대학교 문화재관리학과 교수
  학력 안동대학교 민속학과, 영남대학교 대학원 문화인류학과 민속학석사,
       인도 바로다 대학교(M.S. University of Baroda) 박물관학 박사
  약력 한국민속촌박물관 관장 · 한국민속촌 이사 역임, 명지대학교 문화예술대학원 박물관학과
       주임교수 역임
  주요 저서 『박물관 실무지침』(2000), 『박물관의 이론과 실제』(2004), 『민속학개론』(2005),
       『문화인류학개론』(2006), 『한국박물관교육학(공저)』(2010)

서원주(徐源柱, SUH Won-Joo)
  현직 전쟁기념관 어린이박물관 팀장, 학예연구관
  학력 연세대학교 교육학과, 영국 런던대학교 IOE 석사, 일본 게이오대학(慶應義塾大學) 별과 수료,
       영국 런던대학교 교육연구대학원 박사과정(박물관교육학)
  약력 영국 대영박물관 전시해설사(2001~2009), 성공회대학교 교양학부 외래교수(2012~2014)
  주요 역저서 및 논문 『대영박물관 한국어판(역저)』(2004), 『한국박물관교육학(공저)』(2010), 「영국의
       르네상스 프로젝트 사례로 본 지역박물관의 교육적 성과」(2008), 「개인의미도법(PMM):
       박물관교육을 위한 질적 조사연구방법」(2010), 「박물관 다문화교육의 목적과 방향에 대한
       고찰 - 영국 교육과 대영박물관의 사례를 중심으로」(2013) 등

박윤옥(朴允玉, PARK Yoon-Ok)
  현직 한국박물관학회 이사
  학력 경희대학교 대학원 영문학과 석사, 영국 레스터 대학교 박물관학 석사,
       영국 뉴캐슬대학교(University of Newcastle-upon-Tyne) 박물관학 박사
  약력 성공회대학교 강사(2005~2011), 한국전통문화대학교 강사(2011~2013)
  주요 역저서 및 논문 『박물관전시의 기획과 디자인(공역)』(2006), 「박물관과 지역공동체」(2005),
       「영국 지역박물관의 근현대사 전시」(2008), 「박물관과 사회적 역할」(2011) 등

류정아(柳貞娿, RYOO Jeung-Ah)

현직 한국문화관광연구원 선임연구위원
학력 서울대학교 인류학과, 서울대학교 대학원 인류학과 석사, 프랑스 파리 고등사회과학원(EHESS)
사회인류학 박사
약력 한국외국어대학교 대학원 글로벌문화콘텐츠학과 겸임교수, 한국문화인류학회 기획위원장
주요 역저서 『축제와 문명(역서)』(1998), 『전통성의 현대적 발견; 남프랑스 마을의
축제문화』(1999), 『한국축제와 지역문화콘텐츠』(2012), 『축제의 원칙』(2012),
『축제이론』(2013) 등

김현경(金鉉曔, KIM Hyun-Kyung)

현직 한국문화관광연구원 위촉연구원
학력 프랑스 리옹II 대학교 미술사학과 학사, 프랑스 파리 IV 소르본느 대학교 미술사학과 석사,
에콜 드 루브르박물관학 석사
약력 한국문화관광연구원 위촉연구원(2012~현재)
주요 논문 「산업문화재의 개념 : 파리 근교 보비니시 구 일루스트라시옹(L'Illustration) 인쇄소의
사례」(2007), 「파리 자연사박물관 전시연출과 공간구성에 대한 고찰」(2008) 등

이은기(李銀基, LEE Eun-Kie)

현직 목원대학교 교수
학력 홍익대학교 대학원 미술사학과 석사, 이탈리아 피사대학교 문학박사(서양미술사 전공)
약력 서양미술사학회 회장 역임, 프린스턴 대학교 방문교수
주요 저서 『르네상스 미술과 후원자』(2002), 『서양미술사(공저)』(2006), 『욕망하는 중세』(2013)

박윤덕(朴允德, PARK Youn-Duk)

현직 충남대학교 사학과 부교수
학력 서울대학교 서양사학과, 서울대학교 대학원 서양사학과 석사, 파리 1대학 프랑스
혁명사연구소 박사
약력 한국서양사학회 회원, 한국프랑스사학회 회원
주요 역저서 및 논문 『프랑스 구체제의 권력구조와 사회(공저)』(2009), 『혁명의 탄생(역서)』(2009),
『시민혁명』(2010), 「농촌공동체와 농민혁명 – 1789년 7월 마코네(Mâconnais) 지방의
농촌폭동 사례 연구」(2007), 「민중의 "도덕경제"와 식량폭동 – 18세기 말 프랑스의
경우」(2011) 외 다수

하세봉(河世鳳, HA Sae-Bong)

현직 한국해양대학교 동아시아학과 교수
학력 부산대학교 대학원 사학과 석·박사
약력 일본 동경대학 동양문화연구소 외국인연구원(1996~1998), 대만중앙연구원 방문학자(1999)
주요 저서 및 논문 『동아시아역사학의 생산과 유통』(2001),
『東亞漢文化圈與中國關系(공저)』(2005),
『日本の植民地支配の實態と過去の清算(공저)』(2010), 「대만박물관과 전시의
정치학」(2010), 「20세기초 동아시아 박물관과 역사적 知識의 造形」(2011) 등

권혁희(權爀熙, KWON Hyeok-Hui)

현직 서울시립대박물관 학예연구사
학력 고려대학교 한국사학과, 서울대학교 대학원 인류학과 석·박사
약력 부산광역시립박물관 학예연구사(2002~2004), 서울역사박물관 및 서울시
문화재과(2004~2010)
주요 저서 및 논문 『조선에서 온 사진엽서』(2005), 『조선풍속화보(해제·번역)』(2008), 『로컬의
문화지형(공저)』(2010), 「1900~1960년대 한강수운의 지속과 한강변 주민의 생활」(2013) 등

오일환(吳一煥, OH Il-Whan)

현직 경희대학교 후마니타스칼리지(국제캠퍼스) 부교수
학력 경희대학교 사학과, 경희대학교 대학원 사학과 석사 졸업·박사 수료, 중국 천진
난카이(南開)대학교 대학원 박사(역사학박사)
약력 경희대학교 중앙박물관 책임연구원(1997~2002), 경희대학교 혜정박물관
학예연구실장(2002~2013)
주요 논문 「중국의 박물관 : 형성과 발전을 중심으로」(1998),
「중국의 생태박물관(에코뮤지엄)형성과 실태에 관한 연구」(2006), 「중국대학박물관의 설립과
역할에 대한 연구」(2008), 「대학박물관의 운영 실태와 특성화 방안연구」(2004),
「대학박물관의 전시연계 교육프로그램 현황과 활성화 방안」(2010) 등

국성하(鞠聖河, KOOK Sung-Ha)

현직 대한민국역사박물관 학예연구관
학력 연세대학교 교육학과, 연세대학교 대학원 교육학과 석·박사
약력 독립기념관 학예연구사(2002~2006), 국립민속박물관 학예연구사(2006~2011)
주요 저서 및 논문 『우리 박물관의 역사와 교육』(2007), 「미군정기 박물관의 교육적 의미」(2003),
「경주 어린이박물관학교 연구」(2003), 「일제강점기 일본인의 낙랑군 인식과 평양부립박물관
설립」(2004), 「은사기념과학관 과학교육의 의미 연구」(2005) 등

신상철(申相澈, SHIN Sang-Chel)

현직 경희대학교 문화예술경영학과 겸임교수

학력 고려대 사학과, 프랑스 파리 Ⅰ 팡테옹-소르본느 대학교 미술사학과 석사, 에콜 드 루브르박물관학 석사, 파리 Ⅳ 소르본느 대학교 미술사학과 박사

약력 한국문화예술경영학회 학술이사 및 편집이사(2008~2013), 프랑스문화예술학회 이사(2012~2013)

주요 논문 「19 세기말 프랑스 박물관 역사와 아시아 콜렉션 : 동양 예술에 대한 새로운 인식」(2009), 「프랑스 박물관의 법인화와 박물관 경쟁력의 쟁점 : 루브르박물관 사례를 중심으로」(2010), 「모더니즘과 프랑스 미술교육 : 1863년 에콜 데 보자르의 개혁과 아카데미 전통의 종말」(2012), 「창조경제 시대 산업기술박물관의 역할 : 산업사의 기억보존과 기술혁신의 기반 조성」(2013), 「19세기 프랑스 박물관에서의 한국미술 전시역사 : 샤를르 바라(Charles Varat)의 한국 여행과 기메박물관 한국실의 설립」(2013) 등

이연식(李連植, LEE Yeon-Sik)

현직 한국예술종합학교 강사

학력 서울대학교 서양화과, 한국예술종합학교 미술원 미술이론과 전문사

주요 저서 및 논문 『위작과 도난의 미술사』(2008), 『유혹하는 그림 우키요에』(2009), 『눈속임 그림』(2010), 『괴물이 된 그림』(2013), 「고바야시 기요치카의 작품에 나타난 에도 양풍화와 우키요에의 상호영향관계에 대한 연구」(2007)

김미형(金美亨, KIM Mee-Hyoung)

현직 출판 번역 및 미술전시 관련 자료 영문번역자

학력 서강대 독문학과, 영남대학교 미술사학과 석사

주요 역저서 및 논문 『메디치의 음모(역서)』(2010), 『Contemporary Art of China and Japan(역서)』(2010), 『박서보 - 화업 60년(역서)』(2011), 『열정능력자 - 열정이 능력이다(역서)』(2011), 『김호득(역서)』(2012)

이보아(李宝娥, RHEE Bo-A)

현직 서강대학교 지식융합학부 아트 앤 테크놀로지학과 부교수

학력 성균관대학교 문헌정보학과, 성균관대학교 대학원 미술학과 석사, 미국 뉴욕대학교 수학, 미국 플로리다주립대학교 문화예술경영학 박사

주요 저서 및 논문 『박물관학 개론 : 박물관경영의 이론과 실제』(2002), 『예술과 경영(공저)』(2002), 『박물관 현상학 : 박물관 정책, 문화유산, 관람』(2012), 「연결완전성이 내재한 관람경험 창출을 위한 모바일 기술의 적용」(2012), 「박물관 스마트 폰 애플리케이션에 대한 사용자 평가비교연구」(2013) 등

최석영(崔錫榮, CHOE Seok-Yeong)

현직 국립극장 공연예술박물관장, 학예연구관
학력 공주사범대학 역사교육과, 한국학중앙연구원 대학원 석사단위취득 수료, 일본 중부대학 대학원 석사, 히로시마대학 대학원 학술박사
약력 국립민속박물관 학예연구사(1999~2006), 단국대학교 동양학연구원 연구조교수(2009~2010)
주요 저서 및 논문 『한국박물관 역사 100년 : 진단과 대안』(2008), 『일본근대국립박물관탄생의 드라마』(2008)『일제의 조선연구와 식민지적 지식생산』(2012) 등, 최근 『박물관학 문고 시리즈』 연속 발간 중

한국박물관학회 박물관학총서 1
인류에게 박물관이 왜 필요했을까?

초판1쇄 발행 2013년 09월 10일
초판2쇄 발행 2014년 11월 07일

지은이 (사)한국박물관학회 편
　　지은이 최종호·서원주·박윤옥·류정아·김현경·이은기·박윤덕·하세봉
　　　　　 권혁희·오일환·국성하·신상철·이연식·김미형·이보아·최석영
펴낸이 홍기원
편집주간 박호원　　**총괄** 홍종화
편집·디자인 오경희·조정화·오성현·신나래
　　　　　　　정고은·김선아·이효진·박민정
관리 박정대·최기엽
펴낸곳 민속원　　**출판등록** 제18-1호
주소 서울 마포구 대흥동 337-25　　**전화** 02) 804-3320, 805-3320, 806-3320(代)　　**팩스** 02) 802-3346
이메일 minsok1@chollian.net, minsokwon@naver.com
홈페이지 www.minsokwon.com

ISBN　978-89-285-0479-4
SET　978-89-285-0478-7　94900

ⓒ (사)한국박물관학회, 2013
ⓒ 민속원, 2014, Printed in Seoul, Korea

박물관학 문고

001 | 한국박물관역사와 전망
최석영

002 | 하인G. E. Hein의 성주의 박물관 교육론 관역사와 전망
최석영 읽고 씀

003 | 박물관의 전시해설가와 도슨트, 그들은 누구인가
최석영 읽고 씀

이 책은 2008년에 내놓은 『한국박물관 100년 역사 : 진단&대안』(민속원)의 '축소판'이다. 우리가 우리를 알아야 한다는 생각에서 우리 박물관 역사를 요약하여 널리 알리고자 한다. 일본 근대 사상가 후쿠자와 유기치福澤諭吉는 서구의 Museum을 둘러보고 이를 〈박물관博物館〉으로 번역하였다. 이것은 미술관, 수족관, 동물원, 식물원을 포함시킨 것으로서 일반화되었다. 일본의 박물관 개념이 그들의 식민지에도 적용되면서 일본과 마찬가지로 박물관博物館이라는 용어가 일반화되어 사용되었다.

광복 후 친일 청산이 실패한 것과 마찬가지로 식민지박물관도 해방 후 미군정 하에서 검토·해체되지 않았다. 기본적으로 고고미술考古美術이라는 근대 식민역사적 유산은 광복 후 민족주의의 대세 속에서 한국의 국립박물관의 거대한 미션으로서 확대 재생산되었다. 1968년에는 국립박물관 소관 부처가 도서관과 함께 문교부에서 문화부로 이관됨으로써 박물관의 교육적 기능보다는 한국의 역사와 문화를 대내외적으로 크게 '알리는 데' 역점을 두게 되었다.

박물관이 그동안 유물의 수집·조사·연구 활동에 많은 힘을 기울였다면 이제 서서히 박물관 이용자 또는 user, audience에 대한 관심과 교육으로 박물관의 역점이 이동하고 있다. 이와 같은 박물관은 국내·외적인 동향 변화에 적절하게 대응하기 위해서는 박물관의 기능도 변해야 함은 물론이다. 오늘날 박물관 기능에 일어나고 있는 변화는 한 마디로 요약하면 교육적 기능의 강화이다.

박물관교육은 어떤 의미를 던져야 하고 이를 어떻게 실천해 나갈 것인가를 함께 고민하고자 조지 하인의 『박물관과 학습Learning in the Museum』(Routeldge, 1998)을 읽으면서 필자 나름의 의견을 피력하였다. 이 책은 박물관 학습자에 해당되는 박물관이용자에 대해 관심을 높여야 한다는 점을 크게 강조한다. 최근 국내에서도 박물관이용자에 대한 관심이 높아졌다.

엘리슨 그린더와 슈 멕코이는 1985년 140여 페이지 분량으로 박물관 해설가와 도슨트와 박물관 전시해설가를 위한 기본서를 출간했다. The Good Guide : A Sourcebook for Interpreters, Docents and Tour Guides(Ironwood Pub. Arizona)가 그것으로 박물관 이용자들이 박물관에 들어서면 가장 먼저 접하는 사람들에 관한 개념과 역할에 관한 원칙을 정리해 놓았다.

저자들은 해설가, 도슨트, 박물관 전시해설가로서 다음과 같은 책임감을 인식해야 한다는 점을 주장한다. 해설가와 도슨트, 박물관 전시해설가로서의 인성, 강·약점을 인식하고 사견이 아닌 성숙된 관점의 전문적인 태도를 견지하고 박물관의 교육철학을 익힌다. 또 사람들이 박물관에서 어떻게 학습하는가를 이해하고 그들의 행동, 능력과 한계를 이해하고 사람들의 의사소통 기법의 모든 측면을 이해한다. 그리고 예술사, 자연사, 과학, 인류학, 역사 등을 알고 박물관의 특정주제나 전시에 대한 구체적인 정보를 가지고 모든 박물관 이용자들에게 우아하고 친절하며 따뜻하게 대해야 한다는 것을 제시하고 있다.

004 | 핸즈 온 전시
최석영 읽고 씀

박물관은 재미와 흥미를 떠난다고 하더라도 존재의 이유는 분명 있다. 인류 문화유산을 수집하고 이를 보존해야 한다는 당연한 역사적 사명이 있다. 그러나 박물관은 또 다른 하나의 미션이 국가와 사회로부터 나왔다. 그것이 바로 박물관에게 요구하고 있는 교육적 기능이다.

필자가 다루고자 하는 책 『핸즈 온 전시』의 저자 콜튼은 "교육과 즐거움은 상호 배제적인 것이 아니다. … (중략 : 인용자 주)… 핸즈 온 전시와 과학센터는 역사적으로 믿을 수 있고 과학적으로 바로 흥분되고 창의적이고 재미있는 전시를 제공할 수 있다. …(중략 : 인용자 주)… 사람들은 실제로 배울 수 있고 동시에 흥미를 가질 수 있다"고 주장한다. 필자는 그의 견해에 전적으로 동감한다. 필자가 이 책을 선정한 이유는 이제 우리 박물관 전시에 대해 머리를 맞대고 고민해야 할 때라고 생각하기 때문이다. 전시는 전시자체로만 끝나는 것이 아니라 전시를 통해 획득된 전시유물에 관한 많은 정보와 함께 전시기법, 전시 연계 문화상품 개발, 전시 관련 책자 발간, 전시 연계 교육 등 전시와 관련된 영역은 다기에 걸쳐있다. 그러한 다기적인 전시기획을 위해서는 전시기획자뿐만 아니라 문화상품 개발자, 박물관 교육 담당자, 편집자, 평가자 등으로 '전시팀'을 구성할 필요가 있다.

005 | 어떻게 살아있는 박물관을 창조했는가
이정은 읽고 씀

이 책은 미국 워싱턴 D.C.에 있는 미국홀로코스트박물관의 건립과정 – 즉 어떻게 살아있는 역사박물관을 창조했는가를 다룬 Jeshjahu Weinberg와 Rina Eleli, The Holocaust Museum in Washington을 읽고 쓴 책이다. 이 책은 역사박물관 교과서이다. 역사박물관을 기획하거나, 전시와 운영을 어떻게 할 것인가에 관심이 있는 분들이라면 이 책을 반드시 읽어야 할 것이다. 세계적으로 유명한 미국 워싱턴 홀로코스트박물관의 건립 노하우가 여기에 담겨 있기 때문이다.

이 책에서 빠뜨릴 수 없는 또 다른 중요한 사실은 "이 독특한 박물관을 추상적인 꿈에서 3차원적 현실로 자라나게 한 방법과 디자인 전략에 정통하기를 원하는 박물관 전문가들을 위해 쓰여졌다."고 하는 것이며, 책을 읽고 난 다음 저자들의 이 말에 동감하며 감사하는 마음을 갖게 될 것이라는 점이다. 이 때문에 이 책을 읽고 진지하게 이 책에서 묘사하고 있는 경험과 교훈을 자신의 것으로 하는 사람들이 많아질수록 한국의 역사박물관들이 크게 변화하고 발전할 것을 믿는다.

006 | 비교문화적 관점에서 박물관 보기
최석영 읽고 씀

이 책의 제목은 『문화를 자유롭게 하기』이다. 제목부터가 무엇인가 범상치 않다. 문화는 어느 의미에서는 국가와 지역사회의 권력이 작용하여 '틀에 얽매인', '고정적이고 편견적인' 문화가 만들어지고 그 사회와 문화 안에서 그 개념들이 사람들에게 내면화되어 그들에 대한 통제 수단이 되기도 한다. 제목에 그러한 문화로부터 '벗어나자, 탈피하자'는 메시지가 담겨져 있어 다소 '신선감'을 준다.

007 | 박물관에서 역사수업하기
최석영 읽고 씀

008 | 식민지박물관 벗어나기
최석영 읽고 씀

저자들은 역사적 유물과 관련된 홀로코스트기념박물관, 역사적 요새지, 역사기념관, 기념비와 살아 있는 현장의 박물관에서 학교교과과정의 목표에 따른 박물관 수업의 절차를 수업 전, 수업, 그리고 수업 후의 세 단계로 구분하여 그 실제를 상세하게 소개하고 있다.

이 책은 구성상 다음과 같은 네 가지 특징을 가지고 있는데 첫째는 박물관의 여러 형태와 그러한 형태에 부합되는 중요한 교육적 문제, 그리고 그러한 박물관에서 학생들의 역사에 대한 이해를 발전시키는 프로그램과의 특별한 관련성을 소개하며 둘째는 각 박물관에서 방문 전과 방문 동안, 방문 후의 활동에 대해 언급하고 셋째는 비슷한 박물관들에게 보다 광범위하게 적용될 수 있는 장단점 모두를 분석하며 넷째로 저자들 나름대로 각 장에서 다룬 박물관에서의 수업사례활동에 대해 정리 겸 제안을 하고 있다는 점이다.

이 책은 궁극적으로 현재 관용과 시민적 자질이라는 민주적인 가치들의 목적과 과거를 열정적으로 지원하여 교육을 개선하려는 귀중한 교과서 라고 자평하고 있다.

이 책에서 다루는 박물관은 미네소타의 밀 렉스 인디언박물관, 스미소니언 국립미국인디언박물관, 그리고 미시간의 아니쉬나베족의 문화 및 생활양식 지비윙센터 등 3곳이다. 저자는 이 3개의 박물관들이 토착민 사회와 어떻게 협조하고 있으며 미국 인디언에 관한 독특하고 중요한 물질문화들을 소장하고 있는데 "그들(박물관 : 인용자 주)이 보여주고 있는 그 전시들을 어떻게 개발시켜 왔는가"에 관심을 가지고 이들 박물관에서 근무와 연구를 통해 "20세기 말과 21세기 초 지역공동체와 협력적인 전시를 개발하는 복잡하고 중요한 과정"을 탐구하였다.